高等职业教育汽车技术服务与营销专业规划教材

Qiche Baoxian yu Gonggu

汽车保险与公估

（第二版）

交通职业教育教学指导委员会　组织编写
荆叶平　主　编

人民交通出版社股份有限公司
China Communications Press Co.,Ltd.

内容提要

本书是高等职业教育汽车技术服务与营销专业规划教材。本书以汽车保险与公估工作过程为主线,主要内容包括:车辆的风险识别与控制、最佳投保方案确定、车辆保险合同的签订、车险承保、报案调度、车险的查勘、车险的定损、车险理赔,共8个学习任务。

本书可供高等职业院校汽车技术服务与营销专业教学使用,也可作为汽车保险从业人员的岗位培训教材或自学用书。

图书在版编目(CIP)数据

汽车保险与公估/荆叶平主编. —2版. —北京:
人民交通出版社股份有限公司,2017.9
ISBN 978-7-114-14102-7

Ⅰ.①汽… Ⅱ.①荆… Ⅲ.①汽车保险—中国—高等职业教育—教材 Ⅳ.①F842.634

中国版本图书馆 CIP 数据核字(2017)第 204160 号

书　　名:	汽车保险与公估(第二版)
著　作　者:	荆叶平
责任编辑:	时　旭
出版发行:	人民交通出版社股份有限公司
地　　址:	(100011)北京市朝阳区安定门外外馆斜街3号
网　　址:	http://www.ccpress.com.cn
销售电话:	(010)59757973
总　经　销:	人民交通出版社股份有限公司发行部
经　　销:	各地新华书店
印　　刷:	北京市密东印刷有限公司
开　　本:	787×1092　1/16
印　　张:	15.75
字　　数:	363千
版　　次:	2009年8月　第1版 2017年9月　第2版
印　　次:	2017年9月　第2版　第1次印刷　总第6次印刷
书　　号:	ISBN 978-7-114-14102-7
定　　价:	36.00元

(有印刷、装订质量问题的图书由本公司负责调换)

交通职业教育教学指导委员会
汽车运用与维修专业指导委员会

主 任 委 员：魏庆曜

副主任委员：张尔利　汤定国　马伯夷

委　　　员：王凯明　王晋文　刘　锐　刘振楼

　　　　　　刘越琪　许立新　吴宗保　张京伟

　　　　　　李富仓　杨维和　陈文华　陈贞健

　　　　　　周建平　周柄权　金朝勇　唐　好

　　　　　　屠卫星　崔选盟　黄晓敏　彭运均

　　　　　　舒　展　韩　梅　解福泉　詹红红

　　　　　　裴志浩　魏俊强　魏荣庆

秘　　　书：秦兴顺

第二版 前言

本套高等职业教育规划教材,是在各高等职业院校积极践行和创新先进职业教育思想和理念,深入推进"校企合作、工学结合"的大背景下,由交通职业教育教学指导委员会汽车运用与维修专业指导委员会组织编写而成。本书自2009年出版以来受到了广大职业院校师生的好评,由于2009年修改了《保险法》、2016年全国实施了2014版《商业车险行业示范条款》等,为了使广大师生能及时、准确、系统地掌握汽车保险与公估的业务知识,特此进行修订。

《汽车保险与公估(第二版)》的修订工作,是以本书第一版为基础,吸收了教材使用院校教师的意见与建议,在修订方案的指导下完成的。修订内容主要体现以下几个方面:

(1)删去了汽车保险营销、交通事故的责任认定、人伤案件的查勘与核损、车险的索赔共4个学习任务。

(2)更新了风险与风险管理、网上投保的优点、构成保险责任的四个条件、保险价值、三种投保方式、车险选择的基本原则、投保人的资格条件、保险人、汽车保险合同的生效、核保的主要内容、车险定损流程的内容。

(3)增加了2014版《商业车险行业示范条款》、损失补偿原则、保险利益原则、最大诚信原则、基准纯风险保费使用说明。

(4)更新相关法规内容、更换部分图片,并纠正第一版教材中的错误。

本书第二版的修订工作由上海交通职业技术学院荆叶平完成。

由于编者经历和水平有限,书中难免有不足之处,恳请广大读者及时提出修改意见和建议,以便修改和完善。

编 者
2017年6月

目 录

学习任务1　车辆的风险识别与控制 ⋯⋯⋯⋯⋯⋯⋯⋯⋯⋯⋯⋯⋯⋯⋯⋯⋯⋯⋯ 1
　单元一　风险与风险管理 ⋯⋯⋯⋯⋯⋯⋯⋯⋯⋯⋯⋯⋯⋯⋯⋯⋯⋯⋯⋯⋯⋯ 2
　单元二　机动车辆的风险识别 ⋯⋯⋯⋯⋯⋯⋯⋯⋯⋯⋯⋯⋯⋯⋯⋯⋯⋯⋯ 17
　评价反馈 ⋯⋯⋯⋯⋯⋯⋯⋯⋯⋯⋯⋯⋯⋯⋯⋯⋯⋯⋯⋯⋯⋯⋯⋯⋯⋯⋯ 21

学习任务2　最佳投保方案确定 ⋯⋯⋯⋯⋯⋯⋯⋯⋯⋯⋯⋯⋯⋯⋯⋯⋯⋯⋯⋯ 23
　单元一　购买车险的选择途径 ⋯⋯⋯⋯⋯⋯⋯⋯⋯⋯⋯⋯⋯⋯⋯⋯⋯⋯⋯ 24
　单元二　汽车保险的主要产品 ⋯⋯⋯⋯⋯⋯⋯⋯⋯⋯⋯⋯⋯⋯⋯⋯⋯⋯⋯ 32
　单元三　车辆保险的选择 ⋯⋯⋯⋯⋯⋯⋯⋯⋯⋯⋯⋯⋯⋯⋯⋯⋯⋯⋯⋯⋯ 62
　评价反馈 ⋯⋯⋯⋯⋯⋯⋯⋯⋯⋯⋯⋯⋯⋯⋯⋯⋯⋯⋯⋯⋯⋯⋯⋯⋯⋯⋯ 75

学习任务3　车辆保险合同的签订 ⋯⋯⋯⋯⋯⋯⋯⋯⋯⋯⋯⋯⋯⋯⋯⋯⋯⋯⋯ 77
　单元一　汽车保险合同概述 ⋯⋯⋯⋯⋯⋯⋯⋯⋯⋯⋯⋯⋯⋯⋯⋯⋯⋯⋯⋯ 78
　单元二　汽车保险合同的订立 ⋯⋯⋯⋯⋯⋯⋯⋯⋯⋯⋯⋯⋯⋯⋯⋯⋯⋯⋯ 82
　单元三　汽车保险合同的生效、变更与解除 ⋯⋯⋯⋯⋯⋯⋯⋯⋯⋯⋯⋯⋯ 104
　评价反馈 ⋯⋯⋯⋯⋯⋯⋯⋯⋯⋯⋯⋯⋯⋯⋯⋯⋯⋯⋯⋯⋯⋯⋯⋯⋯⋯⋯ 109

学习任务4　车险承保 ⋯⋯⋯⋯⋯⋯⋯⋯⋯⋯⋯⋯⋯⋯⋯⋯⋯⋯⋯⋯⋯⋯⋯⋯ 111
　单元一　机动车辆保险的承保 ⋯⋯⋯⋯⋯⋯⋯⋯⋯⋯⋯⋯⋯⋯⋯⋯⋯⋯⋯ 112
　单元二　机动车辆保险的核保 ⋯⋯⋯⋯⋯⋯⋯⋯⋯⋯⋯⋯⋯⋯⋯⋯⋯⋯⋯ 123
　评价反馈 ⋯⋯⋯⋯⋯⋯⋯⋯⋯⋯⋯⋯⋯⋯⋯⋯⋯⋯⋯⋯⋯⋯⋯⋯⋯⋯⋯ 128

学习任务5　报案调度 ⋯⋯⋯⋯⋯⋯⋯⋯⋯⋯⋯⋯⋯⋯⋯⋯⋯⋯⋯⋯⋯⋯⋯⋯ 130
　单元一　受理报案 ⋯⋯⋯⋯⋯⋯⋯⋯⋯⋯⋯⋯⋯⋯⋯⋯⋯⋯⋯⋯⋯⋯⋯⋯ 131
　单元二　调度派工 ⋯⋯⋯⋯⋯⋯⋯⋯⋯⋯⋯⋯⋯⋯⋯⋯⋯⋯⋯⋯⋯⋯⋯⋯ 141
　评价反馈 ⋯⋯⋯⋯⋯⋯⋯⋯⋯⋯⋯⋯⋯⋯⋯⋯⋯⋯⋯⋯⋯⋯⋯⋯⋯⋯⋯ 145

学习任务6　车险的查勘 ⋯⋯⋯⋯⋯⋯⋯⋯⋯⋯⋯⋯⋯⋯⋯⋯⋯⋯⋯⋯⋯⋯⋯ 147
　单元一　现场查勘的概述 ⋯⋯⋯⋯⋯⋯⋯⋯⋯⋯⋯⋯⋯⋯⋯⋯⋯⋯⋯⋯⋯ 148
　单元二　现场查勘的流程 ⋯⋯⋯⋯⋯⋯⋯⋯⋯⋯⋯⋯⋯⋯⋯⋯⋯⋯⋯⋯⋯ 152
　单元三　现场查勘的几项技能 ⋯⋯⋯⋯⋯⋯⋯⋯⋯⋯⋯⋯⋯⋯⋯⋯⋯⋯⋯ 162
　评价反馈 ⋯⋯⋯⋯⋯⋯⋯⋯⋯⋯⋯⋯⋯⋯⋯⋯⋯⋯⋯⋯⋯⋯⋯⋯⋯⋯⋯ 176

学习任务7　车险的定损 ⋯⋯⋯⋯⋯⋯⋯⋯⋯⋯⋯⋯⋯⋯⋯⋯⋯⋯⋯⋯⋯⋯⋯ 178
　单元一　车险定损的流程 ⋯⋯⋯⋯⋯⋯⋯⋯⋯⋯⋯⋯⋯⋯⋯⋯⋯⋯⋯⋯⋯ 179
　单元二　定损项目的修换原则 ⋯⋯⋯⋯⋯⋯⋯⋯⋯⋯⋯⋯⋯⋯⋯⋯⋯⋯⋯ 185
　单元三　定损核价的修复费用 ⋯⋯⋯⋯⋯⋯⋯⋯⋯⋯⋯⋯⋯⋯⋯⋯⋯⋯⋯ 196
　评价反馈 ⋯⋯⋯⋯⋯⋯⋯⋯⋯⋯⋯⋯⋯⋯⋯⋯⋯⋯⋯⋯⋯⋯⋯⋯⋯⋯⋯ 207

目 录

学习任务8　车险理赔 ……………………………………………………… 209
 单元一　车险理赔的概述 ……………………………………………… 210
 单元二　车险理赔的核损 ……………………………………………… 217
 单元三　汽车保险的核赔 ……………………………………………… 232
 评价反馈 ………………………………………………………………… 239
参考文献 ……………………………………………………………………… 241

学习任务 1　车辆的风险识别与控制

 学习目标

通过本学习任务的学习,要求学生具备以下能力:
1. 能够运用风险理论分析机动车辆面临的风险;
2. 通过与客户沟通了解客户的机动车辆风险,并进行风险评估;
3. 帮助客户认识到为什么必须购买汽车保险;
4. 能为客户提供简单的风险管理方案。

 任务描述

通过与客户的交流,帮助客户分析其使用车辆有哪些潜在的风险,寻找化解风险的最佳途径,从而引入为什么要购买保险,进一步指导客户对车辆风险进行管理。

学习引导

本学习任务沿着以下脉络进行学习:

风险与风险管理 → 机动车辆的风险识别 → 模拟训练 → 技能考核

单元一　风险与风险管理

单元要点

1. 风险的概念；
2. 风险的管理。

相关知识

保险界有一句至理名言"无风险就无保险"。这表明：保险与风险之间存在着内在的必然联系，而且风险的客观存在是保险经济得以产生、确立和发展的根据。因此，要清楚保险是什么，首先必须清楚风险是什么，控制风险有哪些方法，什么样的风险可以向保险公司转嫁。

一、风险的概念

(一)风险的含义与特征

1. 风险的含义

所谓风险是指在特定的情况和期间内，某种损失发生的可能性。

2. 风险的特征

(1)客观性。

客观性是指风险是客观存在的，而不是人的头脑中的主观想象。人们只能在一定的范围内改变风险存在和发生的条件，降低风险事故发生的频率(概率)和损失幅度，而不能也不可能彻底消灭全部风险。

(2)偶然性。

尽管车祸是否会发生、发生的时间及发生的后果都是不确定的；但车祸对整个有车族而言其发生又具有必然性。所以说，个体风险是否发生、发生时间及发生后果都是不确定的，即个体风险具有偶然性，但大量(总体)风险事故的发生又具有必然性。

(3)可变性。

可变性是指风险在一定条件下可以转化。风险的变化，有量的变化，也有质的变化，还有从风险的消失到产生新风险的变化过程。风险变化的原因是风险因素的改变，这种改变主要来自科技的进步、经济体制与结构的转变和政治与社会结构的改变。

(二)风险的构成要素

风险因素、风险事故、损失构成了风险存在与否的基本条件，是风险的三个要素。

(1)风险因素。

风险因素是指引起或促使风险事故发生的条件和原因，是造成损失的间接或内在的原因。根据其性质,通常把风险因素分成实质风险因素、道德风险因素和心理风险因素三种。

实质风险因素也称物质风险因素,是指有形的并能直接影响事物物理功能的因素,即某一标的本身所具有的足以引起或增加损失机会和损失幅度的客观原因和条件。如汽车制动系统失灵、地壳的异常变化、恶劣的气候、疾病传染、环境污染等。

道德风险因素是指与人的品德有关的无形因素。如欺诈、纵火、贪污、盗窃、偷工减料、抢道行驶和违规超车等。

心理风险因素是指与人的心理状态有关的无形因素。如酒后驾车、驾驶故障车辆、疲劳驾驶、依赖保险心理、外出忘记锁门、工程设计出现差错、电线陈旧未及时更换等。

（2）风险事故。

风险事故是指造成损失的直接或外在的原因。风险事故意味着风险已发生,它使风险的可能性转变成了现实性。

（3）损失。

损失是指非故意的、非计划的、非预期的经济价值减少。判断是否属于风险管理中的损失有两个要件:一是经济价值的减少必须以货币来衡量;二是非故意、非计划和非预期。损失可分为直接损失和间接损失。

风险因素、风险事故、损失之间的关系如图1-1所示,即风险因素可能引起风险事故,而风险事故必然导致损失的发生,三者之间是一个统一体,缺一不可。

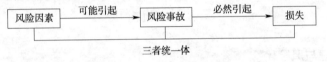

图1-1　风险因素、风险事故、损失三者关系示意图

> 想一想
>
> (1)道德风险因素与心理风险因素都与人有关,如何区分?
> (2)判断是风险因素还是风险事故的关键是什么?
> (3)折旧、馈赠属于损失吗?
> (4)风险事故发生的频率与损失大小之间有什么关系?

(三)风险的类型

为了实施有效的风险分析与管理,需要对风险进行分类,可以更准确地把握风险的本质。按照不同的分类标准,风险可以分为很多种,主要有:

1. 按照风险是否有获利机会分类

(1)纯粹风险。纯粹风险是指当风险发生时,只造成损失而无获利可能性的风险,如火灾、疾病等。

(2)投机风险。投机风险是指当风险发生时,既存在损失机会,又存在获利机会的风险。如金融投资、房产开发投资、博彩等。风险的魅力在于风险报酬的存在,人们甘愿冒一定风险,并不是喜欢看到自己的损失,而是希望看到成功之后的风险报酬。

纯粹风险一般可通过大量统计资料进行科学推算,而投机风险则难以做到。

2. 按照风险所涉及的范围分类

(1) 基本风险。基本风险是指由非个人行为引起的风险。它对整个团体乃至整个社会产生影响。

(2) 特定风险。特定风险是指由个人行为引起的风险。它只与特定的个人或部门相关而不影响整个团体及社会。

3. 按照风险的损失形态分类

(1) 人身风险。人身风险是指由于人的死亡、疾病、衰老及劳动能力丧失等原因导致损失的风险,人身风险又可分为生命风险和健康风险。

(2) 财产风险。财产风险是指财产发生毁损、灭失和贬值的风险,如机动车发生交通事故、火灾、地震破坏等所造成的损失。

(3) 责任风险。责任风险是指由于团体或个人的行为违背了法律、合同或道义的规定,给他人造成财产损失或人身伤害。按照法律规定,过失人必须负法律上的损害赔偿责任。

此外,按风险发生的原因分类还可以分为自然风险、社会风险、经济风险、政治风险和技术风险;按承担风险的主体,风险可分为个人风险、家庭风险、企业风险和国家风险;按风险能否预测和控制,可分为可管理风险和不可管理风险等等。保险属于可管理风险。

二、风险的管理

(一) 风险管理与风险代价

1. 风险管理的含义

风险管理就是以最小的成本获得最大安全保障的一种管理行为。

风险管理的基础是风险设别和风险衡量;而风险管理的关键是选择风险控制的方法;风险管理的目标是以最小的成本获得最大的安全保障。

2. 风险的代价

由于在社会经济活动中不可能没有风险,而风险又总是与损失相联系的,尤其是那些没有获利机会的风险,所以说,风险是有经济成本的,风险的经济成本即风险的代价。风险的代价包括风险事故的代价、风险因素的代价和处理风险的费用。

1) 风险事故的代价

风险事故一旦发生,必然导致损失的形成,有时这种损失是灾难性的。例如,某一车主由于在驾驶中的疏忽,导致车毁人亡,使一个好端端的家庭毁于一旦。

2) 风险因素的代价

由于风险因素未必导致风险事故,所以,损失尚处于潜在的状态,由此形成的代价是无形的、隐蔽的,但却是实实在在的,因此,人们总要应付未来可能发生的风险事故,而这是需要代价的。例如,车主在使用车辆的过程中,除了需要花费油费、车辆修理费等正常开支外,还得留有相当数量的准备金,以防发生交道事故,因而会直接导致车主生活水平质量的下降。

3）处理风险的费用

由于人们意识到自己会面临风险，所以就会采取各种措施，于是费用便产生了。总之，由于风险的存在，它会给人们的生产和生活产生消极影响，因此，不仅个体需要为之付出代价，社会也必须为之付出代价。人们为了尽量减小风险的代价，必然会对风险进行管理。

（二）风险的处理方法

风险管理主要包括风险识别、风险衡量（或风险评估）、风险处理、风险管理效果评价四个实质性阶段。其中，风险识别是风险管理的第一步（基础），而风险处理是风险管理中最为重要的环节。

风险处理方法分为控制型和财务型两大类，而每一类中又包含了若干具体方法，如图1-2所示。需要注意的是，各种方法之间既有区别，又相互联系，所以，在具体运用过程中必须有机结合起来，加以灵活运用。

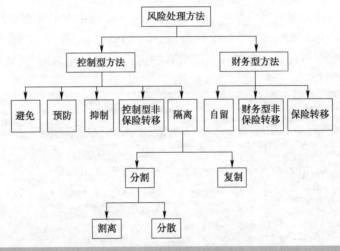

图1-2　风险处理方法关系图

1．控制型方法

1）避免

避免是指设法回避损失发生的可能性，从根本上消除特定风险的措施。它主要用于某特定风险所致损失频率和损失幅度相当高时，或处理风险的成本大于其产生的效益时，这两种情况。

2）预防

损失预防是指在风险损失发生前为了消除或减少可能引起损失的各种因素而采取的具体措施。通常采用物质手段和行为教育两种方法。

3）抑制

损失抑制是指在损失发生时或之后为缩小损失幅度而采取的各项措施。它通常用于损失的可能性较高且风险又无法避免或转嫁的情况。抑制尽管表面上是在事故发生时或发生后用的措施，但它包括：事前措施（如安全气囊、发动机舱室的防火墙）和事后措施两种。

特别提示

风险避免、损失预防和损失抑制的区别：

(1)"风险避免"不需要其他技术辅助,后两者都是损失控制方法。

(2)风险避免的目的是使损失发生的概率为零,损失预防的目的是减少损失发生的可能性,而损失抑制的目的是减少损失的程度。

4)风险隔离

隔离风险单位包括分割风险单位和复制风险单位两种,而分割风险单位又包括割离(分离)和分散两种。

(1)割离(分离):将风险单位割离成许多特殊的小单位,而不是将它们集中在都可能遭受同样损失的同一个地点。如:不把鸡蛋放在同一个篮子里。

(2)分散:就是通过加大风险单位的数量,将特定风险在更大的样本空间里进行分散,以此来减少单位的损失。即增加同类风险的数目来降低风险,如:兼并、扩张、联营等。

(3)复制:就是指再设置一份经济单位所有的财产或设备作为储备,这些复制品只有在原资产或设备被损坏的情况下,才可以被使用。

特别提示

分割和复制的特点：

(1)分割和复制不像其他损失抑制措施那样力图减少风险单位本身损失的严重性,而在于减少总体损失的程度。

(2)分割和复制减少的是一次独立风险事故的损失,但同时增加了风险单位,也就会影响风险事故或损失发生的概率。

(3)复制风险单位可以减少平均或预期的年度损失。

(4)分割风险单位能不能减少平均预期损失,很大程度上取决于分割风险单位减少损失程度是否比降低风险事故或损失发生概率更重要。

5)控制型非保险转移

控制型非保险转移是指转移有风险的财产或活动。如:出售、租赁、转让、转包、订合同、约定免责等。在一些场合,转移带有风险的财产或活动可能是不现实的。典型的例子是医生不能因为害怕手术失败而拒绝施行手术。此时如果签订免除责任协议就可转移风险。又如保险公司不能因为害怕高风险客户出车祸而拒绝承保,所以在保险合同中约定免除责任,这样,保险公司并未转移有风险的活动(承保),而只是转移了部分可能的责任风险。

2.财务型方法

1)风险自留

风险自留是指通过财务手段自我承担风险损害后果的方法。它有主动自留和被动自留之分,主动自留通常用在损失的频率和幅度低,损失在短期内可以预测且最大损失不会影响到财务稳定的场合。

2)财务型非保险转移

财务型非保险转移就是指经济单位将自己可能的风险损失所导致的财务负担转移给保险人以外的其他经济单位的风险控制方法。如中和、保证书、公司化等。

（1）中和：在处理投机风险时，将损失机会与获利机会进行平衡的一种风险处理方法。如：制造商因担心原材料价格波动而在期货市场进行与现货市场反方向的套购、出口商因担心外汇汇率波动而进行的期货买卖等。

（2）保证书：权利人因担心义务人有不忠实的行为或不履行某种明确的义务而导致权利人的损失，要求保证人提供担保品来担保义务人对权利人的忠实和有义务的履行的一种书面合同。

（3）公司化：企业通过发行股票，将企业经营的风险转移给多数股东承担。

3）保险转移

保险转移就是将风险损失所导致的财务负担转移给保险人的风险控制方法。

人们会面临各种风险损害，一部分可以通过控制的方法消除或减小，而另一部分只能通过风险转移的办法来解决。当出现靠自身的财力也难以解决的风险损害时，只有通过保险，人们才能以确定的小额支出将自己不确定的巨额损失转嫁给保险公司；只有保险才能做到以最小的成本获得最大的安全保障，所以，保险是处理风险的传统有效措施。

（三）可保风险

风险管理与保险在理论上关系密切，在实践上也有联系，两者所研究的对象是一致的。风险管理源于保险，从理论起源看，保险作为一门学科，先于风险管理而产生，在风险管理的发展过程中，很大程度上得益于对保险理论与实务研究的深入；保险作为风险管理的一种重要方法，也由于风险管理理论的发展促进了自身的发展。

但是，不是所有的风险都是可保的，保险一般只承担纯粹风险，对有可能获利的投机风险一般是不承保的。当然，也并不是所有的纯粹风险都是可以承保的，作为可保风险，需要满足有关条件才能构成可保风险。

1. 可保风险应具备的条件（图1-3）

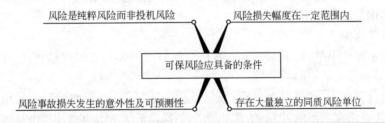

图1-3 可保风险应具备的条件

（1）风险是纯粹风险而非投机风险。由于投机风险有获利的可能，因此风险损失预测困难，而且投机风险所造成的损失有时并非意外，这与保险的宗旨有区别；投机风险的风险事故对某人来说是损失，对他人来说可能是获利，对全社会而言可能没有损失。

（2）风险事故损失发生的意外性及可预测性。风险的发生超出了投保人的可控范围，并且对投保人来说是意外的而非故意的，否则违背保险的初衷。

风险损失的可预测性是指损失发生的原因、时间、地点都可以被确定，损失金额也是可以衡量的。这样,在风险损失发生时,可以正确确定风险损失是否发生在保险期限内,是否发生在保险责任范围内,保险人是否给付赔偿以及赔偿多少等。

(3)风险损失幅度在一定范围内。风险造成的损失幅度过小,通常可采用风险自留方式处理。如开设此类保险,则对投保人来说,支出保费比发生风险事故所获赔偿还高,得不偿失,一般保险公司都有最低保费的规定。

风险损失幅度太大,即巨灾风险一般不可保。整个保险市场在一定时期所能提供的总保险金额是有限的,通常如地震等特大的自然灾害是不承保的,因为往往会超出保险公司的承受能力,即使有承保的,也都有特约条款进行特别规定。

(4)存在大量独立的同质风险单位。根据大数法则,只有保险单位数量足够大,各风险单位遭遇风险事故从而造成损失的概率和损失程度大体接近,才会使风险发生的次数及损失值在预期的较小的范围波动,才能够归集足够的保险基金,建立起保险基金来实施补偿和给付职能,实现多数人负担少数人损失的共济行为,使风险损失者能够获得充足的保障。

2. 可保风险与不可保风险的转化

可保风险与不可保风险按上述原则划分,也是从商业保险的角度出发,考虑了保险公司自身的经营和发展。但可保风险与不可保风险的范围与内容的划分不是固定不变的。风险无处不在,但完全满足上述原则的风险并不多,对于不满足这些条件的风险可以通过采取一定的技术手段,使之满足可保风险的条件;再者随着保险公司资本的扩大,保险新技术不断出现,以及再保险市场规模的扩大,可保风险的范围不断扩大,许多原来不可保风险转化为可保风险。

三、机动车辆风险处理技术

(一)机动车辆面临的风险

1. 车辆损失风险

如由于自然灾害和意外事故造成的车辆损失、车辆被盗抢后的各类损失、车辆损坏后停驶造成的利润损失和费用支出等。

2. 责任赔偿风险

如车辆发生意外事故,造成第三者人身伤亡和财产损失需负的赔偿责任;车辆发生意外事故,车上人员和车上货物的损失等。

就保险经营者而言,通过风险识别,细分量化上述风险,提醒被保险人采取合理有效的措施,减少或者避免灾害事故的发生,是机动车辆保险经营稳定的前提,也是经营利润的有力保证。

对于机动车辆的保险事故,可能影响事故的发生和损失程度的因素有很多。如车辆性能、维修的状况、道路状况、道路上车辆流量状况、天气条件甚至驾驶人员的健康状况、心情等这些因素都可能成为机动车交通事故的直接诱因,研究这些致损原因发生发展的规律,是降低事故发生概率,减少被保险人损失,实现车险经营利润的有效途径。

(二)影响机动车辆发生事故的要素

1. 道路要素

道路状况是影响机动车交通事故的主要因素之一。拓宽道路、提高道路等级、增加道路上的指示标志等措施,可以加大道路通行能力,减少道路拥堵状况,降低事故发生的频率。

2. 车辆要素

乘用车排量越大,其可以达到最高时速所需要的时间就越短,发生交通事故后车辆自身的损失及对第三者造成的伤害也越大。

商用车吨位越大,发生事故后对第三者造成的损害越大。

车辆不按时进行维修,车况没有达到最佳状态,易发生事故。

车辆违反安全装载规定上路,发生事故的概率要远远大于正常情况下的事故概率。

3. 天气要素

天气要素是机动车发生事故的一大诱因,它能影响机动车的性能和行驶状态,有时甚至能直接造成机动车辆的重大损失。2014年4月,广东珠三角区经历了罕见的连续暴雨天气,降水量之大,气候之恶劣多年未见,直接造成当地机动车辆损失达两亿多元,更不用说分布在各地的频发的泥石流、暴雨、暴雪、大雾等自然灾害性的气候造成的损失。

4. 驾驶人要素

驾驶人的身体状况、精神状况和其驾驶车辆时遵纪守法的意识,都有可能对交通事故的发生产生直接影响。

(三)机动车辆风险控制措施

为了降低机动车辆风险的损失,政府和有关主管部门已经采取了诸多积极有效的措施。

(1)加大投入,加快建设公路及其基础设施,在十三五规划纲要中,重点是完善现代综合交通运输体系。坚持网络化布局、智能化管理、一体化服务、绿色化发展,建设国内国际通道联通、区域城乡覆盖广泛、枢纽节点功能完善、运输服务一体高效的综合交通运输体系。构建内通外联的运输通道网络,建设现代高效的城际城市交通,打造一体衔接的综合交通枢纽,推动运输服务低碳智能安全发展。

(2)新技术、新材料在交通基础设施中的应用,如高速公路上反光材料的应用大大提升了车辆夜间通行能力,公路两旁防撞吸能材料的使用大大降低了交通事故对车辆人员的伤害。

(3)在道路交通安全法中明文规定了驾驶人饮酒、服用国家管制的精神药品或者麻醉药品,或者患有妨碍安全驾驶机动车的疾病,或者过度疲劳影响安全驾驶的,不得驾驶机动车。

(4)国家道路交通管理部门及其他机关的联合"治超"行动。

保险经营主体应采取的风险控制措施:

(1)建立与气象部门和地质灾害预测部门的紧密联系,采取合理有效的办法,将这些信息及时传送给被保险人,组织自身和社会资源,建立抢险救灾预警机制。

(2)提醒车辆所有者和管理者及时维修车辆,使车辆保持良好的技术状态。

(3)鼓励机动车辆安装超速报警装置,安装超时行驶报警装置,安装GPS系统,在承保时给予足够的保费优惠,用价格杠杆引导投保人的消费行为和安全意识。

(4)利用各种媒体和形式宣传道路安全法规,制作典型案例宣传材料,用实际案例警示交通参与者。

(5)加强基础数据的积累和研究,为车辆主、被动安全设备的研制和推广提供数据支持和资金支持。

四、降低机动车辆风险损失的有效手段

（一）国家的监管

1. 对保险组织的监管

我国对保险组织的监管主要包括对保险组织形式、保险企业开业审批、资本金、保证金、从业人员、停业和外资保险企业管理等方面。

（1）保险组织形式管理。中国保监会对保险组织形式的管理依据保险法执行，我国保险法第六十九条为此进行了专门规定，采用股份有限公司和国有独资公司是我国保险公司的组织形式。

（2）保险企业开业审批管理。我国对保险企业的设立实行审批制度和许可经营制度，未经保险监督管理部门核准，任何人不得从事保险业务。设立保险企业必须经过申请、筹建、批准、办理公司登记、提交保证金等五个环节。为此，我国的保险法对保险开业的审批管理进行了专门规定。我国《保险法》第六十七条规定："设立保险公司应当经国务院保险监督管理机构批准。"第七十一条规定："国务院保险监督管理机构应当对设立保险公司的申请进行审查，自受理之日起六个月内作出批准或者不批准筹建的决定，并书面通知申请人。"第七十二条规定："申请人应当自收到批准筹建通知之日起一年内完成筹建工作；筹建期间不得从事保险经营活动。"第七十三条规定："筹建工作完成后，申请人具备本法第六十八条规定的设立条件的，可以向国务院保险监督管理机构提出开业申请。国务院保险监督管理机构应当自受理开业申请之日起六十日内，作出批准或者不批准开业的决定。决定批准的，颁发经营保险业务许可证；决定不批准的，应当书面通知申请人并说明理由。"第七十四条规定："保险公司在中华人民共和国境内设立分支机构，应当经保险监督管理机构批准。保险公司分支机构不具有法人资格，其民事责任由保险公司承担。"

（3）资本金管理。资本金管理是确保保险企业清偿能力的基础，保险企业申请开办保险业务必须有一定数额的资本金。我国《保险法》第六十九条规定："设立保险公司，其注册资本的最低限额为人民币2亿元。"保险公司注册资本最低限额必须为实缴货币资本。金融监督管理部门根据保险公司业务范围、经营规模，可以调整其注册资本的最低限额，但是不得低于2亿元的限额。

（4）保证金管理。我国《保险法》规定，保险公司成立后，应按照其注册资本总额的20%提取保证金，存入国务院保险监督管理机构指定的银行，除公司清算时用于清偿债务外，不得动用。

（5）从业人员管理。保险公司的从业人员是指保险公司的管理人员和保险经营人员。保险公司的高级管理人员应具有一定的专业知识和业务工作经验。世界各国对保险业的高级管理人员任职资格都有较高的要求。我国保险法规定，有具备任职专业知识和业务工作经验的高级管理人员是保险公司应具备的法定条件之一，申请营业登记时，还要出具拟任职的高级管理人员简历和资格证明。对于保险的各种专业人员的配备，各国法律都有相应的规定。我国保险法规定，经营人身保险业务的保险公司，必须聘用经金融监督管理部门认可的精算专业人员，建立精算报告制度。

对保险从业人员的管理还包括对保险代理人、经纪人的管理和对从业人员的培训教育。

(6)停业管理。国家对保险业监管的基本目的是为了避免保险企业破产,保障被保险人的合法权益。当保险企业经营不良时,一般采取辅助政策,利用各种措施帮助其解决财务困难以避免破产。但当保险企业无法维持不得不破产时,监管部门一般令其停业整顿。对于停业整顿无效者,监管部门发布解散令,选派清算员介入清算处理。

(7)对外资保险企业的管理。各国在开放保险市场的同时,为保护本国保险企业,一般都对外资保险企业实行较为严格的监管。

我国为适应WTO的要求,于2002年2月1日颁布实施了《中华人民共和国外资保险公司管理条例》(以下简称《条例》)。根据我国对入世承诺的有关内容,外资保险公司在中国的设立形式包括三种:即中外合资保险公司、外资独资保险公司和外国保险公司在中国设立的分公司。条例明确规定了这三种形式的外资保险公司。关于资本方面的要求,《条例》规定,合资保险公司和独资保险公司的注册资本最低限额为2亿元人民币或者等值的自由兑换货币,并且必须为实缴货币资本。外国保险公司的出资应当为可自由兑换货币。外国保险公司的分公司应当由其总公司无偿拨给至少2亿元人民币等值的自由兑换货币的营运资金。同时,根据外资保险公司业务范围、经营规模,保监会可以提高上述注册资本或者营运资金的最低限额。

《条例》规定,在我国申请设立外资保险公司的外国保险公司,应当具备的条件包括:经营保险业务30年以上;在中国境内已经设立代表机构2年以上;提出设立申请前1年年末总资产不少于50亿美元;所在国家或者地区有完善的保险监管制度,并且该外国保险公司已经受到所在国家或者地区有关主管当局的有效监管;符合所在国家或者地区偿付能力标准;所在国家或者地区有关主管当局同意其申请;中国保监会规定的其他审慎性条件等。这7个条件中,前3个条件是我国入世承诺的内容,后面4个条件是国际上普遍认同的保险市场准入的审慎性条件。

《条例》还规定,设立外资保险公司,申请人应当向中国保监会提出书面申请,并提交下列资料:申请人法定代表人签署的申请书,其中设立合资保险公司的,申请书由合资各方法定代表人共同签署;外国申请人所在国家或者地区有关主管当局核发的营业执照(副本)、对其符合偿付能力标准的证明及对其申请的意见书、外国申请人的公司章程、最近3年的经营年报;设立合资保险公司的,中国申请人的有关资料;拟设公司的可行性研究报告及筹建方案,拟设公司的筹建负责人员名单、简历和任职资格证明;中国保监会规定提供的其他资料等。

经中国保监会审查同意在我国批准设立的外资保险公司的业务范围为财产保险业务,包括财产损失保险、责任保险、信用保险等保险业务;以及人身保险业务,包括人寿保险、健康保险、意外伤害保险等保险业务等。

2. 对保险经营的监管

1)对经营范围的监管

国家对保险经营范围的监管体现在规定保险企业所能经营的业务种类和范围上。我国保险法规定,经营商业保险业务必须是依据保险法设立的保险公司,其他单位和个人不得经营保险业务。保险法同时规定,同一保险人不得同时兼营财产保险业务和人身保险业务。

保险公司的业务范围由金融监督管理部门核定。保险公司只能在被核定的业务范围内从事保险经营活动。这在法律上明确了我国各保险公司需采取分业经营的方式。

2）对偿付能力的监管

偿付能力是指保险企业在发生赔偿时，对所承担的保险责任具有的经济补偿或给付能力。对偿付能力的监管一般体现在规定最低开业资本金的限额、提取最低法定保证金、限制保险企业资金运用规模和去向、实行财务会计报告制度的监管等方面。我国《保险法》第一百零一条规定：保险公司应当具有与其业务规模和风险程度相适应的最低偿付能力。保险公司的认可资产减去认可负债的差额不得低于国务院保险监督管理机构规定的数额；低于规定数额的，应当按照国务院保险监督管理机构的要求，采取相应措施达到规定的数额。

3）对保险费率的监管

为保护被保险人的合法权益，保证保险条款的公正性和公平性，避免保险公司欺骗被保险人或给予被保险人不合理的承诺，我国《保险法》规定：商业保险的主要险种的保险费率由保险金融管理部门制定，保险公司拟定的其他险种的费率应在保险监督管理部门备案。

4）对保险基金运用的监管

保险资金运用监管的最终目的是增强保险企业的偿付能力，监管的内容以保证保险资金的安全为主。

我国《保险法》第一百零六条规定：保险公司的资金运用必须稳健，遵循安全性原则。保险公司的资金运用，限于在银行存款、买卖债券、股票、证券投资基金份额等有价证券、投资不动产、国务院规定的其他资金运用形式。保险公司的资金不得用于设立证券经营机构和向企业投资。保险公司运用的资金和具体项目的资金占其资金总额的具体比例，由金融监督管理部门规定。

比较而言，我国对保险基金运作的限制是严格的，这是由于我国的保险市场和法制建设尚处于完善阶段，保险市场的自我约束机制尚不健全。随着WTO的要求和我国保险业进一步发展，保险基金运作的效果将既有利于保证偿付能力、增强竞争能力，又能最大限度地发挥保险基金的社会效益。

5）对保险企业的财务管理

（1）各种准备金及其监管。我国的各种准备金包括未到期责任准备金、未决赔款准备金和总准备金等。

由于经营的特殊性，我国对经营人寿险的未到期责任准备金与经营其他保险的未到期责任准备金规定的提取方法不同。《保险法》规定：除人寿保险业务外，经营其他保险业务，应当从当年自留保险费中提取未到期责任准备金；提取和结转的数额，应当相当于当年自留保险费的50%。经营有人寿保险业务的保险公司，应当按照有效的人寿保险单的全部净值提取未到期责任准备金。

提取足够的未决赔款准备金关系到保险人的偿付能力，这是保险人支付未付赔款的物质基础，直接与被保险人的利益息息相关。为此，我国保险法规定：保险公司应当按照已经提出的保险赔偿或者给付金额，以及已经发生保险事故但尚未提出的保险赔偿或者给付金额，提取未决赔款准备金。

我国保险的总准备金由公积金和保险保障基金组成，主要用于支付巨大灾害事故的特大数额赔款,只能在当年的业务收入和其他准备金不足以支付赔款的时候动用。

公积金,又称储备基金,是指保险公司为增强自身的资金实力,扩大经营规模以及预防亏损,依照法律和公司章程的规定,从公司每年税后利润中提取的累积基金。公积金包括法定公积金和任意公积金,前者是法律规定必须提取的,后者是在提取完法定公积金后依照股东大会或公司章程提取的。显然,公积金对扩充公司资本、弥补公司经营亏损具有积极的作用。我国保险法规定:除依照规定提取未到期责任准备金和未决赔款准备金外,保险公司应当依照有关法律、行政法规及国家财务会计制度的规定提取公积金。根据我国的公司法和金融保险企业财务制度规定,保险公司应在税后利润中提取10%的法定公积金,当提取的法定公积金累计达到公司注册资本的50%时可以不再提取。

我国的《保险法》对提取保险保障基金有明确规定:为了保障被保险人的利益,支持保险公司稳健经营,保险公司应当按照金融监督管理部门的规定提存保险保障基金。保险保障基金应当集中管理,统筹使用。目前。我国保险保障基金是按照税前保险费收入的1%提取,专户存储。

我国《保险法》对违反准备金制度的制裁也有相应的规定:违反本法规定,有下列行为之一的,由保险监督管理机构责令改正,处以5万元以上30万元以下的罚款;情节严重的,可以限制其业务范围、责令停止接受新业务或者吊销业务许可证:未按照规定提存保证金或者违反规定动用保证金的;未按照规定提取或者结转各项责任准备金的;未按照规定缴纳保险保障基金或者提取公积金的;未按照规定办理再保险的;未按照规定运用保险公司资金的;未经批准设立分支机构或者代表机构的;未按照规定申请批准保险条款、保险费率的。

(2)对财务核算的监管。为全面综合反映保险公司的综合管理状况,保险公司必须建立健全各项财务制度。国家为了有效监管保险企业的经营状况,一般都赋予保险监管机构相当的权利。为此,我国《保险法》作了如下规定:

①保险公司应当妥善保管有关业务经营活动的完整账簿、原始凭证及有关资料。保管期限自保险合同终止之日起计算,不得少于10年;

②保险公司应当于每一会计年度终了后3个月内,将上1年度的营业报告、财务会计报告及有关报表报送金融监督管理部门,并依法公布;

③保险公司应当于每月月底前将上1月的营业统计报表报送金融监督管理部门;

④金融监督管理部门有权检查保险公司的业务状况、财务状况及资金运用状况,有权要求保险公司在规定的期限内提供有关的书面报告和资料。

此外,我国对保险经营的监管内容还包括对再保险业务的监管等。

3. 对保险代理人的业务监管

为监督管理保险代理人的业务,国家一般以法律的形式明确代理人的行为规范。如我国《保险法》规定:保险代理人根据保险人的授权代为办理保险业务的行为,由保险人承担责任。这表明,保险代理人的业务范围是有限的,超过代理权限的业务,保险人不承担经济责任。又如,我国的《保险法》规定:保险代理人办理保险业务活动时,不得利用行政权力、职务或者职业便利以及其他不正当手段强迫、引诱或者限制投保人订立保险合同。此规定明确了保险代理人的行为规范。

各国的法律对保险代理人违反行为规范也有相应的处罚规定。如我国的《保险法》规定:保险代理人在办理保险业务中欺骗保险人、投保人、被保险人或者受益人的,由金融监督管理部门责令改正,并处以1万元以上5万元以下的罚款;情节严重的,吊销经营保险代理业务许可证。构成犯罪的,依法追究刑事责任。

国内外的汽车保险代理制度的实践已经表明,汽车保险的代理制度对汽车保险事业的发展有着积极的推动作用。它在提高汽车保险的业务量和保证保险经营的稳定性的同时,有利于保险人分散风险,有利于加强保险人与投保人和被保险人的联系,有利于降低保险业务成本,从而确保汽车保险的普及与发展,增加社会的稳定性。可以预见,汽车保险代理制度将在实践中得到不断的发展与完善。

4. 保险行业的自身监管

除了国家依据有关法律对保险业进行监管以外,保险及其相关领域人员往往自发组织对保险行业进行自身监管。

保险行业的自身监管,又称为保险行业自律,是指保险人基于共同的权益组织起来,在遵守国家对保险业管理的法律、法规的前提下,通过行业内部协作、调节和监督,采取自我约束和自我管理的行为。保险行业的自身监管是通过保险行业组织实现的,它是在保险及其相关领域中从事活动的非官方组织,是保险人自行组织和自愿参加的组织。

1)保险行业管理组织的形式

从全世界范围来看,保险行业组织大体分为两种形式:其一为综合性组织,如保险行业协会;其二为专业性组织,如保险学会。

英国的保险公会、劳合社承保人公会、人寿保险公会,美国的人寿保险协会、保险公司协会、相互保险协会,日本的日本损害保险协会、生命保险协会等都是综合性的保险行业组织。日本的保险学会就属于专业性的保险行业组织。

我国目前已经建立了全国范围的保险行业协会和保险学会,作为保险行业的管理组织正积极地发挥其自身协调与监管作用。

2)保险行业自身监管的内容

(1)制订行业发展目标和发展规划。从国民经济的发展出发,保险行业组织往往定期制订出保险业的长期发展目标和发展规划,确定近期工作的中心任务。

(2)制订行业自律规则。保险行业组织为了强化自我管理和自我约束机制,协调会员之间的经营行为,需要制订行业自律规则,供全行业共同遵守。行业自律规则具有权威性和约束性,违反者予以惩处。

(3)提供咨询服务。保险行业的涵盖面很宽,几乎涉及社会的各行各业。以汽车保险为例,它不但涉及汽车的生产信息,还涉及其结构、使用性能尤其是安全性能,涉及汽车的维护修理,配件供应等方方面面的信息与知识。为了共享与保险相关的信息、技术等资源,保险行业协会可起到纽带与桥梁作用,为会员提供咨询服务。

(4)制订解释保险单措辞的共同规则。保险人对保险单的某些措辞如果解释不一致,往往会导致保险合同当事双方产生争议。为避免发生不必要的分歧,一般保险行业组织都制订一个共同遵守的解释规则,以维护被保险人与保险人的权益。

(5)制订自律的费率。在市场经济条件下,很难对价格实行管制。在目前保险业迅速发展的情况下,一些保险企业往往会利用价格进行竞争,从而有可能引发恶性竞争,影响保险市场的健康发展。所以需要通过保险的行业自律手段,由行业组织收集整理历史上的保险业务资料,可以尽可能公正、全面地反映保险市场的变化情况,制订出比较合理的费率,供保险业采纳遵守。

(6)规定统一的保险单据格式。由于保险具有很强的技术性和专业性,一般的投保人对保险的有关单据内容很难理解,没有规范的单据格式将造成市场的混乱。保险行业组织通过制定统一的保险单据格式,可以避免保险人利用保险条款欺骗被保险人,有利于保险市场的公平竞争。例如,根据《中国保险监督管理委员会关于机动车辆保险监制单证的公告(保监公告第4号)》的规定,我国对机动车辆保险单、机动车辆保险批单、机动车辆提车暂保单、摩托车/拖拉机定额保险单实行统一监制,以规范机动车辆的保险单证格式和避免汽车保险市场混乱。

(7)反保险诈骗。随着汽车保有量的增加和保险业的完善发展,汽车保险诈骗发案率越来越高,其他保险也如此。保险行业组织可以利用保险人之间提供的有关索赔数据建立反保险诈骗网络,行使反保险诈骗咨询职能。保险人发现可疑情况,可以通过反保险诈骗网络查询核实,以免造成损失。

(8)对保险经营管理进行研究与评论。在保险经营活动中,往往会遇到一些普遍存在的问题,如保险行业的发展现状与发展趋势、典型案例分析、保险险种及其成效比较等。显然,对这些问题开展研究与评论对确保保险业健康发展具有重要意义。保险行业组织可以通过立项、研讨等形式组织各种各样、不同层次的研究与评论,供保险企业经营管理者参考。

(9)对外交流与人员培训。保险行业涉及面广,需要与各行各业联系交流,对外需要和其他国家或组织交往,保险行业组织在对外交流方面将发挥越来越重要的作用。

此外,由于保险的技术性与专业性很强,对保险从业人员的要求较高,需要不间断地进行各种业务培训,保险行业组织在保险人员培训方面可以发挥其特有的作用。

(二)道路交通事故的预防

1. 道路交通事故的特点

(1)发生时间、地点相对集中,如春运期间事故发生率较高,西南地区特大事故发生率高。

(2)事故形态以单方事故为主。

(3)肇事车辆安全技术状况普遍不良。

(4)驾驶人交通违法行为比较突出,超速行驶、疲劳驾驶、违法超车这三种交通违法行为所导致的特大事故约占特大事故总数的50%左右。

(5)客车肇事频繁。

2. 道路交通事故的预防

(1)加强交通安全教育,减少道路交通违法行为。在预防道路交通事故的诸多因素中,人是处于最核心的地位的。部分驾驶人和行人的交通安全意识和法制观念比较淡薄,违章现象比较严重,是造成交通事故频繁发生的最主要因素。国内外道路交通事故处理的实践证明,各类道路交通违法行为的存在是导致交通事故发生的根本原因。因此,要想预防和减少道路交通事故,最根本的就是要从预防和减少交通违法行为做起。

①针对驾驶人的教育。针对机动车驾驶人的教育内容主要有:学习机械理论,学习机动车新技术,学习操作技能,定期学习交通法规,驾驶人定期进行理论考核、驾驶实操考核。

对驾驶人的交通安全教育应常抓不懈且注重实效,坚决杜绝驾驶人超速行驶、占道行驶、无证驾驶、酒后驾驶和疲劳驾驶。从驾驶人自身来说,应该具有高度的责任感和安全意识,严格遵守交通法规,努力提高自身的技术水平,尽量减少和避免交通事故的发生。

②面向全社会的教育内容。面向社会民众的教育内容,主要分为学校教育和社会教育。对于学校教育来说,教育部门要坚持道路交通安全教育从孩子抓起,将其作为九年制义务教育的必修课程,并在中考、高考中适当增加这方面的内容。对于社会教育来说,要利用一切新闻媒介和宣传手段对全社会进行交通安全教育和交通法规宣传,加强和提高人们的交通安全意识和交通法规观念。一个具有高度安全意识,自觉遵守交通法规的行人群体,可以大大减少交通事故的发生。

(2)加强车辆维护,提高汽车的安全性能。机动车良好的技术性能是保证道路交通安全的物质基础之一。为了实现这一点,除了要建立完善的汽车安全检测制度和基于检测的车辆维修制度外,驾驶人日常还应勤于维护车辆,出车前彻底检查转向系统、制动系统、行驶系统,认真做好车辆的日常修理工作,及时消除隐患,保证车况良好,杜绝带病车上路行驶,严把车辆技术完好关。

近年来,各汽车制造厂陆续推出了各种新型安全装置,如车辆防撞系统、驾驶过程中打瞌睡或注意力不集中时的报警系统、轮胎气压过低时的报警系统、视觉报警系统等。这些安全装置的应用,提高了车辆的智能化水平,能对驾驶人及乘客提供额外的安全保障。

(3)完善道路安全设施,不断改善道路条件。道路交通的安全设施,要严格按照《道路交通标志和标线》(GB 5768—2009)和《公路工程技术标准》(JTG B01—2014)的要求来设置,坚决整改不符合要求的交通标志、标线及各种交通安全设施;改善道路纵断面线性、降低纵坡及增大竖曲线半径;改善平面线形、裁弯取直、消除瓶颈、消除路边障碍物,确保交叉口和弯道处的视野;提高路面的粗糙度及排水能力,改善路面的防滑性能;加固和加宽路面和路基;在夜间易出事的路段增设"凸起路标"和照明设备。

(4)加强道路交通管理,优化道路交通安全环境。道路交通安全管理部门应按有关法规从严管理道路交通,运用高科技手段及时查处违章车辆。在一些超速现象严重的路段定点设岗,用雷达测速仪对超速车辆进行查处;用酒精测试仪对酒后驾车的嫌疑对象进行测试;做好交通标志、标线、交通信号及可变信息牌的设置工作,如有损坏及时更换补充;加强对施工、养护路段的安全管理,按规定设置安全警示标志,确保车辆在施工路段的安全畅通;在事故多发路段,例如桥梁、急转弯、立交桥、匝道等复杂路面或积水地点设置警告牌;在雨、雾、霜等不利于道路交通安全的气候条件下制订交通管制预案,合理控制交通流量,疏导好车辆通行;在城市道路,应实现人车分流,科学控制道路的进出口;在交通流量超过道路通行能力的路段,可以通过限制交通流量的方法来保证交通安全;在路段流量调整阶段,及时向社会发布分流信息,提供最佳绕行路线。

交通事故是在一定条件下发生的动态过程,具有很大的随机性和偶然性。道路上发生的交通事故,往往并不是人、车、路、环境等因素中某一因素单独所致,而是各因素相互作用的结果。预防道路交通事故,提高车辆运行的安全性是一项系统工程,必须从加强人的教育、车的性能、路的设施、环境的改善等多种渠道去建立预防道路交通事故的综合措施。

单元二 机动车辆的风险识别

单元要点

1. 机动车辆面临的风险；
2. 机动车辆风险的识别。

相关知识

为达到消除、避免、减少和防范机动车辆风险的目的,首要的风险管理方法是对机动车辆进行风险识别,确定机动车辆所面临的各种风险。

一、机动车辆面临的风险

(一)道路交通事故的风险

1. 车与车之间发生的碰撞

车与车之间发生的碰撞,是指发生在道路上行驶的各种机动车或非机动车之间相互碰撞的事故。

2. 车与行人之间发生的碰撞

车与行人之间发生的碰撞,是指发生在各种行驶的机动车辆与在道路上活动的行人相撞的事故。

3. 车辆自身的事故

车辆自身的事故是指车辆在行驶过程中失控驶出道路、自行翻车、失火、爆炸等造成的事故。

4. 其他事故

其他事故包括车辆与道路固定设施相撞,撞死、撞伤牲畜家禽,以及驾驶人因疲劳、病痛等原因造成的事故。

(二)自然灾害风险

自然灾害风险是指由于自然界的自然现象引起的机动车的损害和驾乘者的人身伤害,例如洪水、大风、泥石流、冰雹、暴雪、大雨、雷击、地震、海啸、塌方滑坡等自然现象引起的车辆碰撞、倾覆、火灾、爆炸等损害继而引发的人身伤害。

(三)其他风险

其他风险如机动车被盗抢风险、高空坠物、交通事故精神损害风险等。

想一想

(1) 私家车存在哪些风险?
(2) 政府公务用车存在哪些风险?

二、机动车辆风险的识别

(一) 车辆本身风险的识别

1. 车辆使用性质和目的

汽车的使用性质不同,对其行驶里程、使用频率、耗损程度以及技术状况都有不同程度的影响。汽车的使用性质一般分为私用和商用,我国则以营业和非营业为标准划分。私用汽车为标准一般使用频率较低,危险暴露相应小一些;而商用汽车使用频率显然较高,事故率也较高。所以,汽车的使用性质不同,所发生事故的风险也不同。

汽车的使用目的不同,其危险性也不一样,确定保险费率的依据也不同。下面是依照汽车使用目的进行划分不同层次的一种办法:

(1) 上班代步、家庭活动、娱乐及社交活动。
(2) 被保险人亲自驾驶汽车从事业务活动或处理与职业有关的事宜。
(3) 被保险人的家庭活动、娱乐及社交活动以及用于被保险人或被保险人的雇主开展商业业务。
(4) 除了被保险人的家庭活动、娱乐及社交活动以及用于被保险人或被保险人的雇主开展商业业务之外,还包括汽车的租赁和与汽车贸易有关的事宜。

2. 车型与厂牌型号

车型大小与发生事故的危险性有直接关系。一般大型汽车,由于其体积大、功率大、速度快,一旦发生事故后果严重,危害较大;而小型汽车,发生事故的危害性相对较小一些。现代汽车的车型很多,也很复杂,即便同一型号的汽车,其安全性也不尽相同。因此,对汽车的车型及其危险性进行分类很重要。英国采用由保险公司成立的专门机构负责对各种车辆的安全性进行综合分类,作用十分明显。

因汽车的种类繁多,各种汽车的构造、性能差异很大,即使是同一厂牌的汽车,不同型号之间差异也很大。因此,厘定汽车保险费率时,厂牌和型号都是重要的因素。

3. 车龄或汽车的实际价格

车龄或汽车的实际价格是汽车已使用时间长短的评价指标,它与汽车的折旧关系很大,直接影响到保险金额,也会影响到汽车的修理成本和使用危险性。车龄较大的汽车,其技术性能会明显不如新车,危险性比新车要大。因此,对于从车主义(费率考虑的因素,以车为主)的汽车保险,车龄或汽车的实际价格是确定保险金额和厘定保险费率的重要依据之一。

4. 家庭或车主拥有的汽车数

如果一个家庭或一个家族拥有的汽车数少,汽车的使用频率会很高,同时由于家庭成员的驾驶习惯不同,往往事故频率较大。另一方面,如果同一车主拥有多辆汽车,则有助于保险成本的降低。

(二)驾驶人风险的识别

1. 驾驶人的年龄与驾龄

研究表明,驾驶人的年龄是影响交通事故率的重要因素之一,交通事故的发生与驾驶人的生理状况和心理状态密切相关。一般情况下,年轻人的心理未臻成熟,处于争强好胜阶段,往往容易超速驾车,因此事故率比年长者高;而老年人的生理机能日趋下降,反应较迟钝,事故率也较高。统计资料表明,驾驶人发生交通事故的概率年轻时最高,然后逐年下降,在40~50岁时为最低,此后又略有上升。所以,通过合理划分年龄档次确定保险费率是从人主义(费率考虑的因素,以人为主)汽车保险制度的通用做法。

2. 驾驶人的性别与职业

汽车驾驶人的性别与交通事故率也有很大的关系。由于男性驾驶人驾驶汽车时较女性更易受干扰,所以事故率也较女性为高。研究表明,女性驾驶人发生事故的概率比男性略低,其差别一般相差3~5岁。如22岁的女性驾驶人的危险因素与25~27岁的男性驾驶人的危险因素相当。但当女性驾驶人超过60岁时,其发生事故的概率比男性略高。所以,一般情况下,女性驾驶人的保险费率应比男性驾驶人略低一些。

不同的职业对人的情绪和体力的影响很大,同时也会影响人的心理状态。资料表明,不同职业的汽车驾驶人出事故的概率差别很大。例如,从事体力劳动的工人的事故率较行政工作人员为高,飞机驾驶人的事故率比教师的事故率要高。因此,驾驶人的职业反映了其生活习惯和生活方式,也影响到保险汽车的使用目的和使用范围,是交通事故的危险因素之一。

3. 驾驶人的婚姻状况

驾驶人的婚姻状况对发生交通事故也有影响。如果驾驶人已婚,家庭责任和家人的督促会使其小心驾车,从而降低事故率;如果驾驶人未婚,没有家庭牵挂,其驾车安全性显然不如已婚者,易发生交通事故。所以,已婚驾驶人的保险费率要比未婚者低。

4. 驾驶人的生活习性与事故记录

汽车驾驶人是否有吸烟的生活习惯对交通事故也有影响。如果驾驶人在汽车行驶途中吸烟,必然妨碍其驾驶操作,影响汽车行驶的安全性。而酗酒对驾驶人的神经系统的影响尤为明显,会导致其反应迟钝、判断错误,酒后开车一直是交通事故的主要原因之一,因此,大多数国家都明令禁止。

如果汽车驾驶人过去频繁发生交通事故,表明其驾驶技术水平较低,会影响到今后事故的发生频率。因此,驾驶人如果有事故记录,其保险费率会相应增加。在美国,驾驶人的一次交通事故记录,包括高速公路超速行车、酒后开车等违章记录,将导致下一年度的保险费增加,且会持续影响3年。

5. 附加驾驶人的数量

由于附加驾驶人个人情况差异较大,显然会增加事故概率。附加驾驶人越多,事故危险性越大。因此,每附加一个驾驶人,保险人就要增收一部分保费。投保人附加的驾驶人越多,所交保费就越多。

单元能力检测

任务模拟一

客户徐女士在本市名车广场购买了一辆宝马7系高级轿车,主要用于上下班代步,接送上初中的儿子上学放学,节假日经常全家人一起自驾游,徐女士家里有私人独立车库。请完成对徐女士的宝马7系高级轿车的风险识别任务。

任务模拟二

北方某市李先生购买了一辆济南重型汽车制造厂生产的20t重型汽车,用于到南方跑长途运输,运送蔬菜、水果等,请完成对李先生的重型汽车的风险识别任务。

评 价 反 馈

1. 自我评价

通过本学习任务的学习,你认为自己是否已经掌握风险与保险相关知识,并具备以下能力:

①是否能够通过与客户沟通,了解并描述客户的保险需求?
_____
_____。

②是否能够根据客户的保险需求,对客户的机动车辆的风险进行识别、评估和控制?
_____
_____。

③仪容、仪表是否符合职业规范?
_____
_____。

④在完成本学习任务的过程中,你和同学之间的协调能力是否得到了提升?是否有过与其他同学探讨机动车辆风险的有关问题?讨论的最多的问题是什么?讨论的结果是什么?
_____
_____。

⑤通过本学习任务的学习,你认为自己在哪些方面还需要深化对机动车辆风险的学习?
_____
_____。

签名:_____   ____年____月____日

2. 小组评价

小组评价见表 1-1。

小 组 评 价　　　　　表1-1

序号	评价项目	评价情况
1	学习过程是否主动并能深度投入	
2	在实训过程中的执行力是否突出	
3	是否能按照职业人的要求对待到课率	
4	着装是否符合要求	

续上表

序号	评价项目	评价情况
5	是否按照安全和规范的要求完成作业	
6	是否遵守实训场地的规章制度	
7	是否能主动地和他人在实训中合作	
8	是否能按要求对实训场地进行清理、清洁	
9	在团队活动中是否能做到相互尊重	

参与评价的同学签名：_____　　_____年_____月_____日

3. 教师评价

_____

_____。

教师签名：_____　　_____年_____月_____日

学习任务 2　最佳投保方案确定

通过本学习情境的探讨,要求学生具备以下能力:
1. 能够向客户正确解释足额与不足额投保的优缺点,并向客户推荐最合适的投保方式;
2. 能够运用保险市场的知识,帮助客户选择最佳的保险公司;
3. 能够根据客户的车辆风险特征和保险消费需求,设计最佳的投保方案;
4. 能够向客户准确解释保险条款内容;
5. 知道重复保险如何补偿、如何运用代位追偿权。

保险代理人在接受客户投保咨询或现场推销险种时,应根据客户的实际情况,帮助客户分析风险所在,指导客户选择投保途经、选择合适的保险公司、比较各公司保险产品之间的差异、合理确定投保方式和保险金额、正确搭配组合险种。

本学习任务沿着以下脉络进行学习:

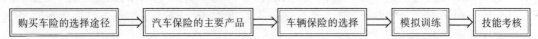

单元一　购买车险的选择途径

单元要点

1. 选择购买汽车保险的渠道；
2. 选择理想的保险公司。

相关知识

目前购买车险的渠道很多，不同渠道从保险公司拿到的成本价不同，在市场上代理费率也不同，所以选择不同渠道购买汽车保险所需的保费是不同的，只要找准方法，客户还是有办法省钱的。

截至2016年9月，国内共有财产保险公司80家，其中中资公司58家，外资公司22家。尽管从2012年5月1日起，交强险对外资公司开放，但由于外资公司除美亚保险、利宝保险、中航安盟、国泰产险、富邦财险、三星财险等9家公司外均未获得交强险的经营权，所以经营汽车保险业务的外资公司，所占市场份额有限。对于刚购买新车的客户而言，需要选择合适的购买渠道、保险公司、具体的险种。

一、选择购买汽车保险的渠道

刘先生是一位白领，由于平时工作繁忙再加上上班路程太远，于是到一汽丰田某经销店购买了一辆卡罗拉轿车。令他头痛的是，朋友曾建议他不要在4S店购买保险，因为保费贵而且会附带很多不必要的险种，但经销商强烈推荐他在4S店购买保险，而且说出种种诱人的好处。此时，刘先生该怎么办呢？

（一）投保渠道

投保的渠道如图2-1所示。

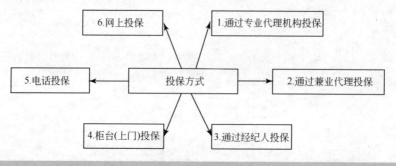

图2-1　投保的渠道

1. 通过专业代理机构投保

专业代理机构是指主营业务为代卖保险公司的保险产品的保险代理公司。

2. 通过兼业代理投保

兼业代理是指受保险人委托,在从事自身业务的同时,指定专人为保险人代办保险业务的单位。

3. 通过经纪人投保

经纪人是指基于投保人的利益,为投保人和保险人订立保险合同提供中介服务,并依法收取佣金的保险经纪公司。

想一想

(1) 购买车险有哪些渠道?

(2) 购买途径不同,其效果一样吗?

(3) 通过中介购买时,要注意哪些"陷阱"?

4. 柜台(上门)投保

柜台投保是指亲自到保险公司的对外营业窗口投保。

查一查

(1) 本地区主要有哪些"××保险代理公司"?

(2) 本地区主要有哪些"××保险经纪公司"?

(3) 一些大型保险公司的投保电话是多少?

5. 电话投保

电话投保是指通过拨打保险公司的服务电话进行投保。

6. 网上投保

网上投保是指客户在保险公司设立的专用网站(电子商务平台)上发送投保申请,保险公司在收到申请后电话联系客户进行确认的一种投保方式。

友情小贴示

汽车保险中常见的兼业代理主要有:

①汽车经销商、(如4S店);②汽车修理厂;③银行;④邮政局;⑤机场。

(二)投保方式比较

1. 专业代理

专业代理的优点如下:

(1) 专业代理公司一般提供多家保险公司的汽车保险产品,可为客户提供较多的产品设计方案。

(2)服务积极,能上门办理手续。

(3)出险理赔时有人帮助。

专业代理的缺点如下:

(1)投保成本高。

(2)保险代理公司选择不当时会有风险。

选择专业代理的注意事项如下:

我国目前的保险市场较为庞杂,专业代理公司的竞争也较为激烈,客户通过专业代理公司购买保险时,一定要仔细挑选可靠的公司,并要验看许可证、代理合同、代理人资格证书。

2. 兼业代理(以4S店为例)

兼业代理的优点如下:

保险及理赔可以在一起办。有4S店作后盾,不管是代理理赔的便捷性,还是维修质量、配件质量,客户都能得到保障。

兼业代理的缺点如下:

(1)由于兼业代理机构代卖保险产品属于副业,所以不够专业。

(2)需要客户有讨价还价的本领且费口舌,所以保费不一定便宜。

(3)选择不当时会有风险。

兼业代理的注意事项如下:

(1)应选择实力强,品牌好的汽车经销商。

(2)代理商高度推荐的保单,可能是对代理商佣金最高的保单,但不一定是最适合您的保单。

(3)如果是新车投保,考虑到理赔和维修时的便捷性,除非您在保险公司有熟人,最好还是在经销商那里购买,但要注意砍价。

3. 通过经纪人投保

通过经纪人投保的优缺点与专业代理较接近,但经纪人在中国保险市场还处于起步阶段,而且较少涉及汽车保险领域,原因如下:

(1)2003年前及2006年7月1日后,汽车保险的条款和费率统一,没有太多的调整余地。

(2)作为投保人的大型运输单位具有良好的风险管理技术,保险经纪人不具有特别的优势。

4. 柜台(上门)投保

柜台(上门)投保的优点如下:

(1)因保单不会有假,所以投保最可靠。

(2)因节约了保险公司的经营成本,所以保费较便宜。

柜台(上门)投保的缺点如下:

如果保险公司没有给您指定"客户经理",在投保或索赔时必须事事自己动手、亲自去跑,既费时,又麻烦。

5. 电话投保

电话投保的优点如下:

（1）保费便宜。因为电话投保省去营销中间环节，保险公司把支付给中间人或中介机构的佣金直接让利给车主，所以对商业车险而言，通过电话营销方式，可根据不同车型，在最高7折优惠的基础上再优惠15%。

特别提示

目前只有人保、平安、太保、大地财险等少数大公司获得了电话营销专用机动车商业保险产品的资格。车险通过代理机构销售的比例高达70%，保监会的车险7折限折令主要针对中小公司，而大公司可通过电话车险的渠道突破限折令，这势必使市场竞争更为激烈，中小公司竞争力可能被弱化。

（2）足不出户。

（3）因有专人接听电话，解答各种问题并协助办理投保手续，且保单送上门，所以安全、周到、省事，一举数得。

电话投保的缺点如下：

（1）不太容易和保险公司谈判。

（2）因不是直接沟通，所以有误导可能。

6. 网上投保

网上投保的优点如下：

（1）便于比较。通过网络，客户可以对同类别的产品，在几家甚至几十家公司中进行筛选，既可以比较保障范围、保费等"硬基础"，更可以比较公司品牌实力、服务保障等"软实力"。

（2）价格便宜。网销保险要比传统保险至少节省10%～15%的费用。

（3）减少销售误导。因为网销一般会先让客户通过保险风险的小测试，了解自身保险的缺乏和购买的重点，最后买什么样的产品还是由客户自己选择。

（4）隐私保密。因为投保资料中涉及个人信息、财产收入等很多隐私，如果是网销，这些信息只有保险公司知道，减少了第三方人员的信息外漏风险。

（5）快捷出单。传统保险即使保险公司能快速出单，因需业务员来回传送保单周折，客户通常需要3～5天才能拿到保险合同。而通过网销渠道投保，既没有传递时间的消耗，也没有体检或生存调查时间的延误。只要满足承保条件，立即会得到保险公司提供的交费链接，而交费成功后，很快就通过E-MAIL或登录网站获得电子保单，所用时间比其他渠道大大减少。

（6）避免骚扰。客户可以在不受干扰的情况下自主决定是否投保、保多少。这尤其符合80、90后新生代消费习惯。

（7）拒绝捆绑。在网销保险平台中，每种产品基本独立销售，不再有类似主险与附加险等的连带关系，让消费者有充分的自由选择权。

网上投保的缺点如下：

（1）客户必须对保险较熟悉。

（2）对于不经常使用网络的客户来讲，可能不太方便。

特别提示

对于购买汽车保险来讲,通过汽修厂或4S店是最方便的,因为在今后的汽车维修、事故索赔等方面都可以直接由汽修厂代办。据统计,目前北京市场中约有60%的汽车保险是通过代理来做的。对于一般消费者而言,找一个大一点的或者比较有规模的保险代理商,应该是比较值得信赖的。

(三)通过中介购买保险时的注意事项

1. 选择保险中介时该做什么

(1)应该选择具有合法资格、信誉较好、大的汽车保险中介。需要注意是:一般不要选择街头小维修点代理的保险。因为小维修厂一般不具有合法的保险兼业代理资格,所以保单造假的可能性也较大。

(2)应对保险公司推荐的"最佳险种组合"进行筛选。因为保险中介一般站在多收保险代理费的角度为客户设计"最佳险种组合",所以,他们推荐的险种往往较多,其中的一些险种不一定适合客户。

(3)要善于与销售员砍价。因为销售员在算保费的时候会给您一个市场统一的折扣,而且会告诉您这是最低的折扣。其实,保险公司除了这个折扣以外还会对经销商有一个20%~30%的额外返利,能否让经销商进一步让利就看您的谈判技巧了。

(4)收到保单后应打电话给保险公司,以便确认保单是否生效、保单的有效期限等。

2. 车险中介惯用的六种"陷阱"

(1)挪用保费。

(2)假保单。假保单是指客户持有的保单属于非法中介伪造的假保单。

(3)鸳鸯单。鸳鸯单是指一单保两车,保单无效。

(4)虚假承诺。虚假承诺是指保险中介的个人擅自做一些保险公司或经销商无法兑现的承诺。

(5)隐瞒保险条款中的责任免除事项。

(6)弄虚作假。弄虚作假是指出险后,保单销售员诱骗客户让其全权处理索赔事宜。

二、选择理想的保险公司

刘女士最近买了一辆广本雅阁轿车,虽然驾龄已有3年,但车技却半生不熟。她准备待车技有所提高后加入朋友的"自驾旅游"队伍,游遍祖国的大好河山。在投保时面对如此众多的保险公司,她不知应该购买哪家保险公司的汽车保险产品?

想一想

(1)保险公司越大就越理想吗?

(2)保费越便宜越好吗?

(3)保费与服务,你认为哪个更重要?

（一）经营车险业务的财产保险公司

我国经营车险业务的主要财产保险公司如表2-1所示。

经营车险业务的主要财产保险公司　　　　表2-1

公　　司	网　　址	服务电话
中国人民财产保险股份有限公司	www.epicc.com.cn	95518
中国太平洋财产保险股份有限公司	www.Cpic.com.cn	95500
中国平安财产保险股份有限公司	www.Pa18.com.cn	95512
天安财产保险股份有限公司	www.tianan-insurance.com	95505
史带财产保险股份有限公司	www.starr.e-dicc.com.cn	40099-95507
华泰财产保险股份有限公司	www.ehuatai.com	40060-95509
中国大地财产保险股份有限公司	www.ccic-net.com.cn	95590
中华联合财产保险控股股份有限公司	http:lle.cic.cn	95585
华安财产保险股份有限公司	www.Sinosafe.com.cn	95556
永安财产保险股份有限公司	www.yaic.com.cn	95502
太平保险有限公司	www.etaiping.com	0775-82960919
安盛天平财产保险股份有限公司	www.tpaic.com.cn	4006706666
渤海财产保险股份有限公司	www.bpic.com.cn	022-23202818
永诚财产保险股份有限公司	www.alltrust.com.cn	021-68865800
阳光财产保险股份有限公司	www.csic.com	95510
安邦财产保险股份有限公司	www.abic.com	95569
上海安信农业保险股份有限公司	www.aaic.com.cn	021-63355533
都邦财产保险股份有限公司	www.dbic.com	95586
阳光农业相互保险公司	www.samic.com.cn	0451-55195556
安华农业保险股份有限公司	www.ahic.com.cn	0431-96677
华农财产保险股份有限公司	www.chinahuanong.com.cn	95105535
安诚财产保险股份有限公司	www.e-acic.com	966899
民安保险（中国）有限公司	www.minganchina.com.cn	0755-25831999
中国人寿财产保险股份有限公司（国寿财险）	www.chinalife-p.com.cn	95569
中银保险有限公司	www.boc-ins.com.cn	010-66538000

（二）选择保险公司应考虑的因素

1.要有合法资质且经营车险业务

如果通过保险中介购买汽车保险时，尤其要注意其是否具有合法的保险兼业代理资格，是否可能出现保单造假现象。

2.信誉及口碑良好

值得注意的是，市场知名度高的公司其信誉不一定就高。

3.服务网络是否全国化

因为汽车是流动性风险，当在异地出险时，只有在全国各地建立服务网络的保险公司才能实现全国通赔（就地理赔），这样可省却客户的不少麻烦。

4.车险产品的"性价比"

客户应比较保险公司产品之间的差异，找出能针对自身风险的保险产品，从而达到在最省钱的状态下获得最有用、最安全的保障。如酒后驾车在C款的全车盗抢险中属于保险责任;倒车镜、车灯玻璃破碎时,A款的车损险就赔,而B、C款的车损险却不赔。

友情小贴士

好钢要用在刀刃上,花钱要舍得但不能"糊涂"。

5. 费率优惠和无赔款优待的规定

尽管保监会有最高限价7折的规定,但实际的费率和无赔款优待方面的规定在各保险公司之间仍存在差异。

6. 增值和个性化服务

如人保财险的拖车救援服务、汽车抛锚代送燃油服务、汽车代驾服务等。有的保险公司还建立了汽车保险会员俱乐部,为车主提供全方位的服务;又比如北京一些地区性保险公司,就推出了全天候出单服务:全年365天,投保车险的客户均可以拿到正式保单。对于拿到保单,但没上牌照的新车,一旦出险,将严格按照保单中的条款承担保险责任。因为新车容易被盗抢,而大多数保险公司规定无牌照车辆一律不赔,这个政策就满足了新车的车主在无牌照期间出险索赔的需求。

查一查

(1)本地区的财产保险公司各推出了哪些个性化服务?

(2)本地区的财产保险公司费率各有哪些优惠?

(三)选择保险公司常见的几个误区

1. 谁的保费便宜就选谁

首先,由于车险是无形的,需要通过服务才能感觉到它的存在,对车主来讲,购买车险不能只重价格,服务才是更重要的。车险服务主要体现在出险后的理赔服务和一些特色服务上。

其次,由于2007年4月1日后各中资保险公司都统一使用了由行业协会统一公布的A、B、C三套行业条款,各家财产保险公司基本上是从A、B、C三套条款中选择其中的一套经营,由于A、B、C三套行业条款基本同质化,且保监会有最高7折限价的规定,所以在价格上相差并不大。

再次,价格便宜的保险公司,往往保障也低,理赔等服务也会相对较慢,某些险种条款甚至存在漏洞,真正出了险,很有可能遭到拒赔。如在2005年北京7月10日的大暴雨中,很多车主都因发动机水淹责任遭到了保险公司拒赔。

特别提示

既然保费、条款并无多大差异,最好在一家保险公司投保包括交强险在内的各种险种,以免理赔时辛苦奔波。

2. 专挑规模大、知名度高的保险公司投保

（1）大型保险公司的优缺点。

大型保险公司的优点如下：

①已经建立了比较完善的理赔网络，也拥有了一支较为成熟的理赔队伍，一旦出险，能够保证在较短时间内赶到现场查勘，协助处理事故。

②服务网点多，即使在异地出险，也可以及时查勘，甚至实现就地理赔（全国通赔）。

大型保险公司的缺点如下：

①保费一般较高。

②由于大公司的客户较多，所谓"店大欺客"，所以有时也会出现服务理赔效率低的情况。

（2）小型保险公司的优缺点。

小型保险公司的优点如下：

①保费一般相对较低。

②某些小公司虽然在全国份额上不占多数，但是在某些城市却是当地的领先者，如果车辆只在一定区域内行驶，可以着重对比考虑本地的服务和信誉。

③由于客户较少，某些小公司可能其服务理赔效率反而比大公司更畅通。

④有些小公司的服务也很有特色。

小型保险公司的缺点如下：

①理赔网络不健全。

②知名度差，服务水平也参差不齐。

（四）如何选择保险公司

衡量一个保险公司的好坏牵涉很多因素，不仅要看其资本实力是否雄厚，更要看其服务水平的品质，而且要看是否适合自己的判断标准。可以说，很难有最好的，却有最适合自己的保险公司。当然，公司的信誉和服务质量是首要考虑的因素。下面向您推荐一种选择保险公司的思路，具体内容如下：

（1）根据自身的风险特点，车主自行选择投保项目。

（2）查阅各公司的险种，并仔细阅读条款，分清其保障范围。

（3）根据实际保障范围和最终保险公司的价格进行对比，并结合所提供的服务质量，初步选定保险公司。

（4）根据自身的特点，结合保险公司推出的个性化服务，最终确定适合自身要求的保险公司。

单元能力检测

任务模拟一

根据情境案例中刘先生的情况，给他设计一个最佳的投保渠道。

任务模拟二

根据情境案例中刘女士的实际情况，给她寻找一个本地区最佳的保险公司。

单元二 汽车保险的主要产品

单元要点

1. 交强险；
2. 机动车商业险的主要险种。

相关知识

由于2011年社会公众对车险条款存在两个质疑：一是"高保低赔"；二是"无责不赔"，于时在媒体上进行了大讨论。尽管从法理和保险学原理上讲均没问题，但保险行业对公众宣导不足，从而导致公众的误解。2011年10月，中国保监会将《关于加强机动车辆商业保险条款费率管理的通知》(以下简称《通知》)的初稿公布在网站上，接受来自专家、媒体、社会公众等各方面的意见和建议，并据此对《通知》进行了修订。2012年3月8号，中国保监会将《通知》(保监令〔2012〕16号文)正式颁布实施。2012年3月14日，中国保险行业协会发布了《机动车辆商业保险示范条款》。其由协会组织行业专业力量，依据相关法律、行政法规和中国保监会《通知》的要求，在广泛征求、充分沟通、反复论证的基础上，前后经过6次修订，历时近一年拟订而成。但由于种种原因，《机动车辆商业保险示范条款》始终没能正式实施。2015年2月3日，中国保监会正式发布了《关于深化商业车险条款费率管理制度改革的意见》(以下简称《意见》)。该《意见》立足于我国现阶段商业车险条款费率管理的实际，吸收2010年以来商业车险改革试点的经验，提出了以下三方面政策措施：首先是建立以行业示范条款为主、公司创新型条款为辅的条款管理制度。中国保险协会拟订并将不断完善示范条款，财险公司选择使用；鼓励财险公司开发创新型条款，建立公开透明的条款评估机制和保护机制。其次，建立市场化的费率形成机制。中国保险行业协会按照大数法则要求，建立财产保险行业商业车险损失数据的搜集、测算、调整机制，动态发布商业车险基准纯风险保费表，为财产保险公司科学厘定商业车险费率提供参考；由财产保险公司根据自身实际情况科学测算基准附加保费，合理确定自主费率调整系数及其调整标准。根据市场发展情况，逐步扩大财产保险公司商业车险费率厘定自主权，最终形成高度市场化的费率形成机制。再次，加强和改善商业车险条款费率监管。建立健全商业车险条款费率回溯分析和风险预警机制，及时验证商业车险费率厘定和使用过程中精算假设的合理性、责任准备金提取的合规性和财务业务数据的真实性，切实防范因商业车险费率拟定不科学、不公平、不合理所带来的风险隐患。不断强化偿付能力监管刚性约束，完善偿付能力监管制度体系，提高偿付能力监管制度执行力。该《意见》出台后的次日即2015年2月4日，作为商业车险条款费率改革的配套措施，中国保险行业协会正式发布《2014版商业车险行业示范条款(征求意见稿)》及配套单证，并从即日起向社会公开征求意见。此次发布的示范条款包括机动车、特种车、摩托和拖拉机综合商业保险以及单程提车保险共四个。《2014版商业车险行业示范条款

（征求意见稿）》是按照《中国保监会关于深化商业车险条款费率管理制度改革的意见》要求，在2012年发布的《机动车辆商业保险示范条款》基础上，组织修订完成的，意见征求截止日期为2015年3月5日。

根据中国保监会的安排，在2015年6月1日首先在黑龙江、广西、山东、青岛、重庆和陕西等6个省（区、市）正式试点，从2016年1月1日起，天津、内蒙古、吉林、安徽、河南、湖北、湖南、广东、四川、青海、宁夏、新疆等12个保监局所辖地区将纳入商业车险改革第二批试点范围，从2016年7月1日起，在北京、河北、山西、辽宁、上海、江苏、浙江、福建、江西、海南、贵州、云南、西藏、甘肃、深圳、大连、宁波、厦门等省市18个保监局所辖地区有序开展商业车险改革相关工作。

一、交强险

（一）交强险概述

1. 何为交强险

交强险是指由保险公司对被保险机动车发生道路交通事故造成本车人员、被保险人以外的受害人的人身伤亡、财产损失，在责任限额内予以赔偿的强制性责任保险。

（1）交强险虽然在名称中取消了"第三者"，但实质上是一种以第三者为保障对象的强制性责任保险。

（2）在责任限额内的损失，交强险先行赔付，超过限额部分再由商业第三者责任险或相关人员赔付。

2. 交强险与商业第三者责任险的主要区别

（1）赔偿限额不同。交强险最高为：12.2万元，而商业第三者责任险有5万、10万、15万、20万、30万、50万、100万等7个档次。

（2）投保的强制性不同。交强险是国家规定的强制保险，而商业第三者责任险因为是纯粹的商业保险，所以属于自愿投保。

查一查

对未按规定投保交强险的机动车，国家对它有什么限制？公安交通管理部门对它有什么处罚？

（3）保障范围不同。交强险赔偿范围大，除了《机动车交通事故责任强制保险条例》规定的个别事项外，交强险的赔偿范围几乎涵盖了所有道路交通责任风险。而商业第三者责任险赔偿范围小，保险公司不同程度地规定有免赔额、免赔率或责任免除事项。

（4）赔偿原则不同。交强险赔偿采用无过错责任原则，而商业第三者责任险的赔偿采用过错责任原则。

（5）费率形成机制不同。交强险总体上按"不盈利不亏损"的原则审批费率，而商业第三者责任险则按商业性保险的机制进行管理。

3. 构成保险责任的4个条件

（1）属于交通事故或在《道路交通安全法》所阐述的"道路"以外通行发生的非交通事故。

《道路交通安全法》第七十六条第一款规定："机动车发生交通事故造成人身伤亡、财产损失的，由保险公司在机动车第三者责任强制保险责任限额范围内予以赔偿。"

《道路交通安全法》第七十七条规定："车辆在道路以外通行时发生的事故，公安机关交通管理部门接到报案的，参照本法有关规定办理。"

（2）受害人属于交强险承认的"第三者"。

（3）事故造成了受害人的人身伤亡或财产损失。

（4）在交强险赔偿限额内的损失。

查一查

（1）交强险的责任免除项目有哪些？

（2）需保险公司垫付的医疗抢救费有哪四种情况？

（3）需道路交通事故社会救助基金垫付的医疗抢救费有哪三种情况？

（4）《道路交通安全法》承认的"道路"包含哪些道路？

4. 赔偿限额

交强险赔偿限额如表2-2所示。

2008版交强险赔偿限额 表2-2

项 目	死亡伤残	医疗费用	财产损失
有责任的限额	11万元	1万元	2000元
无责任的限额	1.1万元	1000元	100元

其中，死亡伤残赔偿项目有：丧葬费、死亡补偿费、受害人亲属办理丧葬事宜支出的交通费、残疾赔偿金、残疾辅助器具费、护理费、康复费、交通费、被抚养人生活费、住宿费、误工费、被保险人依照法院判决或者调解承担的精神损害抚慰金。

医疗费用赔偿项目有：受害者医药费、诊疗费、住院费、住院伙食补助费、必要的合理的后续治疗费、整容费、营养费等。

（二）交强险的费率

1. 2008版交强险的基础费率表

2008版交强险的基础费率表如表2-3所示。

2008版交强险的基础费率表 表2-3

车辆分类	序 号	车辆明细分类	保费（元）
一、家庭自用车	1	家庭自用汽车6座以下	950
	2	家庭自用汽车6座及以上	1100

续上表

车辆分类	序号	车辆明细分类	保费（元）
二、非营业客车	3	企业非营业汽车6座以下	1000
	4	企业非营业汽车6~10座	1130
	5	企业非营业汽车10~20座	1220
	6	企业非营业汽车20座以上	1270
	7	机关非营业汽车6座以下	950
	8	机关非营业汽车6~10座	1070
	9	机关非营业汽车10~20座	1140
	10	机关非营业汽车20座以上	1320
三、营业客车	11	营业出租租赁6座以下	1800
	12	营业出租租赁6~10座	2360
	13	营业出租租赁10~20座	2400
	14	营业出租租赁20~36座	2560
	15	营业出租租赁36座以上	3530
	16	营业城市公交6~10座	2250
	17	营业城市公交10~20座	2520
	18	营业城市公交20~36座	3020
	19	营业城市公交36座以上	3140
	20	营业公路客运6~10座	2350
	21	营业公路客运10~20座	2620
	22	营业公路客运20~36座	3420
	23	营业公路客运36座以上	4690
四、非营业货车	24	非营业货车2t以下	1200
	25	非营业货车2~5t	1470
	26	非营业货车5~10t	1650
	27	非营业货车10t以上	2220
五、营业货车	28	营业货车2t以下	1850
	29	营业货车2~5t	3070
	30	营业货车5~10t	3450
	31	营业货车10t以上	4480
六、特种车	32	特种车一	3710
	33	特种车二	2430
	34	特种车三	1080
	35	特种车四	3980

续上表

车辆分类	序 号	车辆明细分类	保费（元）
七、摩托车	36	摩托车50cc及以下	80
	37	摩托车50cc～250cc（含）	120
	38	摩托车250cc以上及侧三轮	400
八、拖拉机	39	兼用型拖拉机14.7kW及以下	按保监产险〔2007〕53号实行地区差别费率
	40	兼用型拖拉机14.7kW以上	
	41	运输型拖拉机14.7kW及以下	
	42	运输型拖拉机14.7kW以上	

注：1. 座位和吨位的分类都按照"含起点不含终点"的原则来解释。

2. 特种车一：油罐车、气罐车、液罐车；特种车二：专用净水车、特种车一以外的罐式货车以及用于清障、清扫、清洁、起重、装卸、升降、搅拌、挖掘、推土、冷藏、保温等的各种专用机动车；特种车三：装有固定专用仪器设备从事专业工作的监测、消防、运钞、医疗、电视转播等的各种专用机动车；特种车四：集装箱拖头。

3. 挂车根据实际的使用性质并按照对应吨位货车的30%计算。

4. 低速载货汽车参照运输型拖拉机14.7kW以上的费率执行。

2. 交强险的保费计算

$$保费 = 基础保险费 \times (1 + 浮动比率)$$

3. 全国版的交强险费率浮动标准

（1）特点。实行单挂钩制度，即费率只与道路交通事故挂钩，与道路交通安全违法行为暂不挂钩。

（2）费率浮动表（表2-4）。

交强险费率浮动表 表2-4

挂钩		浮动因素	浮动比率
只与道路交通事故相挂钩	A1	上一年度未发生有责任的交通事故	下浮10%
	A2	上两个年度未发生有责任的交通事故	下浮20%
	A3	上三个及以上年度未发生有责任的交通事故	下浮30%
	A4	上一年度只发生一次有责任的但不涉及死亡的交通事故	不浮动
	A5	上一年度发生二次及二次以上有责任的交通事故	上浮10%
	A6	上一年度发生有责任的道路交通死亡事故	上浮30%

（3）费率浮动说明。摩托车和拖拉机暂不浮动。

① 同时满足多个浮动因素的，按向上浮动或向下浮动比率的高者计算。

② 仅发生无责任的道路交通事故，费率仍可享受向下浮动。

③ 只随上年度交强险已赔付的赔案浮动，即上年度发生赔案但还没赔付的，本期费率不浮动，直到赔付后的下一年度才向上浮动。

④ 首次投保或车辆所有权转移办理批改的，费率不浮动。

⑤ 车辆在丢失期间发生道路交通事故的，追回后若提供公安机关证明的，费率不上浮。

⑥ 未及时续保的，浮动因素计算区间仍为上期保单出单日至本期保单出单日之间。

⑦在完成保费计算后出单前,保险公司应出具交强险费率浮动告知单,经投保人签章确认后,再出具保单、保险标志。投保人有异议的,应告知其有关道路交通事故的查询方式。

⑧已建立车险联合信息平台的地区,费率浮动告知书及保单应通过车险联合信息平台出具。

⑨在全国车险信息平台联网或交换前,跨省变更投保地时,如能提供相关证明文件的,可享受交强险费率向下浮动,不能提供的费率不浮动。

4. 上海版交强险费率浮动标准

(1)特点。实行双挂钩制度。即费率既与道路交通事故挂钩,又与道路交通安全违法行为挂钩。

(2)费率浮动说明。

①上一个年度无交通违法行为记录,续保时费率下浮 10%;上两个年度无交通违法记录,续保时费率下浮 20%;连续三年或三年以上无交通违法记录,续保时费率下浮 40%。

②上一个年度有交通违法记录,费率按表 2-5 中所列标准上浮。

上海版的交强险费率浮动表　　　　　　　　　　表 2-5

序号	内容	费率系数
1	超速超过50%以上的	+20%/次
2	超速未达50%(含)的	+10%/次
3	违反交通信号灯指示通行的	+20%/次
4	逆向行驶的	+20%/次
5	货车载物超过核定载重量30%以上的	+10%/次
6	公路客车载客超过核定载客人数20%以上的	+10%/次
7	车辆未经定期检验合格继续使用的	+10%/次
8	驾驶时拨打或接听手持电话的	+10%/次
9	违反让行规定的	+10%/次
10	变更车道影响他人行车安全的	+10%/次
11	饮酒后驾驶机动车的、饮酒后驾驶营运机动车的	+10%/次
12	其他交通违法10次(含)以上的(不包括上述11项违法行为和不纳入交强险费率浮动范围的交通违法行为)	+10%/次

注:上一年度费率调整系数累加上限为60%。

③当年初次登记的新车、当年所有权变更登记的在用车,按国家规定的基准费率投保。摩托车、拖拉机不再进行费率浮动,按国家规定的基准费率投保。

④不纳入交强险费率浮动范围的交通违法行为如表 2-6 所示。

不纳入交强险费率浮动范围的交通违法行为　　　　　表 2-6

序号	违法行为
1	未取得驾驶证驾驶机动车的
2	把机动车交给未取得机动车驾驶证的人驾驶的
3	非法安装报警器的

续上表

序 号	违 法 行 为
4	非法安装标志灯具的
5	驾驶证丢失期间仍驾驶机动车的
6	驾驶证损毁期间仍驾驶机动车的
7	不按规定投保交强险的
8	遇前方机动车停车排队等候或者缓慢行驶时,在人行横道、网状线区域内停车等候的
9	在禁止鸣喇叭的区域或者路段鸣喇叭的
10	特种车辆违反规定使用警报器的
11	特种车辆违反规定使用标志灯具的
12	上道路行驶的机动车未放置检验合格标志的
13	逾期3个月未缴纳罚款的
14	连续两次逾期未缴纳罚款的
15	上道路行驶的机动车未放置保险标志的
16	未随身携带行驶证的
17	醉酒后驾驶机动车的、醉酒后驾驶营运机动车的
18	驾驶人未按规定使用安全带的
19	驾驶与驾驶证载明的准驾车型不相符合的车辆的

(三)车船税的代缴

1. 何为车船税

车船税是指以车船为征税对象,向拥有并使用车船的单位和个人征收的一种税。

2. 车船税的特点

(1)兼有财产税和行为税的性质。

(2)具有单项财产税的特点。

(3)实行分类、分级(项)定额税率。

3. 车船税的征收对象

根据规定,依法在公安、交通、农业、军事等车船管理部门登记的车辆都属于车船税的征收范围。这些车辆中,除拖拉机、军队和武警专用车辆、警用车辆等条例规定免税的车辆以外,若纳税人无法提供地方税务机关出具的完税凭证或减免税证明的,纳税人都应按照保险机构所在地的车船税税额标准缴纳车船税。

4. 车船税的申报缴纳

(1)纳税期限实行按年征收、分期缴纳。一般规定为按季或半年征收。

(2)纳税人应根据税法规定,将现有车船的数量、种类、吨位和用途等情况,据实向当地税务机关办理纳税申报。

(3)车船税由纳税人所在地的税务机关征收。

5. 车船税的代缴

(1)车船税通过保险公司交纳的原因。机动车的车船税具有涉及面广、税源流动性强的特点,且纳税人多为个人,征管难度较大。另外,纳税人直接到税务机关缴纳税款又存在道路不熟悉、停车困难、花费时间长等种种不便。因此，由保险机构在办理交强险业务时代收代缴机动车的车船税，可以方便纳税人缴纳车船税，提高税源控管水平，节约征纳双方的成本。

(2)保险公司代收车船税的有关规定。新颁布的《中华人民共和国车船税暂行条例》规定从2007年7月1日起，在购买交强险时由保险公司代收车船税，并及时向国库解缴税款。

自2008年7月1日起，向保险公司缴纳车船税时应提供上次投保的保单，以便查验上一年度的完税情况。若上年度未缴纳的，则保险公司除代收欠缴的税款外，还将按日加收万分之五的滞纳金。

保险公司代收代缴机动车的车船税后，要向纳税人开具含有完税信息的保单，作为纳税人缴纳车船税的证明。如需另外再开具完税凭证的，纳税人可以凭交强险保单到保险机构所在地的地方税务机关开具。

《车船税暂行条例实施细则》规定，已完税的车辆被盗抢、报废、灭失的，纳税人可以凭有关管理机关出具的证明和完税证明，向纳税所在地的主管地方税务机关申请退还自被盗抢、报废、灭失月份起至该纳税年度终了期间的税款。纳税人通过保险机构代收代缴车船税后，若在当年发生符合车船税退税条件的情况，可向保险机构所在地的地方税务机关提出退税申请。

(四)《交强险财产损失"互碰自赔"处理办法》(以下简称《办法》)

1. 说明

(1)实施时间：2009年2月1日。

(2)《交强险理赔实务规程(2008)》和《交强险互碰赔偿处理规则(2008)》中与《办法》不一致的，以《办法》为准。

2. 何为"互碰自赔"

"互碰自赔"是指在满足"互碰自赔"的条件下，由各保险公司在本方机动车交强险有责任财产损失赔偿限额内对本车损失进行赔付。其他情形，参照《交强险理赔实务规程(2008)》处理。

3. 适用条件

同时满足以下条件，适用"互碰自赔"处理机制。

(1)两车或多车互碰，各方均投保交强险。

(2)仅涉及车辆损失(包括车上财产和车上货物)、不涉及人员伤亡和车外财产损失，各方车损金额均在交强险有责任财产损失赔偿限额(2000元)以内。

(3)由交通警察认定或当事人根据出险地关于交通事故快速处理的有关规定自行协商确定双方均有责任。

(4)当事人同意采用"互碰自赔"方式处理。

4. 赔偿处理

(1)满足"互碰自赔"条件的，事故各方分别到各自的保险公司进行索赔，承保公司在交强险有责任财产损失赔偿限额内赔偿本方车辆损失。

(2)原则上，任何一方损失金额超过2000元的，不适用"互碰自赔"方式，按一般赔案处理。即对三者车辆损失2000元以内部分，在交强险限额内赔偿；其他损失在商业险项下按事故责任比例计算赔偿。特殊情况下，参照《交强险互碰赔偿处理规则(2008)》中的相关规定处理。

二、机动车商业险的主要险种

《机动车辆商业保险示范条款(2014版)》将机动车辆保险条款分成单程提车保险条款、机动车综合商业保险条款、特种车综合商业保险条款和摩托车、拖拉机综合商业保险条款四种。本教材只对机动车综合商业保险条款进行解读,主险包括机动车损失保险、机动车第三者责任保险、机动车车上人员责任保险、机动车全车盗抢保险共四个独立的险种,投保人可以选择投保全部险种,也可以选择投保其中部分险种。

(一)机动车损失保险(简称:车损险)

1. 车损险的涵义

车损险是指赔偿被保险车辆在使用过程中由于自然灾害或意外事故造成的车辆本身直接损失、合理施救费用。车损险赔偿必须满足的条件。

(1)驾驶人:被保险人或其允许的合格驾驶人;
(2)车辆:使用过程中;
(3)车损原因:由自然灾害或意外事故造成;
(4)赔偿项目:车辆本身直接损失+合理的施救费。

注意:施救费用数额在被保险机动车损失赔偿金额以外另行计算,最高不超过保险金额的数额。

 想一想

交通事故是车损险赔偿的必要条件吗?

【案例2-1】 天降水泥板砸坏宝马车,违规停车部分赔偿

被保险人李某为自己的车牌号为M×××的宝马轿车于2009年在中国太平洋财产保险公司北京分公司(以下简称"太保"北京分公司)投保了车损险等保险。2010年1月17日(在保险期间内),李某将该宝马轿车停放在北京市××大厦楼下,当日17时10分许,发现汽车被高空坠落的物品(经查,为被告北京市××大厦外墙立面中一块长150cm、宽50cm的水泥板)砸坏,致使该宝马车的行李舱及后风窗玻璃等多处受损。李某基于《机动车保险合同》依程序向原告太保北京分公司提出索赔,原告已经向李某赔付保险金额共计88543元,并获得相应的代位求偿权。原告认为:被告作为××大厦的所有人,对大厦承担着维护、管理义务,被告疏于管理及修缮致使水泥板坠落,是造成此次事故的直接原因,被告应对此次事故承担全部赔偿责任,故向北京市东城法院提起诉讼,要求被告北京市××大厦承担李某机动车损害的损失88543元。

被告认可原告所述事故经过基本属实,但辩称,事故发生地隆福寺街为步行街,禁止车辆进入,大厦下面禁止停放车辆。涉案车辆驶入和停放均属违法行为,此事件责任在于车主李某,全部损失由其自行承担。事故发生后,被告已经告知李某,因其违反规定擅自停车,故车辆损失应由其自行承担,李某当时也表示认可,故不同意原告的诉讼请求。本案在审理过程中,经法院主持调解,双方当事人自愿达成协议,由被告北京市××大厦给付原告太保财

险北京分公司70834.5元。

2. 保险责任

（1）九种意外事故：碰撞、倾覆、坠落、火灾、爆炸、外界物体坠落、倒塌，受到被保险机动车所载货物、车上人员意外撞击。

（2）除地震及其次生灾害以外的十七种"自然灾害"：雷击、暴风、暴雨、洪水、龙卷风、冰雹、台风、热带风暴、地陷、崖崩、滑坡、泥石流、雪崩、冰陷、暴雪、冰凌、沙尘暴。

注意：减少了海啸，另外增加了以前只有C款中才有的台风、热带风暴、暴雪、冰凌、沙尘暴。

（3）受到被保险机动车所载货物、车上人员意外撞击（本次增加部分）。

（4）载运被保险机动车的渡船遭受自然灾害（只限于驾驶人随船的情形）。

【案例2-2】 挂车碰撞牵引车，车损险是否该赔

2011年2月14日4时50分，张某驾驶某运输公司所有的苏H0×××牵引车/苏HG×××普通半挂车，沿苏S336线由西向东行驶至章集镇小穆庄西，因雪天路滑发生交通事故，挂车由于惯性撞击牵引车致牵引车受损。经沭阳县交警大队认定，张某驾驶机动车行驶中观察不慎，对该事故负全部责任。

2010年7月21日，运输公司为该牵引车及挂车向某财险公司淮安中心分公司投保了车损险，事故发生在保险期内。牵引车经鉴定评估损失为14660元，运输公司于是向保险公司索赔要求支付保险赔偿金14660元。而保险公司认为，牵引车与挂车应为"一体"，挂车并非外界物体，根据双方签订的车损险条款中关于"碰撞"的定义，该牵引车损失不在保险范围内。双方因发生争议，运输公司遂诉至法院要求判保险公司赔付保险金14660元。

法院经审理后认为，保险合同是最大诚信合同，双方应当按合同的约定全面、适当履行各自的权利和义务。《营业用汽车损失保险条款》第三十七条明确约定："碰撞：指被保险机动车与外界物体直接接触并发生意外撞击、产生撞击痕迹的现象。包括被保险机动车按规定载运货物时，所载货物与外界物体的意外撞击。"从保险条款约定来看，"外界物体"是针对被保险机动车而言的，牵引车与挂车虽连接使用，但在车辆管理部门分别登记，分别上牌，拥有不同的机动车登记编号和行驶证，为两辆独立的机动车。况且在原告为车辆投保时，保险公司将主车与挂车分开处理，分别出具保单，由此可见，被告在承保时也是将牵引车与挂车视为不同的机动车来看待。那么针对牵引车而言，挂车应当视为"外界物体"，因此，牵引车与挂车碰撞引起的牵引车损失应属于车损险保险责任范围，被告应当对该起交通事故承担赔偿责任。

2011年5月29日，法院判决：被告保险公司一次性赔偿原告运输公司保险金14660元。

【案例评析】

牵引车与挂车连接使用时是否应视为"一体"，历来存在争议，保险公司认为应视为"一体"处理，而有些法院或学者又将它视为两辆独立的机动车。

（1）牵引车与挂车连接使用时应视为两辆独立的机动车，理由如下：

①《道路交通安全法》第一百一十九条规定："'机动车'，是指以动力装置驱动或者牵引，上道路行驶的供人员乘用或者用于运送物品以及进行工程专项作业的轮式车辆。"由此可知，牵引车与挂车均属于机动车辆的范围。

②从车辆管理登记来看,《机动车登记规定》第八条第二款规定:"车辆管理所办理全挂汽车列车和半挂汽车列车注册登记时,应当对牵引车和挂车分别核发机动车登记证书、号牌和行驶证。"由此可见,牵引车与挂车虽连接使用,但在车辆管理部门应分别登记、分别上牌,拥有不同的机动车登记编号和行驶证,应视为两辆独立的机动车。

③从保险实务操作来看,被保险人在为牵引车、挂车投保过程中,保险公司也是将牵引车与挂车视为不同的保险标的,分别收取保险费,分别出具保险单。由此可见,保险公司在承保时也是将牵引车与挂车视为不同的机动车来看待。但在理赔时,保险公司却将相连的牵引车与挂车视为同一辆机动车而拒赔,保险公司这种做法显然不合理,对被保险人而言极不公平,有违《民法》之公平原则。

本案中,《营业用汽车损失保险条款》第三十七条明确约定了"碰撞"的定义,从《保险条款》规定来看,"外界物体"是针对"被保险机动车"而言的,因此,牵引车与挂车虽连接使用,但应视为两辆独立的机动车,对牵引车而言,挂车应视为"外界物体",二者碰撞致牵引车受损,保险公司应负赔偿责任。

(2)主、挂车之间的撞击,交强险与商三险是否应赔付。

①主、挂车互碰的损失,交强险与商三险均不赔付。

交强险规定:被保险人所有的财产及被保险机动车上的财产遭受的损失属于保险人责任免除的范围,主挂车被保险人相同时交强险不能赔付。

商三险条款中已明确规定:主车和挂车连接使用时视为一体,发生保险事故时,由主车保险人和挂车保险人按照保险单上载明的机动车第三者责任保险责任限额的比例,在各自的责任限额内承担赔偿责任,但赔偿金额总和以主车的责任限额为限。既然商三险明确了主车和挂车应视为一体,互碰不属于商三险赔偿范围,主挂车被保险人相同时商业三者险也不予赔付。

主车与挂车互碰,分别属于不同车主的,按互为三者的原则处理。

②主车和挂车连接使用过程中,对于第三者的损失如何赔付。

《最高法院关于审理道路交通事故损害赔偿案件适用法律若干问题的解释》(简称《交通事故司法解释》)第二十一条规定:"多辆机动车发生交通事故造成第三人损害,损失超出各机动车交强险责任限额之和的,由各保险公司在各自责任限额范围内承担赔偿责任;损失未超出各机动车交强险责任限额之和的,当事人请求由各保险公司按照其责任限额与责任限额之和的比例承担赔偿责任的,人民法院应予支持。依法分别投保交强险的牵引车和挂车连接使用时发生交通事故造成第三人损害,当事人请求由各保险公司在各自的责任限额范围内平均赔偿的,人民法院应予支持。"

《交通事故司法解释》强调"依法分别投保交强险"的牵引车和挂车,承认是投保两份交强险,且受害人可请求由各保险公司在"各自的"责任限额范围内平均赔偿,实际上明确了保险公司在此情况下存在"多重赔付责任",即牵引车和挂车的交强险都应赔偿,两交强险的责任之间是平均承担,这样两交强险均可能达到各自的最高责任限额,即受害人可获得两份交强险最高赔偿责任额。

至于商三险,由于商三险条款中已明确规定:主车和挂车连接使用时视为一体,发生保险事故时,由主车保险人和挂车保险人按照保险单上载明的机动车第三者责任保险责任限额的比例,在各自的责任限额内承担赔偿责任,但赔偿金额总和以主车的责任限额为限。也即,虽然主车保险人和挂车保险人都应赔偿受害人,但累加起来受害人只相当于获得一份主车商三险最高赔偿责任限额。

3. 免除责任

在上述保险责任范围内,下列情况下,不论任何原因造成被保险机动车的任何损失和费用,保险人均不负责赔偿。

(1)事故发生后,被保人或其允许的驾驶人故意破坏、伪造现场、毁灭证据。

(2)驾驶人有下列情形之一者:

①事故发生后,在未依法采取措施的情况下驾驶被保险机动车或者遗弃被保险机动车逃离事故现场;

②饮酒、吸食或注射毒品、服用国家管制的精神药品或者麻醉药品;

③无驾驶证,驾驶证被依法扣留、暂扣、吊销、注销期间;

④驾驶与驾驶证载明的准驾车型不相符合的机动车;

⑤实习期内驾驶公共汽车、营运客车或者执行任务的警车、载有危险物品的机动车或牵引挂车的机动车;

⑥驾驶出租机动车或营业性机动车无交通运输管理部门核发的许可证书或其他必备证书;

⑦学习驾驶时无合法教练员随车指导。

(3)被保险机动车有下列情形之一者:

①发生保险事故时被保险机动车行驶证、号牌被注销的,或未按规定检验或检验不合格;

②被扣押、收缴、没收、政府征用期间;

③在竞赛、测试期间,在营业性场所维修、维护、改装期间;

④被保险人或其允许的驾驶人故意或重大过失,导致被保险机动车被利用从事犯罪行为。

(4)下列原因导致的被保险机动车的损失和费用,保险人不负责赔偿:

①地震及其次生灾害;战争、军事冲突、恐怖活动、暴乱、污染(含放射性污染)、核反应、核辐射;

②人工直接供油、高温烘烤、自燃、不明原因火灾;

③违反安全装载规定;

④被保险机动车被转让、改装、加装或改变使用性质等,被保险人、受让人未及时通知保险人,且因转让、改装、加装或改变使用性质等导致被保险机动车危险程度显著增加;

⑤被保险人或其允许的驾驶人的故意行为。

(5)下列损失和费用,保险人不负责赔偿:

①因市场价格变动造成的贬值、修理后因价值降低引起的减值损失。

②自然磨损、朽蚀、腐蚀、故障、本身质量缺陷。

③遭受保险责任范围内的损失后,未经必要修理并检验合格继续使用,致使损失扩大的部分。

④投保人、被保险人或其允许的驾驶人知道保险事故发生后,故意或者因重大过失未及时通知,致使保险事故的性质、原因、损失程度等难以确定的,保险人对无法确定的部分,不承担赔偿责任,但保险人通过其他途径已经及时知道或者应当及时知道保险事故发生的除外。

注意:如果被保险人不知道或无法知道保险事故已经发生;虽然知道已发生保险事故但根据当时当地的客观条件,无法采取措施来防止或减少保险标的损失的,则保险人就不能以被保险人未采取必要措施为由而拒赔。

⑤因被保险人违反本条款第十六条约定,导致无法确定的损失。

⑥被保险机动车全车被盗窃、被抢劫、被抢夺、下落不明,以及在此期间受到的损坏,或被盗窃、被抢劫、被抢夺未遂受到的损坏,或车上零部件、附属设备丢失。

⑦车轮单独损坏,玻璃单独破碎,无明显碰撞痕迹的车身划痕,以及新增设备的损失。

注意:玻璃单独破碎是指未发生被保险机动车其他部位的损坏,仅发生被保险机动车前后风窗玻璃和左右车窗玻璃的损坏。

⑧发动机进水后导致的发动机损坏。

4.赔偿处理

(1)免赔率规定。

①事故责任免赔率:负次要事故责任的免赔率为5%,负同等事故责任的免赔率为10%,负主要事故责任的免赔率为15%,负全部事故责任或单方肇事事故的免赔率为20%。

②被保险机动车的损失应当由第三方负责赔偿,无法找到第三方的,实行30%的绝对免赔率。

③违反安全装载规定,但不是事故发生的直接原因的,增加10%的绝对免赔率。

④对于投保人与保险人在投保时协商确定绝对免赔额的,本保险在实行免赔率的基础上增加每次事故绝对免赔额。

注意:《机动车辆商业保险示范条款(2014版)》已删除了超出行驶区域和非指定驾驶人的免赔率。

(2)事故车的修复。

①因保险事故损坏的被保险机动车,应当尽量修复。

②修理前被保险人应当会同保险人检验,协商确定修理项目、方式和费用。对未协商确定的,保险人可以重新核定。

(3)残值处理。残值由保险人与被保险人协商处理,但在实际操作中,一般残值归被保险人,并在赔款中扣除。

特别提示

选择自行协商方式处理交通事故的:

(1)在保险事故发生后应当立即通知保险人(其他方式为48小时内)。

(2)应依照《道路交通事故处理程序规定》签订记录交通事故情况的协议书。

(3)应当协助保险人勘验事故各方车辆、核实事故责任。

(4)赔款计算。

①全部损失：

赔款 =（保险金额 - 被保险人已从第三方获得的赔偿金额）×（1 - 事故责任免赔率）×（1 - 绝对免赔率之和）- 绝对免赔额

②部分损失：

赔款 =（实际修复费用 - 被保险人已从第三方获得的赔偿金额）×（1 - 事故责任免赔率）×（1 - 绝对免赔率之和）- 绝对免赔额

(5) 保险人支付赔款后合同的终止情形。

①车辆全损时；

②一次赔款金额与免赔金额之和（不含施救费）达到保险金额时。

注意：当修理价格过高时，保险公司最好按推定全损处理，因为车损险中无累计赔款与免赔金额之和达到实际价格或保额时保险合同终止的规定。

5. 投保方式

保险金额按投保时被保险机动车的实际价值确定。

投保时被保险机动车的实际价值由投保人与保险人根据投保时的新车购置价减去折旧金额后的价格协商确定，或其他市场公允价值协商确定。

【案例 2-3】 新车购置价、保险金额与实际发票三者不一致，保险公司该如何理赔？

2011 年 1 月 1 日，甲就其所有的客车在乙处投保了交强险、商三险与车损险等险种，甲依约缴纳了保费。在双方签订的保单中，新车购置价注明为 585000 元，保险金额为 526500 元，保险金额与新车购置价的比例为 90%。2011 年 1 月 17 日，被保险车辆在某地发生了交通事故，造成该车的损坏。乙经委托评估确认该车损失为 293680 元，双方对车辆估损并无异议，但乙认为甲是不足额投保，出险时应按比例赔偿，故赔付给甲 293680 元 × 90%，即 264312 元；而甲认为其购车发票上注明的车辆购置价为 499316 元，比双方约定的保险金额 526500 元低，并非不足额投保，故乙应全额赔偿，即乙应赔付 293680 元。双方遂产生争议，甲向江西省保险合同纠纷调解委员会申请调解。

本案焦点为：甲提供的购车发票与保单中新车购置价、实际保险金额三者均不一致，面对这种情况保险公司应该如何理赔？

【案例评析】

(1)《保险法》对保险金额的规定。

2009 版《保险法》第五十五条规定："投保人和保险人约定保险标的的保险价值并在合同中载明的，保险标的发生损失时，以约定的保险价值为赔偿计算标准。投保人和保险人未约定保险标的的保险价值的，保险标的发生损失时，以保险事故发生时保险标的的实际价值为赔偿计算标准。保险金额不得超过保险价值。超过保险价值的，超过部分无效，保险人应当退还相应的保险费。保险金额低于保险价值的，除合同另有约定外，保险人按照保险金额与保险价值的比例承担赔偿保险金的责任。"

由此可知，我国《保险法》没有规定保险金额的确定方式，也就是说，保险合同双方当事人可以任意约定保险金额，但保险金额不得超过保险价值，超过保险价值的，超过部分无效。所以，保险金额的约定受保险价值的约束。

(2) 2009 版车损险条款对保险金额的确定方式规定。

新车购置价是指本保险合同签订地购置与保险车辆同类型新车(含车辆购置附加税)的价格,无同类型新车市场销售价格的,由被保险人与保险人协商确定。

保险车辆的保险金额可以按以下方式确定:①按投保时与保险车辆同种车型的新车购置价;②按投保时与保险车辆同种车型的新车购置价扣减折旧部分;③投保人与本公司协商确定。但保险金额不得超过投保时同类车辆新车购置价,超过部分无效。

由此可见,在双方签订的保险合同中规定了保险金额有三种确定方式,且新车购置价即为车辆的保险价值。本案中,甲、乙双方约定的保险金额为526500元,没有超过车辆的保险价值585000元,不构成超额定值,双方约定的保险金额有效,但因保险金额低于保险价值,比例为90%,故该合同属于不足额保险。

保险标的的实际价值并不要求必须等于保险标的的购买发票价格。从合同的相对性来讲,保险合同与汽车的买卖合同是两个独立的合同,即使它们的标的物为同一车辆。甲购得车辆时购买发票金额是买卖合同双方当事人之间的合意,实际上是受买人在支付购买价款后从出卖人处取得的一个凭证,由于现实生活中的各种复杂因素,有可能使实际购买价款不等于购车发票金额。甲和乙订立保险合同时,该购买发票金额可以作为确定该车保险标的的实际价值的一个参考,但是并不能说一定就是该车的实际价值。本案中保险单中载明的新车购置价为585000元,虽超过申请人提供的发票所载明的499316元,但超出幅度在合理范围内。同时新车购置价约定越高,出险时甲得到的保险赔偿也越高,对甲并无不利。因此甲认为只要发票金额低于保险金额,就应是全额投保的理由不充分。

(3)如果按《中国保险行业协会机动车综合商业保险示范条款(2014版)》(简称《行业示范条款(2014版)》)规定处理本案,该如何赔付?

因《行业示范条款(2014版)》明确规定了保险金额只有一种确定方式,即保险金额按投保时被保险机动车的实际价值确定,且车辆实际价值即为车辆的保险价值。而实际价值应由投保人与保险人根据投保时的新车购置价减去折旧金额后的价格协商确定,或其他市场公允价值协商确定。

本案中,甲、乙双方约定的保险金额为526500元,车辆的保险价值应按车辆实际价值确定,车辆的实际价值应根据新车购置价折旧计算得出或其他市场公允价值协商确定。尽管本案并没告诉我们车辆的实际价值的具体金额,但从新车购置价注明为585000元和购车发票上注明的车辆购置价为499316元上进行推断,本案应属于超额投保或足额投保,故应全额赔偿,即乙应赔付293680元。

(二)机动车第三者责任保险(简称:商三险或三责险)

1.机动车第三者责任保险涵义

保险车辆因意外事故致使第三者人身伤亡或财产受损,保险人对于超过交强险各分项赔偿限额以上部分予以赔偿的保险。

2.保险责任

保险期间内,被保险人或其允许的驾驶人在使用被保险机动车过程中发生意外事故,致使第三者遭受人身伤亡或财产直接损毁,依法应当对第三者承担的损害赔偿责任,且不属于免除保险人责任的范围,保险人依照本保险合同的约定,对于超过机动车交通事故责任强制保险各分项赔偿限额的部分负责赔偿。

商三险赔偿必须满足以下条件。
(1)驾驶人:被保险人或其允许的驾驶人。
(2)车辆:使用过程中。
(3)事故原因:由意外事故造成。
(4)第三者:属于商三险承认的"第三者"。
保险合同中的第三者是指因被保险机动车发生意外事故遭受人身伤亡或者财产损失的人,但不包括被保险机动车本车车上人员、被保险人。
(5)赔偿项目:第三者的人身或财产直接损失。

特别提示

与2009版商三险条款的主要不同处:
(1)取消了"允许的合法驾驶人"中的"合法"。
(2)将"依法应由被保险人承担的经济赔偿责任"改成"依法应当对第三者承担的损害赔偿责任"。

想一想

(1)如果被保险人允许了尚未正式拿到驾照的人驾驶自己的车辆而撞伤了第三者,在赔偿时2009版商三险条款和2014版商三险条款有区别吗?
(2)如果被保险车辆在出租或出租时致使第三者受伤,在赔偿时2009版商三险条款和2014版商三险条款有区别吗?

3.免除责任
在上述保险责任范围内,下列情况下,不论任何原因造成的人身伤亡、财产损失和费用,保险人均不负责赔偿。
(1)事故发生后,被保险人或其允许的驾驶人故意破坏、伪造现场、毁灭证据。
(2)驾驶人有下列情形之一者:
①事故发生后,在未依法采取措施的情况下驾驶被保险机动车或者遗弃被保险机动车离开事故现场;
②饮酒、吸食或注射毒品、服用国家管制的精神药品或者麻醉药品;
③无驾驶证,驾驶证被依法扣留、暂扣、吊销、注销期间;
④驾驶与驾驶证载明的准驾车型不相符合的机动车;
⑤实习期内驾驶公共汽车、营运客车或者执行任务的警车、载有危险物品的机动车或牵引挂车的机动车;
⑥驾驶出租机动车或营业性机动车无交通运输管理部门核发的许可证书或其他必备证书;
⑦学习驾驶时无合法教练员随车指导;
⑧非被保险人允许的驾驶人。
(3)被保险机动车有下列情形之一者:

①发生保险事故时被保险机动车行驶证、号牌被注销的,或未按规定检验或检验不合格;

②被扣押、收缴、没收、政府征用期间;

③在竞赛、测试期间,在营业性场所维修、维护、改装期间;

④全车被盗窃、被抢劫、被抢夺、下落不明期间。

(4)下列原因导致的人身伤亡、财产损失和费用,保险人不负责赔偿:

①地震及其次生灾害、战争、军事冲突、恐怖活动、暴乱、污染(含放射性污染)、核反应、核辐射;

②被保险机动车在行驶过程中翻斗突然升起,或没有放下翻斗,或自卸系统(含机件)失灵;

③第三者、被保险人或其允许的驾驶人的故意行为、犯罪行为,第三者与被保险人或其他致害人恶意串通的行为;

④被保险机动车被转让、改装、加装或改变使用性质等,被保险人、受让人未及时通知保险人,且转让、改装、加装或改变使用性质等(增加)导致被保险机动车危险程度显著增加。

(5)下列人身伤亡、财产损失和费用,保险人不负责赔偿:

①被保险机动车发生意外事故,致使任何单位或个人停业、停驶、停电、停水、停气、停产、通信或网络中断、电压变化、数据丢失造成的损失以及其他各种间接损失。

②第三者财产因市场价格变动造成的贬值,修理后因价值降低引起的减值损失。

③被保险人及其家庭成员、被保险人允许的驾驶人及其家庭成员所有、承租、使用、管理、运输或代管的财产的损失,以及本车上财产的损失。

注意: 本《示范条款》中的家庭成员是指配偶、子女、父母。

④被保险人、被保险人允许的驾驶人、本车车上人员的人身伤亡。

注意: 删除了"及其家庭成员"。

⑤停车费、保管费、扣车费、罚款、罚金或惩罚性赔款。

⑥超出《道路交通事故受伤人员临床诊疗指南》和国家基本医疗保险标准的医疗费用。

⑦律师费,未经保险人事先书面同意的诉讼费、仲裁费。

⑧投保人、被保险人或其允许的驾驶人知道保险事故发生后,故意或者因重大过失未及时通知,致使保险事故的性质、原因、损失程度等难以确定的,保险人对无法确定的部分,不承担赔偿责任,但保险人通过其他途径已经及时知道或者应当及时知道保险事故发生的除外。

⑨因被保险人违反本条款第三十四条约定,导致无法确定的损失。

⑩精神损害抚慰金。

⑪应当由机动车交通事故责任强制保险赔偿的损失和费用。

4. 免赔率规定

(1)事故责任免赔率。负次要事故责任的免赔率为5%,负同等事故责任的免赔率为10%,负主要事故责任的免赔率为15%,负全部事故责任的免赔率为20%。

(2)违反安全装载规定的,实行10%的绝对免赔率。

注意:《行业示范条款(2014版)》已删除超出行驶区域和非指定驾驶人的免赔率。

5. 赔偿中的特别注意事项

(1)挂车的赔偿：主车和挂车连接使用时视为一体，发生保险事故时，由主车保险人和挂车保险人按照保险单上载明的机动车第三者责任保险责任限额的比例，在各自的责任限额内承担赔偿责任，但赔偿金额总和以主车的责任限额为限。

(2)保险人按照《道路交通事故受伤人员临床诊疗指南》和国家基本医疗保险的同类医疗费用标准核定医疗费用的赔偿金额。

未经保险人书面同意，被保险人自行承诺或支付的赔偿金额，保险人有权重新核定。不属于保险人赔偿范围或超出保险人应赔偿金额的，保险人不承担赔偿责任。

【案例2-4】 交强险脱保，商三险能否免责

2010年10月30日18时，被告罗某驾驶一辆小车在南昌市某水产品市场门口与原告邓某所骑的电动车发生碰撞，造成邓某受伤、车辆受损的交通事故。事故发生后，邓某被送往江西中医学院住院治疗91天，经交警大队认定被告罗某负事故的全部责任，原告邓某不负责任。因双方协商不成，邓某诉至南昌市东湖区法院要求被告及肇事车承保公司A赔偿各项费用共计100609.48元。

经查，事故车辆在保险公司投保了商三险，保险期限自2010年6月4日至2011年6月3日；在投保商三险之前，其交强险是在另一保险公司B投保，保险期限自2009年9月2日至2010年9月1日，故在交通事故发生时交强险已脱保。

法院经审理后认为，交强险脱保，法律规定应承担行政违法责任，而对民事责任法律没有规定。本案虽然交强险脱保，但A保险公司与投保人并没有明文约定保险责任范围为超过交强险各分项赔偿限额部分。对保险公司只承担交强险之外的责任，不承担交强险责任限额范围的保险责任未履行说明和告知义务，存在过错。投保人投保了商三险，如作为另一救济手段的交强险不能予以赔偿，则保险公司应在商三险范围内予以赔偿。车辆所有人为其车投保的目的是降低行车风险，商三险和交强险均系基于对标的车辆发生事故给第三者造成损失而承担赔偿责任的险种，旨在保护不特定第三者的权益。因此，被告A保险公司提出的对于交强险限额以内的费用应由机动车所有人罗某自行承担的抗辩理由不能成立，据之判决A保险公司一次性支付商三险赔款10万元。A保险公司不服遂上诉至南昌市中级人民法院。

二审法院经审理后认为，根据《江西省实施〈中华人民共和国道路交通安全法〉办法》第六十七条规定：机动车与非机动车、行人之间发生的交通事故造成人身伤亡、财产损失的，由机动车所投保的保险公司在交强险责任限额范围内予以赔偿；机动车未投保交强险的，由机动车一方在相当于相应的交强险责任限额范围内予以赔偿。依法应当赔偿的数额超过交强险责任限额的部分，由机动车一方承担责任。本案中，被上诉人罗某所有的机动车所投保的交强险已过期脱保，根据上述规定，上诉人保险公司则不需要在本案中承担交强险赔偿部分，至于超出交强险部分的损失，因被上诉人邓某未提起诉讼，本案不能一并处理。原审法院判决不当，应予以改判，上诉人上诉的理由充分应予支持，据此，撤销原判，依法改判。

本案争议的焦点是：交强险脱保，商三险责任如何承担？是全部赔偿还是只赔偿超出交强险责任限额的部分？

【法理分析】

(1)《交通事故司法解释》实施前。

由于各地方颁布的《道路交通安全法实施条例》对未投保交强险如何赔偿的内容不尽相同,所以,全国各地对于交强险脱保车辆如何承担责任判决不一。

《江西省实施〈中华人民共和国道路交通安全法〉办法》第六十六条规定:"机动车之间发生交通事故造成人身伤亡、财产损失的,由机动车各方所投保的保险公司在机动车交通事故责任强制保险责任限额范围内予以赔偿;机动车未参加机动车交通事故责任强制保险的,由机动车所有人或者管理人在相当于相应的强制保险责任限额范围内予以赔偿。依法应当赔偿的数额超过机动车交通事故责任强制保险责任限额的部分,由有过错的一方承担赔偿责任;双方都有过错的,按照各自过错的比例分担赔偿责任。"第六十七条规定:"机动车与非机动车、行人之间发生交通事故造成人身伤亡、财产损失的,由机动车所投保的保险公司在机动车交通事故责任强制保险责任限额范围内予以赔偿;机动车未参加机动车交通事故责任强制保险的,由机动车一方在相当于相应的强制保险责任限额范围内予以赔偿。依法应当赔偿的数额超过机动车交通事故责任强制保险责任限额的部分,由机动车一方承担赔偿责任,但有证据证明非机动车驾驶人、行人有过错的,按照下列规定适当减轻机动车一方的赔偿责任……"

而《广东省道路交通安全条例》第四十六条规定:"机动车与非机动车驾驶人、行人之间发生交通事故,造成人身伤亡、财产损失的,由保险公司在机动车第三者责任强制保险责任限额范围内予以赔偿。不足的部分,按照下列规定承担赔偿责任……未参加机动车第三者责任强制保险的,由机动车方在该车应当投保的最低保险责任限额内予以赔偿,对超过最低保险责任限额的部分,按照第一款的规定赔偿。"

由此可见,江西省未投保交强险由车主自担理赔款适用于所有交通事故类型,而广东省则仅限于机动车与非机动车之间的事故类型。

(2)《交通事故司法解释》实施后。

《交通事故司法解释》第十九条规定:"未依法投保交强险的机动车发生交通事故造成损害,当事人请求投保义务人在交强险责任限额范围内予以赔偿的,人民法院应予支持。"对此类问题一锤定音,不区分事故类型。

此外,从商三险合同约定的角度讲,商三险条款均约定了不赔偿交强险部分。

从公平原则的角度而言,如果商三险承担了交强险的法定赔偿责任,由于商三险的费率较交强险费率低,将从客观上鼓励更多的人只购买商三险而规避购买交强险,这有违交强险立法初衷。

(三)车上人员责任险

1. 车上人员责任险涵义

保险期间内,被保险人或其允许的驾驶人在使用被保险机动车过程中发生意外事故,致使车上人员遭受人身伤亡,依法应当对车上人员承担的损害赔偿责任,保险人依照本保险合同的约定负责赔偿。

2. 车上人员责任险承认的"车上人员"涵义

发生意外事故的瞬间,在被保险机动车车体内或车体上的人员,包括正在上下车的人员。

特别提示

与2009版车上人员责任险条款的主要不同处：
(1)取消了"允许的合法驾驶人"中的"合法"。
(2)将"对依法应由被保险人承担的经济赔偿责任"改成"依法应当对车上人员承担的损害赔偿责任"。

 想一想

(1)被保险人属于车上人员吗？
(2)搭顺风车的乘客属于车上人员吗？

【案例2-5】 车上人员责任险不赔被保险人

李某就其所有的陕A牌自卸汽车向甲保险公司投保了机动车商业保险，其中车上人员责任险(乘客座位)、车上人员责任险(驾驶人座位)项下责任限额均为1万元/座。2013年3月24日，刘某驾驶该车由西安往石泉送货，李某自己随车押货，在陕西省某县西沟隧道道口下坡时，车辆不慎撞在公路西警示牌及护坡上，造成李某死亡，车辆、货物及公路警示牌受损的交通事故。交警部门认定刘某负本次事故全部责任。李某亲属向保险公司报案并提出索赔。李某亲属认为，李某死亡时是在车上，保险公司应当在车上人员责任险项下赔偿，保险公司认为李某是被保险人，车上人员责任险赔偿的车上人员不包括被保险人在内，故不承担赔偿责任。

【案例评析】

我国《保险法》第六十五条规定："责任保险是指以被保险人对第三者依法应负的赔偿责任为保险标的的保险。"根据该条规定，责任保险中，保险公司是对被保险人可能对第三者依法承担的损害赔偿责任进行保险，也就是说，对于第三者的财产损失或人身伤亡，被保险人依法应承担损害赔偿责任时，保险公司在责任保险项下进行赔偿，从而减少被保险人因对外承担赔偿责任而遭受的损失。与一般财产保险相比，责任保险的本质特征在于它的保险对象是被保险人向第三者"依法应负的损害赔偿责任"，而不是被保险人自己的人身或财产，因为自己对自己依法没有什么赔偿责任。机动车车上人员责任险作为责任保险的一种，其保险标的应当是被保险人对除自己以外的车上人员承担的赔偿责任。

本案中，李某是被保险人，李某乘坐被保险车辆时发生事故造成自身死亡，李某对于自身死亡从法律上并不存在赔偿责任，所以，保险公司在车上人员责任险项下不承担赔偿责任。

3. 车上人员责任险与意外伤害保险的区别

首先，车上人员责任险是一种责任保险，而意外伤害保险则是意外险范畴，二者的标准是不同的。

其次，车上人员责任险是随"车"不随"人"的，无论什么样的乘客，只要在车上，就属于车上人员责任险的保障范围，而意外伤害险则是随"人"不随"车"的，只是对应的人员投保了，无论在车上、车下的意外，都属于意外险的保障范围。

4. 免除责任

在上述保险责任范围内，下列情况下，无论任何原因造成的人身伤亡，保险人均不负责赔偿。

(1) 事故发生后，被保险人或其允许的驾驶人故意破坏、伪造现场、毁灭证据。

(2) 驾驶人有下列情形之一者：

①事故发生后，在未依法采取措施的情况下驾驶被保险机动车或者遗弃被保险机动车离开事故现场；

②饮酒、吸食或注射毒品、服用国家管制的精神药品或者麻醉药品；

③无驾驶证，驾驶证被依法扣留、暂扣、吊销、注销期间；

④驾驶与驾驶证载明的准驾车型不相符合的机动车；

⑤实习期内驾驶公共汽车、营运客车或者执行任务的警车、载有危险物品的机动车或牵引挂车的机动车；

⑥驾驶出租机动车或营业性机动车无交通运输管理部门核发的许可证书或其他必备证书；

⑦学习驾驶时无合法教练员随车指导；

⑧非被保险人允许的驾驶人。

(3) 被保险机动车有下列情形之一者：

①发生保险事故时被保险机动车行驶证、号牌被注销的，或未按规定检验或检验不合格；

②被扣押、收缴、没收、政府征用期间；

③在竞赛、测试期间，在营业性场所维修、维护、改装期间；

④全车被盗窃、被抢劫、被抢夺、下落不明期间。

(4) 下列原因导致的人身伤亡，保险人不负责赔偿：

①地震及其次生灾害、战争、军事冲突、恐怖活动、暴乱、污染（含放射性污染）、核反应、核辐射；

②被保险机动车被转让、改装、加装或改变使用性质等，被保险人、受让人未及时通知保险人，且因转让、改装、加装或改变使用性质等导致被保险机动车危险程度显著增加；

③被保险人或驾驶人的故意行为。

(5) 下列人身伤亡、损失和费用，保险人不负责赔偿：

①被保险人及驾驶人以外的其他车上人员的故意行为造成的自身伤亡；

②车上人员因疾病、分娩、自残、斗殴、自杀、犯罪行为造成的自身伤亡；

③违法、违章搭乘人员的人身伤亡；

④罚款、罚金或惩罚性赔款；

⑤超出《道路交通事故受伤人员临床诊疗指南》和国家基本医疗保险标准的医疗费用；

⑥律师费、未经保险人事先书面同意的诉讼费、仲裁费；

⑦投保人、被保险人或其允许的驾驶人知道保险事故发生后，故意或者因重大过失未及时通知，致使保险事故的性质、原因、损失程度等难以确定的，保险人对无法确定的部分，不承担赔偿责任，但保险人通过其他途径已经及时知道或者应当及时知道保险事故发生的

除外;

⑧精神损害抚慰金;

⑨应当由机动车交通事故责任强制保险赔付的损失和费用。

5. 免赔率规定

负次要事故责任的免赔率为5%,负同等事故责任的免赔率为10%,负主要事故责任的免赔率为15%,负全部事故责任的免赔率为20%。

6. 投保方式

责任限额由投保人和保险人在投保时协商确定。而投保方式可选择下列任一方式投保或选择同时投保:

(1)按驾驶人座位投保;

(2)按被保险机动车核定的载客数(驾驶人座位除外)投保乘客座位。

(四)全车盗抢险

1. 全车盗抢险涵义

全车盗抢险是指在全车发生丢失被盗,报案后超过60天还无法寻回时,保险公司负责赔偿。

2. 保险责任

(1)被保险机动车被盗窃、抢劫、抢夺,经出险当地县级以上公安刑侦部门立案证明,满60天未查明下落的全车损失;

(2)被保险机动车全车被盗窃、抢劫、抢夺后,受到损坏或车上零部件、附属设备丢失需要修复的合理费用;

(3)被保险机动车在被抢劫、抢夺过程中,受到损坏需要修复的合理费用。

 想一想

(1)轮胎被偷保险公司赔吗?

(2)车锁被撬,车门锁受损及车内的贵重物品被盗,保险公司赔偿吗?

3. 免除责任

(1)在上述保险责任范围内,下列情况下,无论任何原因造成被保险机动车的任何损失和费用,保险人均不负责赔偿:

①被保险人索赔时未能提供出险当地县级以上公安刑侦部门出具的盗抢立案证明;

②驾驶人、被保险人、投保人故意破坏现场、伪造现场、毁灭证据;

③被保险机动车被扣押、罚没、查封、政府征用期间;

④被保险机动车在竞赛、测试期间,在营业性场所维修、维护、改装期间,被运输期间。

(2)下列损失和费用,保险人不负责赔偿:

①因地震及其次生灾害导致的损失和费用;

②因战争、军事冲突、恐怖活动、暴乱导致的损失和费用;

③因诈骗引起的任何损失;因投保人、被保险人与他人的民事、经济纠纷导致的任何损失;

④被保险人或其允许的驾驶人的故意行为、犯罪行为导致的损失和费用;

⑤非全车遭盗窃,仅车上零部件或附属设备被盗窃或损坏;

⑥新增设备的损失;

⑦遭受保险责任范围内的损失后,未经必要修理并检验合格继续使用,致使损失扩大的部分;

⑧被保险机动车被转让、改装、加装或改变使用性质等,被保险人、受让人未及时通知保险人,且因转让、改装、加装或改变使用性质等导致被保险机动车危险程度显著增加,而发生保险事故;

⑨投保人、被保险人或其允许的驾驶人知道保险事故发生后,故意或者因重大过失未及时通知,致使保险事故的性质、原因、损失程度等难以确定的,保险人对无法确定的部分,不承担赔偿责任,但保险人通过其他途径已经及时知道或者应当及时知道保险事故发生的除外;

⑩因被保险人违反本条款第五十八条规定,导致无法确定的损失。

4. 保险金额的确定

在实际价值内协商确定,即按车辆折旧后的实际价值来确定。(月折旧率同车损险)机动车辆的月折旧率参考如表2-7所示。

参考月折旧率表(%)　　　　　表2-7

车辆种类	月折旧系数			
	家庭自用	非营业	营业	
			出租	其他
9座以下客车	0.60	0.60	1.10	0.90
10座以上客车	0.90	0.90	1.10	0.90
微型载货汽车	—	0.90	1.10	1.10
带拖挂的载货汽车	—	0.90	1.10	1.10
低速货车与三轮汽车	—	1.10	1.40	1.40
其他车辆	—	0.90	1.10	0.90

实际价值的计算方法:

实际价值 = 新车购置价 − 折旧金额

折旧金额 = 新车购置价 × 车辆已使用月数 × 月折旧率

特别提示

折旧按月计算,不足一月的不折旧(以前以年折旧);最高折旧金额≤80%新车购置价。

5. 免赔率规定

(1)发生全车损失的,绝对免赔率为20%;

(2)发生全车损失,被保险人未能提供《机动车登记证书》、机动车来历凭证的,每缺少一项,增加1%的绝对免赔率。

6. 保险人支付赔款后合同的终止情形

(1)发生本保险事故,导致全部损失时;

(2)一次赔款金额与免赔金额之和(不含施救费)达到保险金额时。

> **特别提示**
>
> 全车盗抢险的报警、报案时间规定：
> 被保险机动车全车被盗抢的，被保险人知道保险事故发生后，应在24小时内向出险当地公安刑侦部门报案，并通知保险人。

【案例2-6】 盗抢险应该按保险金额赔还是按车辆的实际价值赔？

2007年6月1日，张某作为被保险人为其所有的豫J×××桑塔纳轿车向安邦财产保险股份有限公司河南××中心分公司(以下简称安邦公司)投保了车损险、商三险、盗抢险等险种。安邦公司为张某签发的机动车商业保单上记载以下内容：①车辆已使用年限$T \geq 6$年；②投保时新车购置价110500元；③车损险保险金额110500元；④盗抢险保险金额55471元；⑤保险期间2007年6月2日至2008年6月1日；⑥保险合同争议解决方式为提交郑州仲裁委员会仲裁。

2008年5月13日，豫J×××桑塔纳轿车被盗，张某向安邦公司索赔，要求按照保单中载明的盗抢险保险金额55471元予以赔偿，而安邦公司只同意按照合同约定的保险金计赔方式赔偿1万多元。双方多次协商无果，张某遂向郑州仲裁委员会申请仲裁。郑州仲裁委员会于2009年12月23日开庭审理了此案。

庭审中，申请人张某主张：被保险车辆已经丢失，申请人在被申请人处投保了盗抢险，保险金额为55471元。申请人已经及时、足额交纳了保费，被申请人则应当在保险事故发生后按照合同约定的保险金额予以赔偿。而安邦公司则辩称：依据《保险法》的损失补偿原则，被申请人对申请人的赔偿不能超过其因事故造成的实际损失。本案中，标的车在事故发生时已经使用了8年，其被盗时的实际价值远低于申请人请求的55471元。被申请人的赔偿应当以标的车被盗时的实际价值为限。而在《机动车盗抢险损失保险条款》中明确载明了有关被保险车辆在事故发生时实际价值的计算方法，即"保险事故发生时被保险机动车的实际价值根据保险事故发生时的新车购置价减去折旧金额后的价格确定（折旧金额=保险事故发生时的新车购置价×被保险机动车已使用月数×月折旧率）"。

仲裁庭认为，申请人与被申请人签订的保险合同系双方真实意思表示，内容不违反国家有关法律、行政法规的强制性规定，为有效合同，该合同对双方具有法律约束力。关于发生保险事故后被申请人应按保险金额还是保险车辆的实际价值进行赔偿，仲裁庭认为，保险单载明的盗抢险的保险金额55471元，既可以将其理解为保险金额，还可以理解为是责任限额。同时《机动车盗抢险损失保险条款》规定了"保险人在保险金额内计算赔偿，但不得超过保险事故发生时被保险机动车的实际价值。保险事故发生时被保险机动车的实际价值根据保险事故发生时的新车购置价减去折旧金额后的价格确定。保险事故发生时的新车购置价根据保险事故发生时保险合同签订地同类型新车的市场销售价格(含车辆购置税)确定。折旧金额=保险事故发生时的新车购置价×被保险机动车已使用月数×月折旧率"。由此可以看出，该条款已经清楚地规定了发生全损时保险人的赔偿方式，被申请人按照该规定赔偿符合合同约定。仲裁庭对申请人关于应按照保险金额55471元进行赔偿的观点不予支持，对被申请人依据保险合同约定计算折旧价格以及确定实际价值的观点予以采信。

仲裁委员会通过询价，确定事故发生时被保险车辆的同类的新车购置价为78000元，则被保险车辆的折旧额为78000元×45×1.10% + 78000元×48×0.60% = 61074元（注：该保险车辆作为营业出租车45个月，家庭用车48个月），因此，保险事故发生时被保险机动车的实际价值为78000元 - 61074元 = 16926元。最终裁决：被申请人安邦财产保险股份有限公司河南××中心分公司向申请人张某支付保险赔偿金16926元。

【案例评析】

本案争议的焦点为，发生保险事故后，究竟是应该按照保单中载明的保险金额赔偿，还是应该按照被保险车辆的实际价值进行赔偿。

(1) 有关财产保险的损失补偿原则。

损失补偿原则是财产险的特有的原则，其含义是，在发生保险事故后，通过保险人的赔偿，使被保险人获得与损失程度大致相等的利益，以有效弥补被保险人因事故发生所造成的损失。同时，保险人的赔偿不能超过被保险人的实际损失，以避免引发道德风险。

本案中，保险车辆在事故发生时的实际价值远远低于保险金额，被保险人是否能够按照保险金额获得赔偿呢？答案是否定的。

2009版《保险法》第十八条规定："保险金额是指保险人承担赔偿或者给付保险金责任的最高限额。"很明显，保险金额并非指事故发生后保险人的理赔金额，而是指保险人承担保险金赔偿责任的最高限额。保险事故发生后，如果被保险人的实际损失与保险金额相等，那么保险金额就可以作为理赔金额；如果被保险人的实际损失小于保险金额，那么就应该以实际损失作为理赔金额，这才符合损失补偿原则的精神。而实际损失的确定方法，如果保险合同中有明确约定的，从其约定；如果没有，则可以委托第三方机构进行评估、鉴定。

(2) 有关超额保险。

在财险中，所谓超额保险是指保险金额超过了保险标的实际价值。以本案为例，2000年时张某购置该车时的新车购置价为110500元，在2007年张某向安邦公司投保时，该型号车的新车购置价仅为78000元，而保险公司却以110500元作为投保时的新车购置价并以此衍生出车损险的保险金额110500元、盗抢险的保险金额55471元。这样直接导致了保险金额远远高于实际价值，这就是典型的超额保险。

2009版《保险法》第五十五条第三款明确规定："保险金额不得超过保险价值。超过保险价值的，超过部分无效，保险人应当退还相应的保险费。"由此可见，无论超额保险的原因如何，保险金额超过保险价值的部分都是无效的，发生保险事故后，被保险人是不可能通过超额保险获取任何不正当利益的。

(五) 主要附加险条款解读

附加险条款的法律效力优于主险条款。附加险条款未尽事宜，以主险条款为准。除附加险条款另有约定外，主险中的责任免除、免赔规则、双方义务同样适用于附加险。

《机动车辆商业保险示范条款（2014版）》共有11种附加险，分别为：玻璃单独破碎险、自燃损失险、新增设备损失险、车身划痕损失险、发动机涉水损失险、修理期间费用补偿险、车上货物责任险、精神损害抚慰金责任险、不计免赔险、机动车损失保险无法找到第三方特约险和指定修理厂险。

1. 玻璃单独破碎险

(1) 玻璃单独破碎险涵义。

在保险期间内,发生本车风窗玻璃、车窗玻璃单独破碎时,保险公司按实际损失赔偿。

 特别提示

(1) 本附加险只赔风窗玻璃和车窗玻璃,不赔倒车镜玻璃、车灯玻璃、仪表玻璃等。

(2) 车损险中只将前后风窗玻璃和左右车窗玻璃的单独破碎列为免除责任。

(2) 投保。

①投保了车损险的机动车,方可投保本附加险。

②投保人与保险人可协商选择按进口或国产玻璃投保。保险人根据协商选择的投保方式承担相应的赔偿责任。

(3) 注意问题。

①玻璃单独破碎险示范条款实行全国统一。

②车上玻璃破碎最常见的方式有三种情况,其一是小偷敲掉侧面玻璃为了盗窃;其二是当汽车在高速公路上或者道路行驶条件不好的地区行驶时,溅起的小石子(飞石)将风窗玻璃击碎;其三是高空坠物将风窗玻璃或天窗玻璃砸碎;如果车主确认上述风险较小时,可不保;若投保,该保费较低。

③安装、维修机动车过程中造成的玻璃单独破碎,保险公司不负责赔偿。

④本附加险不适用主险中的各项免赔率、免赔额约定。

2. 自燃损失险

(1) 保险责任。

①保险期间内,指在没有外界火源的情况下,由于本车电器、线路、供油系统、供气系统等被保险机动车自身原因或所载货物自身原因起火燃烧造成本车的损失。

②发生保险事故时,被保险人为防止或者减少被保险机动车的损失所支付的必要的、合理的施救费用,由保险人承担;施救费用数额在被保险机动车损失赔偿金额以外另行计算,最高不超过本附加险保险金额的数额。

(2) 投保。

①投保了车损险的机动车,方可投保本附加险。

②保险金额由投保人和保险人在投保时被保险机动车的实际价值内协商确定。

(3) 注意事项。

①自燃损失险示范条款实行全国统一。

②尽管车辆发生自燃的概率相对较小,但一旦发生时损失巨大,最严重的自燃车甚至到了无法修理的地步,因自燃造成的损失在车险里几乎是最严重的。

据人保财险 2006 年一份关于自燃车理赔的统计显示,平均每辆车的自燃损失赔付高达 3 万元,远远超过其他车损,所以建议在保费可承受的情况下,还是购买一份自燃险比较好。

③即使投保了自燃损失险,车辆着火时不一定得到保险公司的赔偿。如:人工直接供油、高温烘烤机器引起的火灾;自燃仅造成电器、线路、供油系统的损失;人为造成火灾的;汽

车改装后没有到车管所登记和经保险公司核保等。

④有20%的绝对免赔率。

3.车身划痕损失险

(1)保险责任。

保险期间内,投保了本附加险的机动车在被保险人或其允许的驾驶人使用过程中,发生无明显碰撞痕迹的车身划痕损失,保险人按照保险合同约定负责赔偿。

(2)投保。

①投保了车损险的机动车,方可投保本附加险。

②保险金额为2000元、5000元、10000元或20000元,由投保人和保险人在投保时协商确定。

(3)免除责任。

①被保险人及其家庭成员、驾驶人及其家庭成员的故意行为造成的损失;

②因投保人、被保险人与他人的民事、经济纠纷导致的任何损失;

③车身表面自然老化、损坏,腐蚀造成的任何损失;

④本附加险每次赔偿实行15%的绝对免赔率,不适用主险中的各项免赔率、免赔额约定。

(4)注意问题。

①车身划痕损失险示范条款实行全国统一。

②车身表面被划伤最常见的方式有两种情况:一是在停车期间被人用硬物划伤漆面;二是由于驾驶技术不熟练车身表面被剐蹭。一般只有是新车且是新手驾驶人时才考虑投保该险种。

③因保费相对其他附加险而言较贵,性价比不高。

④在保险期间内,累计赔款金额达到保险金额,该附加险保险责任终止。

4.新增加设备损失险

(1)"新增设备"的涵义。

"新增设备"是指保险车辆出厂时原有各项附属设备外,被保险人另外加装或改装的设备及设施。如:加装高级音响、防盗设备、GPS,加改真皮或电动座椅、电动升降器、氙气大灯等。

(2)投保。

①投保了车损险的机动车,方可投保本附加险。

②保险金额根据新增加设备投保时的实际价值确定。新增加设备的实际价值是指新增加设备的购置价减去折旧金额后的金额。

(3)免除责任。

每次赔偿的免赔约定,以机动车损失保险条款约定为准。

5.发动机涉水损失险

(1)保险责任。

保险期间内,投保了本附加险的被保险机动车在使用过程中,因发动机进水后导致的发动机的直接损毁,保险人负责赔偿。

发生保险事故时,被保险人为防止或者减少被保险机动车的损失所支付的必要的、合理的施救费用,由保险人承担;施救费用数额在被保险机动车损失赔偿金额以外另行计算,最高不超过保险金额的数额。

(2)免除责任。

每次赔偿均实行15%的绝对免赔率,不适用主险中的各项免赔率、免赔额约定。

(3)投保。

该附加险仅适用于家庭自用汽车、党政机关、事业团体用车、企业非营业用车,且只有在投保了车损险后,方可投保该附加险。

6. 修理期间费用补偿险

(1)保险责任。

保险期间内,投保了本附加险的机动车在使用过程中,发生机动车损失保险责任范围内的事故,造成车身损毁,致使被保险机动车停驶,保险人按保险合同约定,在保险金额内向被保险人补偿修理期间费用,作为代步车费用或弥补停驶损失。

(2)免除责任。

下列情况下,保险人不承担修理期间费用补偿:

①因机动车损失保险责任范围以外的事故而致被保险机动车的损毁或修理;

②非在保险人指定的修理厂修理时,因车辆修理质量不合要求造成返修;

③被保险人或驾驶人拖延车辆送修期间;

④该保险每次事故的绝对免赔额为1天的赔偿金额,不适用主险中的各项免赔率、免赔额约定。

(3)投保。

①只有在投保了车损险的基础上方可投保该附加险,车损险保险责任终止时,该保险责任同时终止。

②保险金额=补偿天数×日补偿金额。补偿天数及日补偿金额由投保人与保险人协商确定并在保险合同中载明,保险期间内约定的补偿天数最高不超过90天。

(4)赔偿处理。

全车损失,按保险单载明的保险金额计算赔偿;部分损失,在保险金额内按约定的日赔偿金额乘以从送修之日起至修复之日止的实际天数计算赔偿,实际天数超过双方约定修理天数的,以双方约定的修理天数为准。

保险期间内,累计赔款金额达到保险单载明的保险金额,该附加险保险责任终止。

7. 车上货物责任险

(1)保险责任。

保险期间内,发生意外事故致使被保险机动车所载货物遭受直接损毁,依法应由被保险人承担的损害赔偿责任,保险人负责赔偿。

(2)免除责任。

①偷盗、哄抢、自然损耗、本身缺陷、短少、死亡、腐烂、变质、串味、生锈、动物走失、飞失、货物自身起火燃烧或爆炸造成的货物损失;

②违法、违章载运造成的损失;

③因包装、紧固不善,装载、遮盖不当导致的任何损失;
④车上人员携带的私人物品的损失;
⑤保险事故导致的货物减值、运输延迟、营业损失及其他各种间接损失;
⑥法律、行政法规禁止运输的货物的损失;
⑦该附加险每次赔偿实行20%的绝对免赔率,不适用主险中的各项免赔率、免赔额约定。

(3)投保。
①投保了机动车第三者责任保险的机动车,可投保该附加险。
②责任限额由投保人和保险人在投保时协商确定。

注意:被保险人索赔时,应提供运单、起运地货物价格证明等相关单据。保险人在责任限额内按起运地价格计算赔偿。

8. 精神损害抚慰金责任险
(1)保险责任。

保险期间内,被保险人或其允许的驾驶人在使用被保险机动车的过程中,发生投保的主险约定的保险责任内的事故,造成第三者或车上人员的人身伤亡,受害人据此提出精神损害赔偿请求,保险人依据法院判决及保险合同约定,对应由被保险人或被保险机动车驾驶人支付的精神损害抚慰金,在扣除机动车交通事故责任强制保险应当支付的赔款后,在本保险赔偿限额内负责赔偿。

(2)免除责任。
①根据被保险人与他人的合同协议,应由他人承担的精神损害抚慰金;
②未发生交通事故,仅因第三者或本车人员的惊恐而引起的损害;
③怀孕妇女的流产发生在交通事故发生之日起30天以外的;
④本附加险每次赔偿实行20%的绝对免赔率,不适用主险中的各项免赔率、免赔额约定。

(3)投保。
①只有在投保了机动车第三者责任保险或机动车车上人员责任保险的基础上方可投保该附加险。

在投保人仅投保机动车第三者责任保险的基础上附加本附加险时,保险人只负责赔偿第三者的精神损害抚慰金;在投保人仅投保机动车车上人员责任保险的基础上附加该附加险时,保险人只负责赔偿车上人员的精神损害抚慰金。

②赔偿限额由保险人和投保人在投保时协商确定。

9. 不计免赔险
(1)不计免赔险涵义。

简单地讲,就是把原来合同中规定的应该由被保险人自行承担的免赔金额部分转嫁由保险公司负责赔偿。

(2)投保。
投保了任一主险及其他设置了免赔率的附加险后,均可投保本附加险。
(3)注意事项。

①由于不计免赔险的保障范围大,费率适中,所以是一个非常好的险种,投保率较高。一般而言,较适合车技不佳的新手,而车技老练的老车主未必要投保该险种。

注意:该险种的保费一般是相应险种标准保费的15%~20%。

②不计免赔险并不是对所有事故都没有免赔的,如:车损险中应当由第三方负责赔偿而无法找到第三方的、违反安全装载规定而增加的、盗抢险中未能提供《机动车登记证书》、机动车来历凭证的,每缺少一项而增加的免赔率、车损险中约定的每次事故绝对免赔额,保险人不负责赔偿。

10. 机动车损失保险无法找到第三方特约险

(1)保险责任。

投保了该附加险后,对于车损险第十一条第(二)款列明的,被保险机动车损失应当由第三方负责赔偿,但因无法找到第三方而增加的由被保险人自行承担的免赔金额,保险人负责赔偿。

(2)投保。

投保了机动车损失保险后,可投保该附加险。

11. 指定修理厂险

(1)保险责任。

投保了本附加险后,车损险保险事故发生后,被保险人可指定修理厂进行修理。

(2)投保。

投保了车损险的机动车,方可投保本附加险。

单元能力检测

任务模拟一

何某投保了玻璃单独破碎险。一天下楼后发现车门开着,车里面的电视和年货全都没有了,车后边的玻璃也没了,周围一圈橡皮条被划开,玻璃被整个儿摘走。车辆玻璃被卸,保险公司赔偿吗?

任务模拟二

一辆中巴车运载乘客在高速行驶过程中,因驾驶人操作不当,致使车辆撞上了路旁的隔离墩,将坐在车门边的一名乘客从车内甩出,当乘客被摔在路面上时还没来得及起身,又被失去控制的中巴车碾压而死。该车已向保险公司投保了商三险和车上人员责任险。当被保险人向保险公司提出索赔时,在按车上人员责任险还是商三险赔偿问题上发生争执,试回答下列问题:

(1)该起死亡事故,应按车上人员责任险还是商三险赔偿?

(2)若乘客被甩下车后驾驶人并没发觉,车辆撞上隔离墩后驾驶人先停车,然后倒车企图回到车道上时将乘客碾压而死,是否属于二次事故?

单元三 车辆保险的选择

单元要点

1. 车损险投保方式的选择;
2. 损失补偿原则;
3. 如何选择合适的险种。

相关知识

对车主而言,汽车保险是为自己的车加上一道"护身符",给车主加上一条"无形的安全带"。但新车主对于汽车保险则是一无所知,而那些开车多年的老车主们,虽然每年都买保险,但每次都是迷迷糊糊、似懂非懂。只有买一份最适合自己车辆的保险,才能在"一路顺风"和"一路平安"的祝福中给自己带来更多的安心和备而有用,即使碰上车祸也可避免遭受最坏的际遇、得到最大程度的保障。

一、车损险投保方式的选择

(一)保险价值、保险金额与实际价值

1. 保险价值

保险价值是指:订立保险合同时,作为确定保险金额基础的保险标的的价值。

通俗地讲,保险价值即是指保险标点在某一特定时期的实际价值,是确定保险金额和确定损失赔偿的计算基础。在财产保险合同中,保险价值一般按出险时保险标的的实际价值确定(不定值保险中)。

2009年10月1日《保险法》(2009版)实施前,在汽车保险中,保险公司的潜规则是将保险价值按出险时的新车购置价确定的,而不是由出险时的实际价值确定(投保人与保险人事先约定并在合同中载明保险价值的除外)。这显然违反了《保险法》的规定,而且,旧车若采用足额保险,投保人交的保费是按新车购置价计算的,赔偿却以实际价值为依据,高保低赔显然有失公平。为什么允许汽车保险对保险价值的规定可以不同于其他财产保险呢?原因有以下几点:

(1)因为出险时汽车已遭破坏(特别是全损时),所以实际价值评估难度大。

(2)若投保人以实际价值投保(即不足够投保)时,当车辆全损时仍可获得实际损失的赔偿,只有当车辆部分损失时才采用比例责任方式补偿,此时才对投保人构成不公平。但对投保人而言,在保险期内车辆是否会出险,一旦出险车辆是全损还是部损谁也不知道,从这一点上讲又是公平的。

(3)因为汽车在修理时,所替换的零件为新零件,而材料的新旧程度与价格有很大的关

系。若投保人以实际价值投保(即不足额投保)时,更换零件车主理应承担以旧换新的损失,而且也有利于保险双方达成以"修复为主"的共识,所以当车辆部分损失时采用比例责任方式补偿是合理的。

在2009年10月1日《保险法》(2009版)实施后,尤其是《机动车辆商业保险示范条款(2014版)》实施后,旧车投保不再按新车购置价确定,而是应按投保时机动车辆的实际价值确定。投保时,机动车辆的实际价值由投保人与保险人根据投保时的新车购置价减去折旧金额后的价格协商确定,或其他市场公允价值协商确定。折旧金额根据保险合同列明的参考折旧系数表计算。全损时则按照保额赔付,而部分损失则在保额内按照实际损失金额赔付。

2. 保险金额(也称保额)

保险金额是指保险人承担赔偿或者给付保险金责任的最高限额,也是计算保费的依据。

3. 实际价值

实际价值是指保险标的实际价格。车辆的实际价值是指同类型车辆市场新车购置价减去该车已使用期限折旧金额后的价格。

《保险法》第五十五条规定:投保人和保险人约定保险标的的保险价值并在合同中载明的,保险标的发生损失时,以约定的保险价值为赔偿计算标准。投保人和保险人未约定保险标的的保险价值的,保险标的发生损失时,以保险事故发生时保险标的的实际价值为赔偿计算标准。保险金额不得超过保险价值。超过保险价值的,超过部分无效,保险人应当退还相应的保险费。保险金额低于保险价值的,除合同另有约定外,保险人按照保险金额与保险价值的比例承担赔偿保险金的责任。

(二)车损险的三种投保方式

1. 投保方式

(1)足额投保。足额投保是指保险金额等于保险价值的投保。

(2)不足额投保。不足额投保是指保险金额低于保险价值的投保。

(3)超额投保。超额投保是指保险金额高于保险价值的投保。

2. 三种投保方式的赔付特点

(1)足额投保的赔付特点。当标的全部损失时按实际价值补偿,而当标的部分损失时则按实际损失补偿。

注意:因为实际赔偿时需扣除免赔额,所以用补偿两字,而不是赔偿。

(2)不足额投保的赔付特点。当标的全部损失时则按保险金额补偿,而当标的部分损失时则按比例责任方式补偿。也即:补偿金额 = 保险金额/保险价值 × 损失额。

(3)超额投保的赔付特点。无论标的是全部损失,还是部分损失,超额部分无效,均以实际损失补偿。

【**案例2-7**】 2007年年初李先生在二手车市场买了一辆2005年生产的帕萨特轿车,车价为12万。他去保险公司投保了车辆损失险,保险公司要求他按照当年新车价20万投保,但李先生只肯按12万车价投保。数月后李先生出了车祸,造成车损3万元,李先生去保险公司办理理赔,保险公司按规定赔付了1.8万元。李先生想不通为什么只能赔1.8万元。

【法理分析】

处理本案的关键性问题之一是保险价值的确定;关键性问题之二是车损险发生部分损失时如何赔偿。

因为该帕萨特轿车的新车购置价为20万元,实际价值为12万元,而李先生是以12万元投保的,所以李先生采用的是不足额投保方式。

若采用不足额保险,则当车辆发生部分损失时,应按比例方式补偿。

即:补偿金额 = 保险金额/保险价值 × 损失额 = 12/20 × 3万 = 1.8万元。

故本案中保险公司的赔付完全正确,李先生不能获得全额赔付的原因是由于采用了不足额投保方式。

二、损失补偿原则

损失补偿原则既是保险的四大基本原则之一,又是财产保险特有的原则。

(一)损失补偿原则概述

1. 损失补偿原则涵义

保险合同生效后,当保险标的发生保险责任范围内的损失时,通过保险赔偿,使被保险人恢复到受灾前的经济原状,但不能因损失而获得额外收益。

保险补偿就是在保险金额范围内,对被保险人因保险事故所遭受损失的全部赔偿。所以,补偿应以被保险人的实际损失及有关费用为限,即以被保险人恢复到受损失前的经济状态为限。

2. 损失补偿的项目

(1)保险标的实际损失。保险标的实际损失是指保险标的在受损前的实际价值。

(2)施救费用、诉讼费用等。它不仅包括对保险车辆本身进行抢救和保护所发生的费用,还包括向第三者进行追偿所发生的协商与诉讼费用。

施救费用应是直接的、必要的,并符合国家有关政策规定的,具体应遵循以下原则:

①保险车辆在发生火灾时,被保险人或其允许的合格驾驶人使用他人非专业消防单位的消防设备,施救保险车辆所消耗的合理费用及设备损失应当赔偿。

②保险车辆出险后,失去正常的行驶能力,被保险人雇用吊车及其他车辆进行抢救的费用,以及将出险车辆拖运到修理厂的运输费用,保险人应当按当地物价部门核准的收费标准,予以负责。

③在抢救过程中,因抢救而损坏他人的财产,如果应由被保险人赔偿的,可予以赔偿。但在抢救时,抢救人员个人物品的丢失,不予赔偿。

④抢救车辆在拖运受损保险车辆途中发生意外事故造成保险车辆的损失扩大部分和费用支出增加部分,如果该抢救车辆是被保险人自己或他人义务派来抢救的,应予赔偿;如果该抢救车辆是受雇的,则不予赔偿。

⑤保险车辆出险后,被保险人或其允许的驾驶人或其代表奔赴肇事现场处理所支出的费用,不予负责。

⑥保险人只对保险车辆的施救费用负责。例如:受损保险车辆与其所装货物同时被施

救,应按保险车辆与货物的实际价值进行比例分摊赔偿。

⑦保险车辆为进口车或特种车,发生保险事故后,当地确实不能修理,经保险人同意后去外地修理的移送费,可予适当负责。但护送保险车辆者的工资和差旅费,不予负责。

⑧施救费用与修理费用应分别理算。一般来说,施救前,如果施救、保护费用与修理费用相加,估计已达到或超过保险金额时,则可推定全损予以赔偿。

⑨保险车辆发生保险事故后,对其停车费、保管费、扣车费及各种罚款,保险人不予负责。

3. 赔偿的责任限额(损失补偿原则的限制条件)

(1)以实际损失为限。

例如:一辆旧车的实际价值为15万元,但新车购置价为20万元,保险金额也为20万元,则车辆全损时只能赔偿15万元。

(2)以保险金额为限。

例如:上例中若保险金额为12万元,则车辆在全损时尽管实际损失为15万元,但只赔12万元。

(3)以保险利益为限。

例如:王某以实际价值为20万元的汽车作为抵押物向银行贷款15万元,而银行又将该车以新车购置价25万元的价格向保险公司投保,那么汽车出险全损时,保险公司只赔15万元,因为银行对汽车的保险利益只有15万元。

4. 损失补偿原则的派生原则

(1)代位追偿原则。

(2)重复保险的损失分摊原则。

(二)代位追偿原则

1. 代位求偿权(权利代位)

保险代位求偿权是保险人在保险事故发生后,向被保险人支付赔偿后而取得的一项权利。其意义在于防止被保险人获得双重赔偿,弥补保险人损失及追究第三者的应负责任等。近年来,随着保险业的发展,保险代位求偿权的行使日益普遍,而与此相关的争议亦随之增加。

(1)行使代位求偿权的前提条件。

①损害事故发生的原因及受损的标的,都属于保险责任范围。

只有保险责任范围内的事故造成的保险标的的损失,保险人才负责赔偿,否则,受害人只能向有关责任方索赔或自己承担损失,与保险人无关,也不存在保险人代位追偿问题。

②被保险人对第三者依法享有赔偿请求权。

保险事故的发生是由于第三者的过错造成的。至于第三者在保险事故中的过错程度,可以是由第三者负全部责任,也可以是由第三者负部分责任。例如:在道路交通事故中,第三者负事故的全责、主责、同责或次责均可。

③被保险人未放弃向第三者的求偿权。

④保险人已履行了赔偿义务。

(2)被保险人对第三者的赔偿请求权的范围。

①第三者对被保险人的侵权行为。

因第三者的侵权行为导致保险标的遭受损失的,应依法应承担损害赔偿责任。例如:因第三者的违章行驶造成交通事故,致使被保险车辆遭受损失的,则第三者应依法承担侵权的民事损害赔偿责任;因产品质量不合格,造成保险标的的损失,则产品的制造商、销售商应对被保险人承担侵权的民事损害赔偿责任。

②被保险人与第三者的合同行为。

因第三者不履行合同规定的义务,造成保险标的的损失,根据合同的约定,第三者应对保险标的的损失承担民事损害赔偿责任。例如:保管合同中因保管人未尽到保管义务致使保管物毁损的;在货物运输保险中,由于承运人的野蛮装卸,造成运输货物的损毁,根据运输合同的规定,承运人应对被保险人承担损害赔偿责任。

③第三者不当得利行为。

因第三者不当得利行为,造成保险标的的损失,依法应承担损害赔偿责任。例如:第三者盗窃行为,非法占有保险标的,造成被保险人的损失,根据法律,如果案件破获,应当向第三者即窃贼进行追偿。

④其他依据法律规定,第三者应承担的赔偿责任。

(3)保险人取得权益的方式。

权益取得的方式一般有两种,一是法定方式,即权益的取得无须经过任何人的确认;二是约定方式,即权益的取得必须经过当事人的磋商、确认。

《保险法》第六十条第一款规定:"因第三者对保险标的的损害而造成保险事故的,保险人自向被保险人赔偿保险金之日起,在赔偿金额范围内代位行使被保险人对第三者请求赔偿的权利。"由此可知,保险人代位求偿权的取得是采用法定方式,即保险人自向被保险人赔偿保险金之日起就已经取得了代位求偿权而无需经过被保险人的确认。

但在保险实务中,保险人支付保险赔款后,通常要求被保险人出具"权益转让书"。从法律规定上看,"权益转让书"并非权益转移的要件,所以,被保险人是否出具"权益转让书"并不影响保险人取得代位求偿权。

虽然保险人支付保险赔款后即依法取得了代位求偿权,但"权益转让书"有如下几个优点:

①它能起到确认保险赔款的时间和赔款金额,这样就可以确认保险人取得代位求偿权的时间和向第三者追偿所能获得的最高赔偿额。

②防止被保险人放弃对第三者的请求赔偿权。

由于代位求偿权是被保险人转移其债权的结果,因此,被保险人与第三者之间债的关系如何,对保险人能否顺利履行和实现其代位求偿权是至关重要的。若被保险人放弃了对第三者的请求赔偿权,则应承担相应的法律责任。《保险法》第六十一条第一款、第二款规定:"保险事故发生后,保险人未赔偿保险金之前,被保险人放弃对第三者请求赔偿的权利的,保险人不承担赔偿保险金的责任。保险人向被保险人赔偿保险金后,被保险人未经保险人同意放弃对第三者请求赔偿的权利的,该行为无效。"

(4)代位求偿的对象。

保险代位求偿的对象为对保险事故的发生和保险标的的损失负有民事赔偿责任的第三

者,它可以是法人,也可以是自然人。

(5)保险人在代位追偿中的权益范围。

根据《保险法》(2009版)第六十条第一款的规定,因第三者对保险标的的损害而造成保险事故的,保险人自向被保险人赔偿保险金之日起,在赔偿金额范围内代位行使被保险人对第三者请求赔偿的权利。

当第三者承担的民事损害赔偿责任的金额大于保险人支付的保险赔偿金额时,若保险人先于第三者赔付,则应注意以下几种情况:

①被保险人有权就未取得的赔偿部分对第三者请求赔偿。

《保险法》第六十条第三款的规定:"保险人依照本条第一款规定行使代位请求赔偿的权利,不影响被保险人就未取得赔偿的部分向第三者请求赔偿的权利。"

②保险人应将代位追偿所得大于其向被保险人的赔偿金额部分归还被保险人。

当第三者承担的民事损害赔偿责任的金额小于保险人支付的保险赔偿金额时,则应注意以下几种情况:

①若第三者先于保险人赔付,则保险人赔偿保险金时,应扣减被保险人从第三者处已取得的赔偿金额。也即若被保险人已从第三者处取得损害赔偿但赔偿不足时,保险人可以在保额限度内予以补足。

《保险法》第六十条第二款的规定:"前款规定的保险事故发生后,被保险人已经从第三者取得损害赔偿的,保险人赔偿保险金时,可以相应扣减被保险人从第三者已取得的赔偿金额。"

《最高人民法院关于适用〈中华人民共和国保险法〉若干问题的解释(二)》(简称《〈保险法〉司法解释(二)》)第十九条第二款规定:"财产保险事故发生后,被保险人就其所受损失从第三者取得赔偿后的不足部分提起诉讼,请求保险人赔偿的,人民法院应予依法受理。"

②若保险人先于第三者赔付,则保险人可以代位追偿第三者应承担的民事损害赔偿责任部分。

(6)被保险人在请求赔偿时的权利选择。

被保险在请求赔偿时有两种选择,或者请求第三人承担赔偿责任,或者请求保险人承担赔偿责任,即不分先后次序。

《〈保险法〉司法解释(二)》第十九条第一款规定:"保险事故发生后,被保险人或者受益人起诉保险人,保险人以被保险人或者受益人未要求第三者承担责任为由抗辩不承担保险责任的,人民法院不予支持。"

若保险人要求第三者先于保险人予以赔付的,则必须事先与被保险人约定。但即使事先约定了由第三者先于赔付的,也不影响被保险仍然选择由保险人先予赔付。

《最高人民法院关于审理保险纠纷案件若干问题的解释》第二十九条第一款规定:"因第三者对保险标的的损害而造成保险事故的,保险人可以按照约定要求被保险人对第三者先向法院提起诉讼。但是保险人不得以被保险人未起诉为由拒绝承担保险责任。被保险人不起诉影响追偿权的行使,依照《保险法》第六十一条第三款(注:被保险人故意或者因重大过失致使保险人不能行使代位请求赔偿的权利的,保险人可以扣减或者要求返还相应的保险金)的处理。"

(7)代位追偿权的行使。

①保险人可以采用诉讼方式向第三者追偿。

《〈保险法〉司法解释(二)》第十六条规定:"保险人应以自己的名义行使保险代位求偿权。根据保险法第六十条第一款的规定,保险人代位求偿权的诉讼时效期间应自其取得代位求偿权之日起算。"

《最高人民法院关于审理保险纠纷案件若干问题的解释》第二十八条规定:"保险人向第三者行使代位权的诉讼时效期间与被保险人向第三者行使赔偿请求权的诉讼期间相同。"

《最高人民法院关于审理保险纠纷案件若干问题的解释》第二十七条规定:"保险人因行使代位权向人民法院提起诉讼的,保险人为原告,第三者为被告,被保险人可以作为第三人参加。被保险人取得的保险赔偿不能弥补第三者造成的全部损失的,被保险人可以向第三者请求赔偿;保险人同时起诉的,作为共同原告。根据保险法第六十条第三款的规定,被保险人的损失优先赔偿。"

②被保险人有协助保险人向第三者追偿的法定义务,否则可能承担相应的法律责任。

《保险法》第六十三条规定:保险人向第三者行使代位请求赔偿的权利时,被保险人应当向保险人提供必要的文件和所知道的有关情况。

《保险法》第六十一条第三款规定:被保险人故意或者因重大过失致使保险人不能行使代位请求赔偿的权利的,保险人可以扣减或者要求返还相应的保险金。

(8)保险人行使代位求偿权的限制。

①保险人不得向被保险人的家庭成员或其组成人员行使代位追偿权(除非是这些成员故意造成的)。

《保险法》第六十二条规定:除被保险人的家庭成员或者其组成人员故意造成本法第六十条第一款规定的保险事故外,保险人不得对被保险人的家庭成员或者其组成人员行使代位请求赔偿的权利。

《最高人民法院关于审理保险纠纷案件若干问题的解释》第三十条规定:"人民法院在审理案件中,对于被保险人是自然人的,应当依据保险法六十二条的规定,认定家庭成员包括被保险人的近亲属和与其共同生活的其他亲属。没有亲属关系但在同一家庭长期共同生活的人视为保险法第六十二条规定的家庭成员。"

②在理赔程序中发生的公估费、鉴定费、检验费等费用属于保险人开展业务的正常支出,不得向第三者追偿,更不能由被保险人承担。

因为公估费、鉴定费、检验费等费用不属于保险人向被保险人支付的保险赔偿范围,也不属于第三者所造成的保险标的损失范围;况且,如果被保险人直接向第三者索赔时,双方可能协商赔偿金额而无需经过公估、检验等。因此,对于第三者来说,该费用并非必然支出的费用;即使确实需要进行检验等程序,还可以通过筛选机构、协商价格等方式自行决定具体费用。因此,该费用不属于保险代位求偿权的范围,不应由第三者承担,保险人也无权向第三者追偿。

《保险法》第六十四条规定:"保险人、被保险人为查明和确定保险事故的性质、原因和保险标的的损失程度所支付的必要的、合理的费用,由保险人承担。"

③保险赔偿金的利息,不得向第三者追偿,除非第三者无正当理由故意拖延赔付时,保

险人才可以向第三者追偿:超过合理支付期限后所产生的利息。

保险人向被保险人支付赔偿金后,开始行使向第三者的代位求偿权,但由于第三者往往对损害赔偿及保险人的权利存在诸多异议,所以,保险人一般都需要通过诉讼甚至强制执行的途径才能取得保险代位求偿权。在此期间保险金必然会产生相应的利息。

由于保险人行使代位求偿权的范围仅限于所支付的保险赔偿金;且第三者在保险人向其提出追偿请求前,并不知道其应向保险人履行赔偿义务,因此并不属于迟延给付的行为,所以,从保险人支付保险赔偿金之日起至实际取得代位求偿权期间所产生的利息应由保险公司自己承担,要求第三者承担该利息显失公平。只有第三者在没有正当理由拒绝支付时,自第三者应支付赔款之日起后所产生的利息,才由第三者承担,以避免恶意拖欠等情况发生。

2. 物上代位权(物上代位)

物上代位权是指保险人全额赔偿后,若保额等于保险价值的,受损的标的全归保险人;若保额低于保险价值的,受损的标的按保额与保险价值的比例归保险人。

《保险法》第五十九条规定:保险事故发生后,保险人已支付了全部保险金额,并且保险金额等于保险价值的,受损保险标的的全部权利归保险人;保险金额低于保险价值的,保险人按照保险金额与保险价值的比例取得受损保险标的的部分权利。

物上代位权的注意事项如下:

(1)上述第一种情形,保险人取得受损标的的所有权;第二种情形,保险人与投保人对受损标的形成共有关系。

(2)保险标的实际上不可能全部损失,必定存在残值,之所以采用全额赔付是因为保险人采用了推定全损。

(3)实际操作中,考虑到保险人处理残值不便,一般采用在赔款中扣除残值部分。

(三)重复保险的损失分摊原则

《保险法》第五十六条第四款规定:"重复保险是指投保人对同一保险标的、同一保险利益、同一保险事故分别与两个以上保险人订立保险合同,且保险金额总和超过保险价值的保险。"

1. 分摊条件

构成重复保险且保险金额的总和已超过保险标的的实际价值。

想一想

(1)重复保险要求数个保险合同的生效时间全部重叠吗?

(2)损失应由第三方负责赔偿而无法找到第三方时的免赔率为多少?

2. 分摊方法

(1)比例责任分摊。

比例责任分摊是指各保险公司按保额进行比例分摊。

$$某保险公司应分摊损失额 = \frac{某保险公司的保险金额}{所有保险公司的保险金额之和} \times 损失总额$$

注意:除合同另有约定外,均采用该方式。

(2)限额责任分摊。

限额责任分摊是指假定在没有重复保险的情况下,由保险公司单独应承担的最高赔偿限额进行比例分摊。

$$某保险公司应承担的赔付额 = \frac{该保险公司的赔偿限额}{所有保险公司赔偿限额总和} \times 损失总额$$

注意:只有在合同中约定时才能采用。

(3)顺序责任分摊。

顺序责任分摊是指按合同生效的先后顺序进行赔付。

注意:由于这种分摊方式不符合公平原则,所以目前已不采用。

三、如何选择合适的险种

(一)车险选择的基本原则

险种的搭配可以说是"五花八门",多种多样的形式中没有标准答案,关键应了解自身的风险特征,并结合自身的风险承受能力及经济承受能力来选择险种,只有适合自己需求的险种组合才是最好的。但无论怎样搭配险种,都应遵守一些基本原则。

(1)交强险必须投保。

因为交强险属于强制保险,车辆上路不投保交强险属于违法行为。按照交强险的相关规定,对未按规定投保交强险的机动车,机动车管理部门不得予以登记;机动车安全技术检验机构不得予以检验;公安交通管理部门将扣车并处以2倍交强险保费的罚款。譬如说6座以下的家庭自用汽车其基本保费为950元,一旦遭受处罚就是1900元。

(2)车损险不要超额投保。

有些车主,明明新车购置价是10万元却偏要投保15万元的保险,因为他认为多花钱就能多赔付。按照《保险法》第五十五条第三款规定:保险金额不得超过保险价值。超过保险价值的,超过部分无效,保险人应当退还相应的保险费。

因此,即使投保人超额投保也不会得到额外的利益。

(3)新车及使用8年以内的旧车,明智的选择是车损险采用足额投保。

若采用不足额投保,当标的全部损失时则按保险金额补偿,而当标的部分损失时则按比例责任方式补偿。也即:补偿金额 = 保险金额/保险价值 × 损失额。

因此,对新车而言,车辆无论是发生全损还是部分损失均得不到足够的保障。而对于旧车而言,由于大多数的车损事故中汽车只是部分损失,而车辆发生部分损失时,保险公司是按保险金额与新车购置价的比例来承担赔偿责任的,所以车辆发生部分损失时也得不到足够的保障,除非车辆发生全损事故时才划算。

 特别提示

车龄已超过8年的旧车或本身是低价购买的二手车,车损险最好选择不足额投保甚至不投保车损险。

(4)商三险要买够,保险金额的选择应视城市经济发达程度而定。

商三险的保险金额可根据当地经济发达程度及交强险的赔偿限额而定。例如:目前上海地区造成人员死亡的交通事故大约需赔偿60万元左右,考虑到交强险的赔偿金额是12.2万元,所以,商三险的保险金额选50万元较合理。

(5)车上人员责任险的保险金额选择,应视车辆的使用性质而定。

私家车一般以1万元/每座或2万元/每座较为经济实用;出租车一般以5万元/每座较为经济实用;而私企老板或企事业单位用车一般以10万元/每座较为安全划算。

(6)主险最好能保全。

车损险和商三险一定要保,因为这两个险种是车辆出险后,人和车的损失能够得到赔偿的基本保证。至于盗抢险和车上人员责任险,要视车主面临这方面的风险大小,当然有经济承受能力的最好也投保。

(7)附加险要按需购买,但不计免赔特约险最好能保。

主险和附加险大多数有免赔率规定,免赔率的比例大多在5%~20%之间,如果客户投保了不计免赔特约险,相当于把被保险人自己应该承担的部分又转嫁给了保险公司,所以,它是附加险中最有用、最必要的险种。是否需要购买考虑的唯一因素是经济承受能力。

其他附加险是否需购买,应根据自己驾驶情况、车辆情况、面临风险的情况、风险承受能力、经济承受能力等因素综合考虑。

(8)千万不要重复投保。

有些投保人自以为多投几份保险时,就可以使被保险车辆多几份赔款。按照《保险法》第五十六条第二款规定:"重复保险的各保险人赔偿保险金的总和不得超过保险价值。除合同另有约定外,各保险人按照其保险金额与保险金额总和的比例承担赔偿保险金的责任。"

因此,即使投保人重复投保也不会得到超额赔偿。无论是交强险还是商业险,该原则都是适用的。

(二)常用险种选择时应考虑的因素

1. 交强险

国家规定的强制保险,也即汽车只要上路就必须投保,否则违法。

车主如果不购买交强险,会产生以下三个后果:

(1)机动车管理部门不得予以登记,这就意味着汽车不能上路,新车上不了牌照;

(2)机动车安全技术检验机构不得予以检验,也即汽车无法年检;

(3)未投保交强险上路时,公安交通管理部门将扣车并处以2倍交强险保费的罚款。

2. 车损险

车损险是汽车保险中最主要的商业险种,同时也是主险之一。由于使用汽车时的意外事故较多,对于一般车辆而言,最好能买此险种。如果不投保,自己车辆将来遭受的事故损失就由车主自己买单。所以只有临近报废的车辆才考虑不购买,而且即使是旧车也建议采用足额方式投保。

3. 商业第三者责任险

商业第三者责任险和车损险一样,尽管它不是强制险,但所有车主最好投保。因为车辆一旦使车上的第三者遭受人身伤亡或财产损失,车主有赔偿责任,尤其是人身伤亡的赔偿金额往往数额较大,靠交强险赔偿远远不够。因为交强险赔偿限额尽管有12.2万,但其中死亡伤残赔偿限额占11万元,医疗费用赔偿限额只有1万元,财产损失赔偿限额只有2000元,这些在稍大一些的事故中显然都是不够用的;事故中严重的人身死亡等极端情况毕竟是少数,车主一般都是撞伤了人需要花费医疗费。在交强险中最多只能赔偿1万元医疗费用,而在商三险里面对死亡伤残、医疗、财产等不作分项,如果车主保了10万保额的商三险,那么即使医疗费花到8万,也能根据相关条款给予相应赔偿;即使11万元的伤亡伤残赔偿限额,对发达地区而言也很难满足赔偿车主承担责任的需要,所以,认为购买交强险后就不必再购买商三险是一种认识上的误区。

4. 全车盗抢险

车主该不该购买全车盗抢险主要应考虑如下因素:

(1)有无固定的停车场地。如果晚上大多停放在自己小区的停车场内,而且即使在外地过夜也是住在星级的宾馆时,可以考虑不购买全车盗抢险。

(2)行驶区域。如果经常外出驾车旅游或经常单独开省道的夜路时,可以考虑购买全车盗抢险。

(3)本地区的治安状况。例如,上海地区因治安情况较好,车辆被盗的概率很小。

(4)车辆的防盗技术水平。对于采用发动机芯片防盗技术的大多数车辆而言,可以不购买全车盗抢险,除非是特别高档的车。因为一般盗贼偷不了,而有解码器的盗贼都盯着奔驰S级、凌志、宝马等高档车。

5. 车上人员责任险

车主该不该购买车上人员责任险,主要应考虑如下因素:

(1)驾驶人是车主,还是不固定驾驶人;

(2)乘客是家庭成员,还是不固定人员。

因为人身意外险的性价比要比车上人员责任险的性价比高,10元可保1万而且24小时覆盖,所以,如果是私家车最好不要购买车上人员责任险,不如去买"司乘人员意外险"或"人身意外伤害险";如果是商务车或经常有搭顺风车的车辆最好购买车上人员责任险,因为车上的乘客不一定购买了人身意外伤害险。

6. 不计免赔率特约险

车主该不该购买不计免赔率特约险,主要应考虑如下因素:

(1)由于不计免赔险的保障范围大,费率适中,所以是一个非常好的险种,投保率较高。一般而言,适合所有车辆,尤其是车技不佳的新手。

(2)投保的关键是附带在哪些险种后面。例如:驾驶人是车技不佳的新手,最后挂靠车损险、商三险及车身划痕险;驾驶人是车技老练的老车主,只需要挂靠商三险;旧车或改装车或货车、出租车、公交车等,还应挂靠自燃损险。

7. 可选免赔额特约险

车主该不该购买可选免赔额特约险,主要应考虑的因素是:虽然投保该险种后在投保车损险时可获得保费优惠,但关键应看驾驶人是新手还是老手。对新驾驶人不宜投保,因为对新驾驶人而言,前几年出险较多,且大多是在200~1000元的小剐小蹭;对老驾驶人适宜投保,因为投保车损险的目的是防范大事故。

8. 车身划痕险

车主该不该购买车身划痕险,主要应考虑如下因素:

(1)驾驶人的驾驶技术。

(2)新车还是旧车。因为对驾驶技术不老练的车主而言,车辆被剐蹭的概率较大;对停在停车场的新车而言,易被淘气顽皮的孩子划伤或被其他进出车辆划伤漆面。所以,一般只适合新车且是新驾驶人投保。

(3)本地区的治安状况。

9. 玻璃单独破碎险

车主该不该购买玻璃单独破碎险,主要应考虑如下因素:

(1)车辆是高档车还是低档车。因为高档车辆的玻璃价格较贵。

(2)车辆行驶的路面。如果车辆经常在高速公路上或者道路行驶条件不好的公路上行驶时,溅起的小石子(飞石)易将风窗玻璃击碎。

(3)停车地的治安及人员素质。如果治安不好,小偷会敲碎侧面玻璃盗窃;如果人员素质不高,高空坠物易将天窗玻璃或风窗玻璃击碎。

10. 自燃损失险

车主该不该购买自燃损失险,主要应考虑如下因素:

(1)车辆电路是否作了大的改动。因为车主如果大肆改装音响、防盗器、电动天窗,增加动力等,将使电路超负荷,容易引起车辆自燃。

(2)车辆是否已使用5年(或10万km)以上。因为电线老化容易引起车辆自燃。

(3)是否是载货汽车。因为载货汽车往往超载,导致发动机过热且钢板几乎被压平而发生机械摩擦,容易引起车辆自燃。

(4)是否是出租车。因为出租车往往长时间使用空调,导致发动机负荷大且电线易老化,从而容易引起车辆自燃。

(5)是否是公共汽车。因为公共汽车往往使用频率较高,从而很少有时间检修,再加上线路易老化、短路,车辆自燃的概率较大。

11. 新增设备损失险

车主该不该购买新增设备损失险,主要应考虑的因素是:车主是否对车辆另外加装或改装过设备及设施。如加装高级音响、防盗设备、GPS,加改真皮或电动座椅、电动升降器、氙气大灯等。

单元能力检测

任务模拟一

(1)若老王的车已使用了3年,该车的新车购置价为10万元,折旧后的金额为8万元,假设绝对免赔率为20%。问采用足额或不足额投保时如何赔付?

(2)甲、乙两车在行驶中不慎发生严重碰撞事故。经查证,两车均投保了车损险和第三者责任险。其中,甲车车损险的保险金额为3万元,新车购置价为5万元;乙车车损险的保险金额为8万元,新车购置价为8万元。经交通管理部门认定:甲车严重违章行驶,应承担主要责任;经双方保险公司查勘定损核定,甲车的车损为2万元,乙车的车损为4.5万元。问保险公司如何支付赔款?

任务模拟二

张先生于2007年1月给自己的汽车先后从甲、乙、丙三家保险公司购买了车损险,保险金额分别为10万元、8万元和7万元,已构成重复保险。2007年8月5日,汽车出险车辆全损。经相关部门鉴定,车辆发生保险事故时的实际价值为9万元。若不考虑免赔情况,则:

(1)试用三种分摊方式分别计算甲、乙、丙三家保险公司各应赔付给张先生多少元?

(2)若张先生在购买车损险时,在保险合同中没有约定重复保险的分摊方式,则根据《保险法》规定,甲、乙、丙三家保险公司应分别赔付给张先生多少元?

任务模拟三

在你的生活圈内找一位有车族,根据他的实际情况帮他设计几套投保方案,并试着从保险代理人的角度说服客户。

评 价 反 馈

1. 自我评价

(1)通过本学习任务的学习,你认为自己是否已经掌握确定车险最佳投保方案的相关知识并具备以下能力:

①是否能够帮助客户选择最佳的投保渠道?

_____
_____。

②是否能够根据客户的实际情况,帮助挑选最适宜的保险公司?

_____
_____。

③是否能够帮助客户找出风险所在,并设计出最佳的投保方案?

_____
_____。

(2)在确定车险最佳投保方案过程中用到了哪些法律、法规?你是否已经掌握解读交强险及商业险条款的技巧?

_____
_____。

(3)是否能够熟练应用保险费率表?

_____
_____。

(4)是否能够向客户正确解释2009年2月1日实施的《交强险财产损失"互碰自赔"处理办法》?

_____
_____。

(5)在完成本学习任务的过程中,你和同学之间的协调能力是否得到了提升?是否有过与其他同学探讨确定投保方案及保险条款的有关问题?讨论最多的问题是什么?讨论结果是什么?

_____
_____
_____。

(6)通过本学习任务的学习,你认为自己还有哪些方面需要深化学习并提升岗位能力?
_____
_____
_____。

      签名:_____　　　_____年_____月_____日

2. 小组评价

小组评价见表2-8。

小组评价　　　　　　　　　　　　　　　　　表2-8

序号	评价项目	评价情况
1	学习过程是否主动并能深度投入	
2	在实训过程中的执行力是否突出	
3	是否能按照职业人的要求对待到课率	
4	着装是否符合要求	
5	客户的风险判断是否准确	
6	方案推荐的话术是否流利和准确	
7	险种推荐过程是否规范、完整、准确	
8	是否能主动地和他人合作	
9	是否能按要求对实训场地进行清理、清洁	
10	在团队活动中是否能做到相互尊重	

    参与评价的同学签名:_____　　　_____年_____月_____日

3. 教师评价

_____
_____
_____。

    教师签名:_____　　　_____年_____月_____日

学习任务 3　车辆保险合同的签订

通过本学习情境的探讨，要求学生具备以下能力：
1. 能够运用保险利益原则判断投保人对所投保的车辆是否具有保险利益；
2. 运用汽车保险合同的订立程序，帮助投保人完成汽车保险合同的订立；
3. 能够根据汽车保险条款费率的规定和保险金额计算各险种的保险费；
4. 能够向投保人解释投保单的内容并根据投保单的填写规定，指导投保人正确填写投保单；
5. 能够根据相关规定，指导被保险人完成汽车保险合同的变更及解除；
6. 能够运用汽车保险合同条款的内容处理有关汽车保险合同条款的理赔纠纷。

 任务描述

大多数汽车保险理赔纠纷源于被保险人对汽车保险合同条款内容理解不准确。作为汽车保险专业的学生，在本学习任务完成后，能够运用汽车保险合同的订立程序，帮助投保人完成汽车保险合同的订立；能够运用保险利益原则判断投保人对所投保的车辆是否具有保险利益；能够根据汽车保险条款费率的规定和保险金额计算各险种的保险费；能够向投保人解释投保单的内容并根据投保单的填写规定，指导投保人正确填写投保单；能够根据相关规定，指导被保险人完成汽车保险合同的变更及解除；能够运用汽车保险合同条款的内容处理汽车保险理赔纠纷。

学习引导

本学习任务沿着以下脉络进行学习：

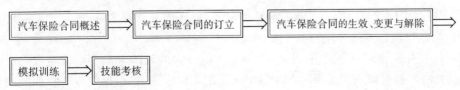

单元一　汽车保险合同概述

单元要点

1. 汽车保险合同的概念；
2. 汽车保险合同的特点；
3. 汽车保险合同的凭证。

相关知识

近年来，随着市场经济的快速发展，我国的保险业发展迅猛。特别是《中华人民共和国道路交通安全法》将投保第三者责任险作为机动车上路行驶的强制要件，引起人们对机动车辆保险的再次关注。也由此引发了理论界和实务界对机动车辆保险内容、保险条款、保险义务、保险原则的不同见解，从而导致法院在审理机动车辆保险合同纠纷案件过程中，如何看待机动车辆保险合同当事人之间的约定与法院生效判决之间的冲突产生困惑。如今，汽车保险事故理赔纠纷多集中在保险人与投保人或被保险人的责任及责任大小，保险合同是否成立与生效以及保险人是否承担责任和承担责任多少等问题上。因此，掌握汽车保险合同特点、汽车保险合同订立与履行过程中涉及的原则和问题，对解决围绕汽车保险合同的纠纷具有十分重要的理论意义。

一、汽车保险合同的概念

汽车保险合同是指投保人以机动车为保险标的，保险人按照约定，对被保险人因自然灾害、意外事故而遭受的经济损失或者依法应承担的民事责任负赔偿责任，而由投保人交付保险费的合同。

二、汽车保险合同的特点

汽车保险合同除了具有一般保险合同的特点外，还有其自身的特点。

(1) 汽车保险合同的可保利益较大，来源较广。

(2) 汽车保险合同是不定值合同。我国汽车损失险的保险金额主要按照投保时车辆的购置价格确定，也可以按照投保时车辆的实际价值来确定，或者由保险人与投保人或被保险人协商确定，车辆的保险金额为车险的最高赔偿金额。车险中的第三者责任险的保险金额分为几个档次，投保人或被保险人根据自身状况与保险人协商确定投保限额，并将投保限额作为保险人赔偿的最大金额。因此，汽车保险中的第三者责任险具有给付性质，其保险金额的确定具有不确定性质。我国机动车辆保险合同条款中明确规定汽车保险合同是不定值保险合同。

（3）汽车保险合同是包含有财产保险和人身保险的综合性保险合同。我国的汽车保险属于财产保险中的一个险别，但是我国的汽车保险的保险标的可以是汽车本身，还可以是事故发生后被保险人对他人依法应负的民事赔偿责任。

（4）保险人对第三者责任有追偿的权利。如果被保险人的损失是由第三者造成的，保险人赔偿了被保险人的损失后，被保险人应将向第三者追偿的权利转让给保险人，保险人依法享有对第三者追偿的权利，但保险人的追偿权限为赔偿给被保险人的金额，如果保险人的追偿金额超过赔偿金额，则超过部分应还给被保险人。如果被保险人在未取得保险人的同意的情况下，放弃向第三者追偿的权利，那么保险人有权拒绝被保险人的赔偿请求。

三、汽车保险合同的凭证

汽车保险合同采用书面文件的形式，这些文件统称为保险凭证，汽车保险合同种规定了合同双方的权利和义务。汽车保险的凭证除了保险单外，还有保险合同订立前的辅助性文件，比如投保单、暂保单等，如图3-1所示。

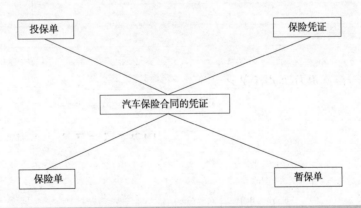

图3-1 汽车保险合同的凭证

（一）投保单

投保单是投保人向保险人购买保险的书面要约。投保单上载明了保险合同所涉及的主要内容，其中保险费条款是投保单的主要内容。投保单经过保险人的核保后就成为保险合同的一个重要组成部分。表3-1是某公司驾驶人车辆保险投保单。

某公司驾驶人车辆保险投保单　　　　　　　　　　　　　表3-1

投保人		联系人		电话	
被保险人		行驶证车主			
地址		联系人		电话	
号牌号码		厂牌型号			
发动机号		车架号			

续上表

车辆种类				座位/吨位			初次登记年月			
车辆类型		□进口	□国产	新车购置价					指定驾驶人	
使用性质		□营业	□非营业	单位性质		□机关	□企业	□个人	车辆颜色	
行驶区域		□_____（省、自治区、直辖市）内 □中华人民共和国境内（不含港澳台地区） □出入港澳								
保险公司		□人保		□平安		□太平洋	□安邦		□其他保险公司	
保险费别	险　别			保险金额（赔偿限额）			费率	固定保费	保险费小计	
	交通强制保险									
	车辆损失险									
	第三者责任险									
	车上责任险	车上座位		元/座　　座						
		车上货物								
	全车盗抢									
	玻璃单独破碎险									
	自燃损失险									
	不计免赔特约险									
保险费合计			（大写）：					（小写）：￥		
保险期限			自　　年　　月　　日零时起至　　年　　月　　日二十四时止							
特别约定：										

以下内容由本公司填写				投保人声明
业务来源	□公司业务	□个人业务	□渠道业务	兹声明上述各项填写内容属实，如非本法人（或自然人）亲笔而假手他人者均属本投保人授权行为并承担法律责任。同意按本投保单所列内容和机动车辆保险条款、附加险条款以及特别约定向贵公司投保机动车辆保险。
业务类别	□新保业务	□续保业务	□转保业务	
防盗装置	□电子防盗	□机械防盗	□无防盗装置	
验车情况	□免验	□已验	□未验	
投保单编号		保险单号码		
保单印刷号		发票印刷号		签章（签字）　　　　　年　月　日
保卡印刷号		签单日期		
经办人		部门		

（二）保险单

保险单是保险人与投保人订立保险合同的正式凭证。保险单由保险人制作，投保人签字、盖章有效。保险单正本由被保险人保管，是被保险人发生保险事故时索赔的重要证据。保险单的副本由保险公司留档。保险单的主要内容有：保险单格式、保险责任、除外责任和附加条款等。

(三)保险凭证

保险凭证又称"小保单",保险凭证上不印保险条款,是一种简化的保险单。保险凭证与保险单具有同等效力,凡是保险凭证上没有列明的,均以同类的保险单为准。当保险凭证上内容与保险单上内容相抵触时,以保险凭证上内容为准。保险凭证主要在以下几种情况下签发:

(1)在一张团体保险单项下,需要给每一个参加保险的人签发一张单独的凭证。

(2)在货物运输保险订有预约合同的条件下,需要对每一笔货运签发单独的凭证。图3-2是某保险公司签发的货物运输险保险凭证。

(3)对于机动车辆保险,为了便于被保险人随身携带以供有关部门检查,保险人通常出具保险凭证。

本公司依照国内水路、铁路货物运输保险条款,对下列货物名称、金额等承保运输险:							
被保险人:				投保人:			
货票号码	货物名称	数量	保险金额	费率	保险费		目的地
				运输方式			
	本保险凭证承保基本险、综合险			火车			船舶

图3-2 某保险公司签发的货物运输险保险凭证

(四)暂保单

暂保单又称"临时保险书",是保险人在签发保险单或保险凭证之前,发出的临时单证。暂保单的内容较为简单,仅表明投保人已经办理保险手续,并等待保险人出立正式保险单。暂保单具有和正式保险单同等的法律效力。暂保单的有效期通常不超过30天。当正式保险单出立或暂保单有效期满后,暂保单自动失效。如果保险人最后考虑不向投保人签发保险单时,也可以终止暂保单的效力,但必须提前通知投保人。

暂保单既不是保险合同的凭证,也不是保险合同订立的必经程序,仅仅是保险人签发正式保险单之前的权宜之计,一般在以下几种情形中使用:

(1)保险代理人获得保险业务而保险人未正式签发保险单之前,保险人向投保人签发暂保单。

(2)保险公司的分支机构在接受需要总公司批准保险业务后,在未获得批准之前向投保人签发暂保单。

(3)投保人与保险人就保险合同的主要条款达成协议,但一些具体细节仍需进一步的协商,保险人签发暂保单。

(4)在办理出口贸易结汇时,签发保险单之前,保险人所出具的保险证明文件作为结汇的文件之一,以证明出口货物已经办理保险。

单元二 汽车保险合同的订立

单元要点

1. 汽车保险合同订立的当事人；
2. 汽车保险合同订立的程序；
3. 最大诚信原则；
4. 汽车保险投保单的填写；
5. 投保人在保险公司承保前变更投保单的处理。

相关知识

汽车保险合同并不是和我们平常看到产品买卖合同一样，随时签订，汽车保险合同有其独特的一面，是由保险人预先拟制好的一种格式合同。为了保护相对人的利益，《保险法》规定："采用保险人提供的格式条款订立的保险合同，保险人与投保人、被保险人或者受益人对合同条款有争议的，应当按照通常理解予以解释。对合同条款有两种以上解释的，人民法院或者仲裁机关应当作出有利于被保险人和受益人的解释。"法律虽然对此做了明确规定，但实践中的保险合同保险人在格式合同中占绝对优势地位。因为有对保险条款的充分理解，保险人在拟制保险合同条文的时候已经做了充分研讨，而投保人在投保时往往经受不住保险代理人的百般游说，匆匆签订合同。而发生保险事故时，投保人和保险人在对合同条文的理解上经常产生分歧，从而引发大量的保险纠纷。因此，对于投保人或者被保险人来说，在签订汽车保险合同时遵循必要的保险原则，认真阅读保险条款，懂得保险合同的订立、生效与变更等知识，就显得尤为重要。

一、汽车保险合同订立的当事人——投保人与保险人

赵先生是一位白领，由于平时工作繁忙再加上上班路程太远，于是到一汽丰田某经销店购买了一辆卡罗拉轿车。赵先生通过各种途径了解到某保险公司的产品和服务都好，但是因为工作繁忙，赵先生叫他妻子到该保险公司投保。赵先生的妻子到达该保险公司后，保险公司营销人员告知由于缺少证件，她没有资格为赵先生的车辆投保。在这个案例中，你认为赵先生的妻子有没有资格为该车买保险，赵先生或其妻子在为该车买保险时应该携带哪些证件？

（一）投保人

1. 投保人的资格条件

投保人是指与保险人订立保险合同，并按照合同约定负有支付保险费义务的人。

特别提示

《〈保险法〉司法解释(二)》第一条规定:财产保险中,不同投保人就同一保险标的分别投保,保险事故发生后,被保险人在其保险利益范围内依据保险合同主张保险赔偿的,人民法院应予支持。

汽车保险的投保人必须具备以下基本条件:
(1)必须具有民事权利能力和民事行为能力。
(2)必须具有支付保费的能力。

特别提示

《保险法》(2009版)取消了:"投保人对保险标的应当具有保险利益;投保人对保险标的不具有保险利益的,保险合同无效"的规定。所以新《保险法》已不要求从保险合同订立到保险事故发生的全过程必须具有保险利益。

只有人身保险仍要求投保人在保险合同订立时,对被保险人应当具有保险利益;而财产保险只要求被保险人在出险时对保险标的具有保险利益。所以,理论上讲,你也可以替朋友、同事、一般亲戚的车辆投保。

2. 保险利益
(1)保险利益及保险利益的时效

保险利益是指投保人或者被保险人对保险标的具有的法律上承认的利益。财产保险的被保险人在保险事故发生时,对保险标的应当具有保险利益;保险事故发生时,被保险人对保险标的不具有保险利益的,不得向保险人请求赔偿保险金。人身保险的投保人在保险合同订立时,对被保险人应当具有保险利益;订立合同时,投保人对被保险人不具有保险利益的,合同无效。

特别提示

《最高人民法院关于审理保险纠纷案件若干问题的解释》第二条规定:财产保险合同订立时被保险人对保险标的具有保险利益但保险事故发生时不具有保险利益的,保险人不承担保险责任;财产保险合同订立时被保险人对保险标的不具有保险利益但发生保险事故时具有保险利益的,保险人应当依法承担保险责任。

人身保险合同订立时投保人对保险标的不具有保险利益的,保险合同无效;人身保险合同订立时投保人对保险标的具有保险利益但是保险事故发生时不具有保险利益的,不因此影响保险合同的效力。

(2)财产保险的保险利益

因为财产保险中是将财产及其有关利益作为保险标的的,所以,凡因财产及其有关利益受损而遭受损失的人对保险标的具有保险利益。财产保险的保险利益有下列四种情况:

①财产的所有权人、经营管理人对该财产具有保险利益。

因其所有或经营管理的财产,一旦损失就会给自己带来经济损失。例如,房屋所有权人可以为其房屋投保家庭财产险;货物所有人可为其货物投保运输保险。

②抵押权人与质权人对抵押、出质的财产均具有保险利益。

因为当债权不能获得清偿时,抵押权人或质权人有从抵押或出质的财产价值中优先受偿的权利。例如,银行对抵押贷款的抵押品,在贷款未还之前,抵押品的损失会使银行蒙受损失,所以,银行对抵押品具有保险利益;但当借款人还款后,因银行对抵押品的抵押权消失,所以其保险利益也随之消失。

③负有经济责任的财产的保管人、承租人、承包人等对其所保管、使用的财产具有保险利益。

因为财产的保管人、承租人、承包人等,对其所保管、使用的财产负有经济责任。

④合同双方当事人对合同标的具有保险利益。

因为合同标的的损失会带给合同双方当事人损失。

【案例 3-1】 抵押权人对抵押物是否有保险利益

刘某与孔某同为公司业务员,1999 年刘某从公司辞职后开始个体经营。开业之初,由于缺乏流动资金,刘某向孔某提出借款,并愿意按高于银行的利率计息,将自己的轿车作为抵押以保证按时还款。孔某觉得虽然刘某以汽车作为抵押,自己的债权较有保证,为以防万一,孔某要为车辆购买保险,刘某表示同意,双方到保险公司投保了车损险,为了方便,投保人和被保险人一栏中都写了孔某的名字。2000 年年初,刘某驾车外出,途中因驾驶不慎发生翻车,车辆遭到严重破坏几乎报废,刘某也身受重伤。得知事故后,孔某向保险公司提出索赔,认为该车的事故属于保险责任,保险公司应当赔偿。保险公司认为尽管该车的损失属于保险责任,但是被保险车辆并非孔某所有或使用的车辆,孔某对于车辆没有保险利益,根据《保险法》的规定,保险合同无效,保险公司应退还刘某所交的保费,不承担赔偿责任。经过几天交涉未果,孔某将保险公司告上了法院。试回答下列问题:

【法理分析】

(1)本案中,孔某对车辆是否拥有保险利益?

孔某对车辆具有保险利益。保险公司应当赔偿。

①孔某作为债权人,抵押的车辆是否完好将关系抵押权能否实现,最终将决定债权能否得到清偿;

②保险车辆因意外事故已损毁(因刘某的原因损毁也行),导致孔某的抵押权随之消灭。

(2)若抵押车辆是由于第三人原因导致灭失,并且刘某对第三人享有赔偿金请求权时,孔某对保险车辆有无保险利益?

在这种情况下,孔某对投保车辆无保险利益,出险后也无权再向保险公司索赔。

根据《担保法》第五十八条规定,孔某的抵押权已移至第三人的损害赔偿金上,对该损害赔偿金可优先受偿,即孔某的抵押权并没有灭失。

(3)对保险利益存在的时间,财产保险和人身保险要求有何不同?

①财产保险的要求:财产保险的被保险人在保险事故发生时,对保险标的应当具有保险利益。

②人身保险的要求:人身保险的投保人在保险合同订立时,对被保险人应当具有保险利益。至于事故发生时有无保险利益并不重要。

(3) 保险标的转让中的保险利益

《保险法》第四十九条规定：保险标的转让的，保险标的的受让人承继被保险人的权利和义务。保险标的转让的，被保险人或者受让人应当及时通知保险人，但货物运输保险合同和另有约定的合同除外。因保险标的的转让导致危险程度显著增加的，保险人自收到前款规定的通知之日起三十日内，可以按照合同约定增加保险费或者解除合同。保险人解除合同的，应当将已收取的保险费，按照合同约定扣除自保险责任开始之日起至合同解除之日止应收的部分后，退还投保人。被保险人、受让人未履行本条第二款规定的通知义务的，因转让导致保险标的的危险程度显著增加而发生的保险事故，保险人不承担赔偿保险金的责任。

特别提示

(1)《最高人民法院关于审理保险纠纷案件若干问题的解释》第二十四条规定：保险法第四十九条中"转让"是指保险标的的所有权的转移。但是被保险人转让保险标的而未实际交付的，保险合同继续有效。

(2)《最高人民法院关于审理道路交通事故损害赔偿案件适用法律若干问题的解释》第四条规定：被多次转让但未办理转移登记的机动车发生交通事故造成损害，属于该机动车一方责任，当事人请求由最后一次转让并交付的受让人承担赔偿责任的，人民法院应予支持。

第六条又规定：拼装车、已达到报废标准的机动车或者依法禁止行驶的其他机动车被多次转让，并发生交通事故造成损害，当事人请求由所有的转让人和受让人承担连带责任的，人民法院应予支持。

【案例3-2】 车辆转让但未过户，是否有权索赔

陈某就其所有的轿车向保险公司投保了机动车辆保险，被保险人为张某。2013年9月28日，张某将该车转让给李某，双方签订买卖合同但未办理车辆过户登记手续。同年11月23日，李某驾驶该轿车撞到路边桥墩造成车辆受损。之后，李某向保险公司索赔。因为车辆未过户，保险公司内部对于该起事故应否赔偿产生分歧。一种意见认为应当赔偿。理由是虽然车辆未过户，但张某和李某已经签订买卖合同且车辆已经交付李某，车辆已经由李某控制。根据《保险法》第四十九条第一款规定："保险标的转让的，保险标的的受让人承继被保险人的权利和义务。"李某有权承继被保险人张某的权利向保险公司索赔。另一种意见认为：保险法第四十九条所称的"转让"，对于车辆来说，是指办理完毕车辆过户登记手续。本案双方虽然签订了买卖合同，但并未办理转移登记，所以本案不适用保险法第四十九条，李某无权向保险公司索赔。

【法理分析】

(1)《保险法》第四十九条"转让"是指以转移标的物所有权为目的的债权行为。

物权反映的是人对物的排他的绝对的支配权利，是人与物之间的一种静态的法律关系，而债权反映的是人与人之间基于物的流转而产生的涉及财产利益的动态法律关系，此处的"转让"应理解为"以转移标的物所有权为目的"的债权行为，是指债权合同当事人之间动态的财产流转关系。这种动态关系的主要外在表现：①合同关系的成立并生效；②实际履约

行为(即"交付")的存在,具体到保险合同关系,应重点考查"对标的物的占有状态"是否已发生改变,因为这涉及保险标的物所面临的危险程度会否增加的问题。由于所有权本身与其具体的占有、使用、收益和处分的权能可以相分离,即使财产所有权不变,相关财产的占有人也可能发生变化。所以,影响被保险标的物所面临危险程度的关键性、决定性因素,不是相关财产所有权的归属,而是对相关财产占有之事实状态的具体情形是否发生了变化。

此外,根据文义解释原则,如果该条第一款中的"转让"要表达或强调的是"财产所有权归属的变化"这一层意思,那么,应当表述为:"保险标的物权发生变更的……"

(2)车辆转让以交付为标志。

《物权法》第二十三条规定:"动产物权的设立和转让,自交付时发生效力,但法律另有规定的除外。"

《物权法》第二十四条规定:"船舶、航空器和机动车等物权的设立、变更、转让和消灭,未经登记,不得对抗善意第三人。"

根据上述规定,动产所有权的移转,除法律另有规定或当事人另有约定外,以交付为标志。机动车辆虽有登记管理制度,但仍属于动产范畴,除非当事人另有约定(比如所有权保留),否则,一经交付即产生转移所有权的法律效果。而登记行为只是产生对抗效力。经过登记的转让可以对抗善意的第三人,而未经登记的转让不产生对抗善意第三人的效力。

《最高人民法院关于审理道路交通事故损害赔偿案件适用法律若干问题的解释》第四条规定:"被多次转让但未办理转移登记的机动车发生交通事故造成损害,属于该机动车一方责任,当事人请求由最后一次转让并交付的受让人承担赔偿责任的,人民法院应予支持。"从该条规定看,"最后一次转让并交付的受让人"对转让标的物享有实际管领和控制的权利,便应依法承担相应法律义务。该条司法解释规定,也表明车辆转让虽未办理转移登记,但一经交付即产生转移所有权的法律效果。

(3)本案中,李某有权向保险公司索赔。

本案中,张某和李某签订买卖合同,李某支付了转让费用给张某,车辆已经交付李某,表明张某和李某之间有"以转移车辆所有权为目的"的债权行为。车辆交付后,所有权已经转移给李某。李某有权承继被保险人张某的权利向保险公司索赔。

 特别提示

(1)过户未批改前,原保险合同对受让人已经生效,不存在保险真空期。

(2)因标的转让需增加保费或解除合同的,保险人必须在收到转让通知之日的30天内作出,否则视弃权。

(3)过户未批改的拒赔,须满足转让导致保险标的危险程度显著增加。

3. 投保人投保时需要携带的证件

投保人购买机动车辆保险时,务必带好以下所需证件:

(1)驾驶证,驾驶证必须在有效期内。

(2)车辆行驶证,车辆行驶证必须在有效期内。

(3)续保车辆,需带上年度保单正本。

(4)新保车辆,需带齐车辆合格证及购车发票。
(5)本人的身份证复印件(户口本)。
(6)如果是单位法人的话还需要营业执照复印件。
(7)新车保险需要车辆合格证。

(二)保险人

保险人是指与投保人订立保险合同,并按照合同约定承担赔偿或者给付保险金责任的保险公司。

注意: 因为保险合同是由投保人和保险人直接订立的,所以,投保人和保险人又称合同的当事人。

友情小贴示

保险公司有哪几种形式?
(1)财产保险公司
主要经营业务:财产损失险+责任保险+信用保险。
(2)人寿保险公司
主要经营业务:人寿保险+健康保险+意外伤害保险。
(3)再保险公司
主要经营业务:分出保险+分入保险。

在我国,保险公司采取股份有限公司和国有独资公司的组织形式。设立保险公司的最低注册资本金为人民币2亿元。我国《保险法》规定,保险人不得同时经营财产保险业务和人身保险业务,但是,经营财产保险业务的保险公司经保险监督管理机构核定,可以经营短期健康保险业务和意外伤害保险业务。

二、汽车保险合同订立的程序

汽车保险合同是投保人与保险人约定保险权利与义务关系的协议。汽车保险合同的订立应当遵循公平互利、双方自愿、协商一致的原则,不得损害社会公共利益。除法律、行政法规规定必须保险的以外,保险公司和其他单位不得强制他人订立保险合同。

商业汽车保险合同的订立和其他商业合同一样,采取要约与承诺的方式订立。汽车保险合同的订立程序如图3-3所示。

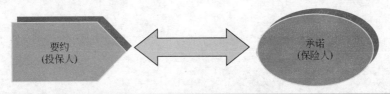

图3-3 汽车保险合同订立的程序

在初次订立汽车保险合同的过程中,通常由投保人提出要约申请,投保人的要约必须采取书面形式即填写保险投保单,投保人填写投保单是汽车保险合同订立的一个必经程序。

保险人在接到投保人的要约申请后,如果赞同则签发正式的保险合同。如果保险人对投保人的要约不是完全赞同,而是有修改、部分或者有条件地接受,则不能认为是承诺,而是拒绝原要约,提出新的要约,这时候的要约人是保险人,承诺人则是投保人。由此可见,汽车保险合同的订立有时候要经历一个甚至几个要约和承诺的循环才能够完成。

三、最大诚信原则

任何一项民事活动,各方当事人都应遵循诚信原则,诚信原则是世界各国立法对民事、商事活动的基本要求。由于保险经营活动中信息的不对称,要求当事人具有"最大诚信"。

最大诚信原则的内容包括:告知、保证、弃权和禁止反言四项。其中,"告知"对合同双方均有约束,"保证"只约束投保人或被保险人,而"弃权"和"禁止反言"约束的是保险人。

(一)告知

投保人有如实告知义务,它包括合同订立时、标的的危险程度显著增加时、标的转让时、重复保险时和事故发生时的告知义务。保险人有说明义务。

1. 投保时的告知义务

(1)投保人在投保时的告知义务。

在保险合同订立时,投保人应将那些足以影响保险人决定是否承保和确定费率的重要事实如实告知保险人。如在财产保险中,应将保险标的的价值、品质和风险状况等如实告知保险人。但我国采用的是"询问回答告知"方式。《保险法》第十六条第一款规定:"订立保险合同,保险人就保险标的或者被保险人的有关情况提出询问的,投保人应当如实告知。"当然,询问的方式包括口头形式与书面形式。

友情小贴示

投保人应告知的内容:

(1)《〈保险法〉司法解释(二)》第五条规定:保险合同订立时,投保人明知的与保险标的或者被保险人有关的情况,属于保险法第十六条第一款规定的投保人"应当如实告知"的内容。

(2)《〈保险法〉司法解释(二)》第六条规定:投保人的告知义务限于保险人询问的范围和内容。当事人对询问范围及内容有争议的,保险人负举证责任。保险人以投保人违反了对投保单询问表中所列概括性条款的如实告知义务为由请求解除合同的,人民法院不予支持。但该概括性条款有具体内容的除外。

(3)《最高人民法院关于审理保险纠纷案件若干问题的解释》第九条规定:保险法第十六条规定的投保人"如实告知义务"仅限于保险人"提出询问"的投保人知道或者应当知道的事项。保险人设计的投保单和风险询问表,视为保险人"提出询问"的书面形式。告知义务的履行限于保险合同成立前。保险合同成立后,投保人、被保险人履行告知义务的,保险人没有异议的,保险人不得因此解除合同。

特别提示

投保人未履行告知义务的后果：

(1)如果投保人故意或重大过失未履行如实告知并且足以影响保险人决定是否同意承保或者提高保险费率的,保险人有权解除合同。但保险法司法解释(二)第七条又规定:保险人在保险合同成立后知道或者应当知道投保人未履行如实告知义务,仍然收取保险费,又依照保险法第十六条第二款的规定主张解除合同的,人民法院不予支持。

(2)如果投保人故意未履行如实告知义务,对于合同解除前发生的保险事故,不承担赔偿或者给付保险金的责任,并不退还保险费;如果投保人因重大过失未履行如实告知义务并且对保险事故的发生有严重影响的,保险人对于合同解除前发生的保险事故,不承担赔偿或者给付保险金的责任,但应当退还保险费。但《〈保险法〉司法解释(二)》第八条又规定:保险人未行使合同解除权,直接以存在保险法第十六条第四款、第五款规定的情形为由拒绝赔偿的,人民法院不予支持。但当事人就拒绝赔偿事宜及保险合同存续另行达成一致的情况除外。

《最高人民法院关于审理保险纠纷案件若干问题的解释》第十条规定:保险法第十六条第五款(上述条款)规定的"严重影响",是指未告知的事项为发生保险事故主要的、决定性的原因。如果保险事故的发生并非投保人未告知的重大事项引起,可以认定该未告知的事项对保险事故的发生没有"严重影响",保险人不得以投保人未告知为由解除保险合同或者不承担保险责任。

(3)如果保险人在合同订立时已经知道投保人未如实告知的情况的,保险人不得解除合同;发生保险事故的,保险人应当承担赔偿或者给付保险金的责任。

(4)但保险公司的合同解除权,自保险人知道有解除事由之日起,超过三十日不行使而消灭。自合同成立之日起超过二年的,保险人不得解除合同。

(2)保险人在投保时的告知义务。

保险人在投保时有明确说明义务,即不仅要列明在合同中,而且要对主要条款、责任免除等做出提示解释。订立保险合同时,如果保险人提供的是格式条款的,保险人向投保人提供的投保单应当附格式条款;保险人应当在投保单、保险单或其他保险凭证上作出足以引起投保人注意的提示;保险人应当向投保人说明合同的内容,对免责条款内容要求以书面或口头形式向投保人作明确说明,未作提示或者明确说明的,该条款不产生效力。

《最高人民法院关于审理保险纠纷案件若干问题的解释》第十一条规定:《保险法》第十七条(上述条款)中的"明确说明"是指,保险人在与投保人签订保险合同时,对于保险合同中所约定的有关保险人责任免除条款,应当在保险单上或者其他保险凭证上对有关免责条款做出能够足以引起投保人注意的提示,并且应当对有关免责条款的内容以书面或口头形式向投保人做出解释。保险人对是否履行了明确说明义务承担举证责任。保险合同中免责条款本身,不能证明保险人履行了说明义务。保险公司的分支机构与投保人订立保险合同时,不因其他分支机构已与该投保人订立有同类保险合同而可以不履行《保险法》第十七条规定的"明确说明"义务。

《最高人民法院关于审理保险纠纷案件若干问题的解释》第十三条规定:保险合同中约定有关保证条款的,保险人应当参照《保险法》第十七条的规定在订立合同时向投保人或者被保险人明确说明,未明确说明的,该条款不产生效力。

 特别提示

(1)《〈保险法〉司法解释(二)》第九条规定:保险人提供的格式合同文本中的责任免除条款、免赔额、免赔率、比例赔付或者给付等免除或者减轻保险人责任的条款,可以认定为保险法第十七条第二款规定的"免除保险人责任的条款"。保险人因投保人、被保险人违反法定或者约定义务,享有解除合同权利的条款,不属于保险法第十七条第二款规定的"免除保险人责任的条款"。

(2)《〈保险法〉司法解释(二)》第十条规定:保险人将法律、行政法规中的禁止性规定情形作为保险合同免责条款的免责事由,保险人对该条款作出提示后,投保人、被保险人或者受益人以保险人未履行明确说明义务为由主张该条款不生效的,人民法院不予支持。

(3)《〈保险法〉司法解释(二)》第十一条规定:保险合同订立时,保险人在投保单或者保险单等其他保险凭证上,对保险合同中免除保险人责任的条款,以足以引起投保人注意的文字、字体、符号或者其他明显标志作出提示的,人民法院应当认定其履行了保险法第十七条第二款规定的提示义务(注:《保险法》只明确了保险人的提示义务,而《司法解释二》则进一步明确了保险人提示的形式,即保险人可以用文字、字体、符号或者其他明显标志作出提示)。保险人对保险合同中有关免除保险人责任条款的概念、内容及其法律后果以书面或者口头形式向投保人做出常人能够理解的解释说明的,人民法院应当认定保险人履行了保险法第十七条第二款规定的明确说明义务(注:《保险法》只明确了保险人的提示和说明义务,而《司法解释二》则进一步明确了保险人说明义务的具体含义及标准,即要作出解释说明且解释要做到常人能够理解,而不仅仅做到投保人能理解)。

(4)《最高人民法院关于审理保险纠纷案件若干问题的解释》第八条规定:保险人根据《保险法》第十七条第一款的规定,向投保人说明保险合同条款内容时,应当以普通人能够理解的程度为限,但是可以根据投保人的投保经验作不同程度的解释。

《〈保险法〉司法解释(二)》第十三条规定:"投保人对保险人履行了符合本解释第十一条第二款要求的明确说明义务在相关文书上签字、盖章或者以其他形式予以确认的,应当认定保险人履行了该项义务。但另有证据证明保险人未履行明确说明义务的除外。"因此,为了避免保险人以后的艰难举证,仅有"投保人声明栏"中投保人的签名/盖章是远远不够的,因为"投保人声明栏"中只有"保险人已将保险条款向本人做了明确说明"的字样,而并没有关于如何做了明确说明的内容,为此,保险公司最好制作一份"保险人免责条款说明"并一式两份,预留投保人签字的栏目并递交投保人签字后,保险人保留一份并附在保险合同中,以此作为保险公司已履行了明确说明义务的书面凭证。

【案例3-3】　险公司履行了明确说明义务合同有效

2011年4月20日，郑某为其所有的车辆向平安财险北京分公司投保了车辆保险，保险期限自2011年5月25日零时起至2012年5月24日24时止。2011年11月23日19时30分，郑某的母亲邵某驾驶被保险车辆外出至G102线830km+150m时，因路面有冰雪造成车辆侧滑，撞到路边护栏上，导致车辆损坏、邵某受轻伤。铁岭县交警大队认定邵某承担全部责任。2011年11月24日，铁岭市汽车维修救援中心将保险车辆拖至北京五环某4S店，发生拖车费7500元。2012年1月24日，该店出具修车明细，预估修车总价为198047.27元。

郑某向保险公司申请索赔，保险公司经向当事人详细询问，了解到车辆出险时，驾驶人邵某所持驾驶证超过有效期，根据保险条款约定保险公司不承担赔偿责任，故不同意郑某的诉讼请求，向郑某送达了《机动车辆保险拒赔通知书》。郑某认为保险合同合法有效，保险公司的行为违反合同约定，故起诉要求保险公司向郑某给付车辆损失198047.27元、拖车费7500元、租车费12000元，并承担本案诉讼费用。

双方争议的焦点主要有两个，一是保险事故发生时，邵某持有的驾驶证是否在有效期内；二是郑某在投保时，保险公司是否对于包括免责条款在内的保险条款向郑某履行了明确说明义务。法院经审理查明：在保险公司提交的《机动车辆投保单》上，邵某代理郑某对于投保人声明栏内"本人确认已经收到了《平安机动车辆保险条款》，且贵公司已向本人详细介绍了条款的内容，特别就黑体字部分的条款内容和手写或打印版的特别规定内容做了明确说明，本人已完全理解并同意投保"的内容签字予以确认，且上述字体采取足以引起投保人注意的加粗加黑字体方式印刷，应当认定平安保险公司已经履行了法定的明确说明义务。法院认定，郑某与保险公司之间的保险合同为有效合同，包括免责条款在内的保险条款构成保险合同的组成部分，对各方当事人均具有约束力。

经法院调查，被保险车辆驾驶人邵某持有的机动车驾驶证所载初次领证日期为2005年11月16日，驾驶证有效期为6年，于2011年11月16日到期。邵某于2011年11月25日换领新驾驶证，未按规定换领新驾驶证，而保险事故的发生时间为2011年11月23日。据此可以认定保险事故发生时，邵某持有的驾驶证已经超过有效期。保险公司根据条款中约定的"发生事故时，保险车辆驾驶人的驾驶证丢失、损毁、超过有效期或被依法扣留、暂扣期间或计分达到12分，仍驾驶机动车的，保险公司不负赔偿责任"的约定予以拒赔，法院予以支持。根据《保险法》第十条、第十七条的规定，判决驳回郑某的诉讼请求。

【法理分析】

2009版《保险法》第十七条第二款规定："对保险合同中免除保险人责任的条款，保险人在订立合同时应当在投保单、保险单或者其他保险凭证上作出足以引起投保人注意的提示，并对该条款的内容以书面或者口头形式向投保人作出明确说明；未作提示或者明确说明的，该条款不产生效力。"据此说明，保险人对"免责条款"在保险单或者其他保险凭证上有提示义务和采用口头或书面形式的说明义务，但法律并没有对保险人说明义务的具体含义及标准进行明确。

《最高人民法院研究室关于对〈保险法〉第十七条规定的"明确说明"应如何理解的问题的答复》（以下简称《答复》）中明确规定，这里的"明确说明"是指保险人在与投保人签订保险合同之前或者签订保险合同之时，对于保险合同中所约定的免责条款，除了在保险单上提示投保人注意外,还应当对有关免责条款的概念、内容及其法律后果等,以书面或者口头形式向投保人或其代理人作出解释,以使投保人明了该条款的真实含义和法律后果。据此说明,《答复》规定了保险人对"免责条款"说明义务的具体含义,但仍未涉及说明的具体标准。

2013年6月8日起施行的《〈保险法〉司法解释(二)》第十一条第二款规定:"保险人对保险合同中有关免除保险人责任条款的概念、内容及其法律后果以书面或者口头形式向投保人作出常人能够理解的解释说明的,人民法院应当认定保险人履行了保险法第十七条第二款规定的明确说明义务。"据此说明,保险人的解释说明标准是既要作出解释说明且解释要做到常人能够理解,不仅仅做到投保人能理解。

本案中,由于郑某和保险公司签订保险合同的行为发生在2011年,显然只适用于2009版《保险法》中的规定,而不适用于"保险法司法解释(二)"。而邵某与郑某为母子关系,从邵某代理人郑某在投保单的声明栏内签字确认的情况可以看出,保险公司在履行明确说明义务方面做得比较规范,所以法院认定保险公司已经履行了法定的明确说明义务是合理合法的。

但如果该保险合同的签订是发生在2013年6月8日实施的《〈保险法〉司法解释(二)》之后,投保单声明栏内邵某的签字行为并不意味着保险人已完全履行了明确说明义务,因为由邵某签过名的声明栏只代表保险公司对免责条款作过解释说明,但并没有关于如何做明确说明的内容,一旦发生争议,保险人将很难举证自身履行了该项义务。

2. 合同成立后的告知义务

由于在保险实务中一般采用的是狭义的告知,所以,在保险合同成立后的告知一般被称为通知。

(1)投保人在保险合同成立后的告知义务。

投保方在下列四种情况下有通知义务:

①标的的危险程度显著增加时应及时通知保险人。

《保险法》第五十二条规定:在合同有效期内,保险标的的危险程度显著增加的,被保险人应当按照合同约定及时通知保险人,保险人可以按照合同约定增加保险费或者解除合同。保险人解除合同的,应当将已收取的保险费,按照合同约定扣除自保险责任开始之日起至合同解除之日止应收的部分后,退还投保人。

被保险人未履行前款规定的通知义务的,因保险标的的危险程度显著增加而发生的保险事故,保险人不承担赔偿保险金的责任。

《最高人民法院关于审理保险纠纷案件若干问题的解释》第二十五条规定:在合同有效期内,保险标的危险程度显著增加,被保险人未通知保险人的,保险人对与保险标的危险程度显著增加无关的因素而发生的保险事故应承担保险责任,保险人不得依据保险法第五十二条的规定以被保险人未履行"通知"义务为由拒绝承担保险责任。

②标的转让时被保险人或受让人应及时通知保险人。

③事故发生后应当及时通知保险人。

《保险法》第二十一条规定:投保人、被保险人或者受益人知道保险事故发生后,应当及时通知保险人。故意或者因重大过失未及时通知,致使保险事故的性质、原因、损失程度等难以确定的,保险人对无法确定的部分,不承担赔偿或者给付保险金的责任,但保险人通过其他途径已经及时知道或者应当及时知道保险事故发生的除外。

《最高人民法院关于审理保险纠纷案件若干问题的解释》第十五条规定：投保人、被保险人或者受益人知道保险事故发生后，在合理的时间内通知保险人，即履行了保险法第二十一条第一款规定的"及时通知"义务。未及时通知的，不影响保险人的保险责任，但保险合同另有约定的除外。保险人以未及时为由不承担责任的主张，人民法院不予支持。

④重复保险时应将有关情况通知保险人。

《保险法》第五十六条第一款规定："重复保险的投保人应当将重复保险的有关情况通知各保险人。"

（2）保险人在保险合同成立后的告知义务。

保险人在下列三种情况下有告知义务：

①对于不属于保险责任的，保险人在拒赔时应当在作出核定之日的3日内向被保险人或受益人发出拒赔通知书，并说明拒赔理由。

《保险法》第二十四条规定："保险人依照本法第二十三条的规定作出核定后，对不属于保险责任的，应当自作出核定之日起三日内向被保险人或者受益人发出拒绝赔偿或者拒绝给付保险金通知书，并说明理由。"

②要求被保险人补充的索赔材料必须及时一次性明确告知。

《保险法》第二十二条第二款规定："保险人按照合同的约定，认为有关的证明和资料不完整的，应当及时一次性通知投保人、被保险人或者受益人补充提供。"

③保险公司解除合同时应当书面通知对方。

《最高人民法院关于审理保险纠纷案件若干问题的解释》第七条规定：保险合同成立后，当事人一方依据保险法和本解释主张解除合同的，应当书面通知对方，保险合同自通知书送达对方时解除。协议解除的，保险合同自达成解除合同的协议时解除。合同另有约定的，依约定。

(二) 保证

所谓保证是指保险人要求投保人或被保险人对某一事项的作为或不作为或对某种事态的存在或不存在作出许诺。保证是保险人签发保险单或承担保险义务，要求投保人或被保险人必须履行某种义务的条件，其目的在于控制风险，确保保险标的及周围环境处于良好的状态中。保证的内容属于保险合同的重要条款之一。

1. 保证的形式及内容

根据保证存在的形式可分为明示保证和默示保证两种。在大多数保险中均采用明示保证方式，即以文字或书面的形式直接在合同中载明。而默示保证在海上保险中运用比较多。如海上保险的默示保证有三项：船舶的适航保证、不得绕航保证和航行合法保证。

2. 投保人违反保证的法律后果

在保险活动中，由于保证的事项均属于重要事实，因而被保险人一旦违反保证的事项，保险合同即告失效，或保险人拒绝赔偿损失或给付保险金，而且，除人寿保险外，保险人一般不退还保险费。

《最高人民法院关于审理保险纠纷案件若干问题的解释》第十二条规定：保险合同的当事人可以根据《保险法》第五条（注：保险活动当事人行使权利、履行义务应当遵循诚实信用原则)和第二十条第一款(注:投保人和保险人可以协商变更合同内容)的规定,在保险合同中约定,被保险人违反保险合同中的保证条款时,保险人可以自被保险人违反保证条款之时解除保险合同,也可以要求修改承保条件、增加保险费,或者免除保险责任或者减轻保险责任。保险合同中投保人、被保险人以书面承诺为一定行为或不行为或者保持某种状况的内容视为保险合同中的保证条款。被保险人为无民事行为能力人和限制民事行为能力人的,不受该保险合同中保证条款约束。但是,被保险人的监护人有过错的,应当免除或者减轻保险人的责任。

(三) 弃权与禁止反言

1. 弃权

弃权是指保险人放弃法律或合同中规定可以主张的某种权利(通常是合同解除权与抗辩权)。构成弃权的要件是:保险人有弃权的意思表示、保险人必须知道有权利存在。

2. 禁止反言

禁止反言是指保险人已放弃某种权利,日后不得再向被保险人主张这种权利。

【案例3-4】 保险代理人误将进口车以国产车计收保费,出现后双方责任如何划定

某建筑公司以奔驰轿车江苏H-60900向江苏省盐城市郊区某保险代办处投保机动车辆保险。承保时,保险代理人误将该车以国产车计收保费,少收保费482元。合同生效后,保险公司发现这一情况,立即通知投保人补缴保费,但被拒绝。无奈下,保险公司单方面向投保人出具了保险批单,批注:"如果出险,我司按比例赔偿。"合同有效期内,该车出险,投保人向保险公司申请全额赔偿。试回答下列问题:

【法理分析】

(1)投保人是否履行了如实告知义务?

因为投保人是以奔驰轿车为标的进行投保的,而少收保费是由于保险代理人误将奔驰车当成了国产车,所以,投保人已履行了如实告知义务,其责任在于代理人而非投保人。

(2)保险代理人明知是奔驰车却不以进口车收费,而是以国产车收取保费,其行为在法律上属于最大诚信原则中的___C___。

  A.告知   B.保证   C.弃权   D.禁止反言

(3)保险人单方出具保险批单的反悔行为在法律上属于违反最大诚信原则中的___D___。

  A.告知   B.保证   C.弃权   D.禁止反言

(4)保险公司应该全额赔偿,还是按比例赔偿?

保险公司应全额赔偿。因为:①该合同自始至终具有法律效力;②该代理属于表见代理,其代理人的行为应由保险人承担责任;③保险人单方出具保险批单的反悔行为属于违反最大诚信原则中的禁止反言,没有法律效力,不影响合同的履行;④保险费率是保险代理人在业务操作中所必须准确掌握的,保险代理人具有提供准确适用费率的义务。

所以,法律上,保险人少收保费的损失应由负有过错的保险代理人承担,不能因投保人少交保费而按比例赔偿。否则,有违于民事法律中的过错责任原则,使责任主体与损失承担主体错位。

四、汽车保险投保单的填写

(一)汽车保险投保单填写的一般规则

投保单内容是保险合同的重要组成部分。如果投保人填写的投保单不符合要求,保险公司将该投保单作退单处理。因此,投保人在填写投保单之前又必须要知道保险公司投保单的一些填写规则。

(1)投保单须使用黑色钢笔或黑色签字笔填写。

(2)投保单填写一律用简体字,不得使用繁体字和变体字。

(3)投保单要求保持整洁,不得随意折叠、涂改和使用修改液,否则视为无效,需要更换投保单。

(4)投保单填写时应字迹清晰、字体工整、字与字之间保持一定间距。内容要求填写完整、不能有空项,不可遗漏、不能涂改。如有更改,应让投保人或被保险人在更改处签字盖章。

投保人认真填写好投保单并确认无误后,在投保人签章处签章。

友情小贴士

我国《保险法》规定,机动车辆保险实行一车一单,如果投保人所投保的车辆较多,需要加填"机动车辆投保单附表",同时在投保单特约栏处填写其他投保车辆"详见附表"字样,然后在附表上逐一填写所有投保车辆的有关内容。

(二)汽车保险投保单填写的具体规则

1. 初次登记年月

用车辆的初次登记年月来确定车龄。初次登记年月是理赔时确定保险车辆实际价值的重要依据。初次登记年月应按照车辆行驶证上的"登记日期"填写。

2. 车辆购置价

车辆购置价是确定车辆保险金额的重要依据。汽车保险是足额保险。车辆的购置价包括裸车价格和购买车辆所缴纳的车辆购置税。

3. 车辆使用性质

车辆的使用性质与保险费挂钩,所以投保人要仔细填写。如果投保人的车辆使用性质发生改变,则被保险人要通知保险公司,办理保险合同内容的变更;否则,在发生保险事故时,容易遭到保险公司的拒赔。

4. 座位/吨位

机动车辆投保单上的座位/吨位根据行驶证注明的座位和吨位填写。客车填座位,货车填吨位。客货两用车填写座位/吨位。如 BJ630 客车填"16/",解放 CA141 货车填"/5",丰田 DYNA 客货两用车填写"5/1.75"。

5. 保险费

1)交强险的保险费

交强险即机动车交通事故责任强制保险是强制性险种,是有车一族必须购买的险种。交强险实行全国统一的保险费率。交强险的保险费见学习任务2中的表2-3、表2-4、表2-5所示。

2)商业险保险费的计算

(1)保费计算公式。

$$商业车险保费 = 基准保费 \times 费率调整系数$$

$$基准保费 = 基准纯风险保费 / (1 - 附加费用率)$$

其中,基准纯风险保费为投保各主险与附加险基准纯风险保费之和。附加费用率设置为35%。

$$费率调整系数 = 无赔款优待系数 \times 自主核保系数 \times 自主渠道系数$$

①无赔款优待系数根据历史赔款记录,按照无赔款优待系数对照表进行费率调整。由中国保险行业协会统一制定颁布,由行业平台自动返回。

②自主核保系数因子由险别系数、业务类型系数、车队管理系数、特殊车型系数、客户信息采集充足度系数组成,具体系数值详见费率调整系数。

③自主渠道系数在0.85~1.15区间内使用。

(2)费率表结构。

①机动车损失保险基准纯风险保费表,由中国保险行业协会统一制定、颁布并定期更新。

②第三者责任保险、车上人员责任保险、全车盗抢保险、玻璃单独破碎险,分地区列示。

③附加险,合并列示在"机动车综合商业保险产品基准纯风险保费表 - 附加险"。

④费率调整系数列示在"机动车综合商业保险产品费率调整系数表"。

⑤机动车损失保险可选绝对免赔额系数表,列示在"机动车综合商业保险产品基准纯风险保费表 - 机动车损失保险可选绝对免赔额系数表"。

3)基准纯风险保费使用说明

(1)特种车损失保险。

①当投保时被保险特种车的实际价值等于新车购置价减去折旧金额时,根据被保险特种车车辆使用性质、车辆种类、车型名称、车型编码、车辆使用年限所属档次,直接查询基准纯风险保费。

以表3-2为例,说明特种车损失保险基准纯风险保费的查询方法。

特种车损失保险基准纯风险保费表　　　　　表3-2

车辆使用性质	车辆种类	车型名称	车型编码	特种车损失保险基准纯风险保费			
				车辆使用年限			
				1年以下	1~2年	2~6年	6年以上
特种车	特种车型一	豪泺 ZZ4257N3247C1	BZGBHNUA0066	4006	3970	3934	4006
特种车	特种车型二	陕汽 SX5255GJBJR404	BSQBDMUA0346	2217	2214	2188	2217
特种车	特种车型三	华东 CSZ5046XYCF	BHDBYDUA0058	1013	1000	986	1013
特种车	特种车型四	陕汽 SX4185TM351	BSQBAMUA0003	2699	2670	2640	2699

【案例3-5】 如山东地区一辆车龄为4年的"陕汽SX5255GJBJR404"投保车辆损失保险,

根据山东地区基准纯风险保费表查询该车对应的特种车损失保险基准纯风险保费为2188元。

②当投保时被保险特种车的实际价值不等于新车购置价减去折旧金额时,考虑实际价值差异的特种车损失保险基准纯风险保费,按下列公式计算:

考虑实际价值差异的特种车损失保险基准纯风险保费 = 直接查找的特种车损失保险基准纯风险保费 + (协商确定的特种车实际价值 − 新车购置价减去折旧金额后的特种车实际价值) × 0.09%。

【案例3-6】 如山东地区一辆车龄为4年的"陕汽SX5255GJBJR404"投保车辆损失保险,该车使用4年后新车购置价减去折旧金额后的特种车实际价值为21.4万元,如果客户要求约定实际价值为25万元,则据上表示例,查表得到该车的特种车损失保险基准纯风险保费为2188元;所以该车考虑实际价值差异的特种车损失保险基准纯风险保费 = 2188 + (250000 − 214000) × 0.09% = 2220元。则该车考虑实际价值差异的基准纯风险保费为2220元。

(2)第三者责任保险。

根据被保险机动车辆使用性质、车辆种类、责任限额直接查询基准纯风险保费。以江西地区为例,第三者责任险基准纯风险保费如表3-3所示。

第三者责任险基准纯风险保费表(江西)(单位:元) 表3-3

车辆使用性质	车辆种类	第三者责任保险										
		5万	10万	15万	20万	30万	50万	100万	150万	200万	300万	500万
家庭自用汽车	6座以下	624.55	757.90	863.85	939.25	1059.50	1271.40	1656.20	1900.68	2111.72	2521.14	3314.65
	6~10座	564.85	795.60	899.60	969.80	1086.80	1293.50	1684.80	1933.72	2148.43	2564.97	3372.28
	10座以下	564.85	795.60	899.60	969.80	1086.80	1293.50	1684.80	1933.72	2148.43	2564.97	3372.28
企业非营业客车	6座以下	540.80	761.80	861.90	929.25	1040.65	1238.25	1613.30	1804.93	1992.12	2355.27	3059.10
	6~10座	569.40	810.55	919.75	994.50	1117.35	1333.80	1737.45	1944.21	2145.84	2537.00	3295.13
	10~20座	634.40	904.80	1027.65	1113.45	1251.90	1497.60	1950.00	2182.97	2409.36	2848.56	3699.78
	20座以上	619.45	912.60	1047.15	1145.30	1300.65	1569.75	2044.90	2288.14	2525.44	2985.80	3878.05
党政机关、事业团体非营业客车	6座以下	497.90	702.00	793.65	856.05	958.75	1140.75	1485.90	1662.81	1835.26	2169.81	2818.23
	6~10座	477.10	672.10	760.50	819.65	918.45	1093.30	1423.50	1593.65	1758.92	2079.54	2700.96
	10~20座	569.40	801.45	906.75	977.60	1094.60	1303.25	1697.15	1899.68	2096.69	2478.89	3219.65
	20座以上	678.60	954.85	1080.30	1164.80	1304.55	1552.85	2022.15	2263.51	2498.25	2953.65	3836.27
非营业货车	2吨以下	520.00	731.90	828.10	892.45	999.70	1190.15	1550.25	1894.72	2142.58	2623.43	3555.38
	2~5吨	767.65	1109.55	1265.55	1376.05	1553.50	1864.85	2429.05	2968.84	3357.21	4110.65	5570.92
	5~10吨	887.27	1264.90	1435.85	1554.15	1747.95	2088.45	2718.95	3324.81	3759.75	4603.53	6238.91
	10吨以上	1069.90	1507.35	1704.30	1837.55	2057.90	2450.50	3190.20	3901.20	4411.53	5401.57	7320.41
	低速载货汽车	441.35	622.05	703.95	758.55	848.90	1012.05	1317.55	1611.18	1821.95	2230.84	3023.34

续上表

车辆使用性质	车辆种类	第三者责任保险										
		5万	10万	15万	20万	30万	50万	100万	150万	200万	300万	500万
出租、租赁营业客车	6座以下	1183.65	1768.20	2075.45	2271.75	2635.10	3339.05	4392.05	5343.56	6043.72	7402.03	10034.63
	6~10座	1282.45	1935.70	2249.65	2461.55	2856.10	3619.85	4761.25	5792.93	6551.98	8024.54	10878.57
	10~20座	1339.00	2054.00	2400.45	2640.30	3078.40	3921.45	5159.05	6275.59	7097.88	8693.12	11784.93
	20~36座	1872.65	2958.15	3487.90	3872.05	4557.15	5855.20	7701.20	9370.22	10597.99	12979.86	17596.28
	36座以上	2165.15	3343.60	3915.60	4316.65	5045.95	6441.50	8472.75	10308.49	11659.20	14279.58	19358.25
城市公交营业客车	6~10座	1257.75	1898.00	2206.10	2413.45	2800.20	3549.00	4668.30	5679.55	6423.74	7867.47	10665.62
	10~20座	1382.20	2087.15	2427.10	2655.25	3080.35	3904.55	5135.00	6248.54	7067.29	8655.67	11734.17
	20~36座	1994.85	3066.05	3586.05	3947.45	4606.55	5872.75	7724.60	9398.30	10629.75	13018.76	17649.02
	36座以上	1983.15	3132.35	3694.60	4100.85	4824.95	6199.70	8154.90	9921.53	11221.54	13743.56	18631.60
公路客运营业客车	6~10座	1230.45	1857.05	2159.30	2361.45	2741.05	3472.95	4568.85	5557.84	6286.08	7698.87	10437.05
	10~20座	1353.95	2042.95	2375.10	2598.70	3014.70	3820.70	5025.80	6114.36	6915.52	8469.77	11482.13
	20~36座	2072.20	3127.85	3635.45	3977.35	4615.65	5849.35	7693.40	9360.85	10587.40	12966.91	17578.74
	36座以上	2237.30	3376.10	3925.35	4293.90	4982.65	6314.10	8305.70	10104.61	11428.60	13997.14	18975.34
营业货车	2吨以上	922.35	1438.45	1691.95	1863.55	2194.40	2750.15	3592.55	4439.98	5033.32	6184.40	8415.36
	2~5吨	1534.65	2392.65	2814.50	3099.85	3649.65	4575.35	5975.45	7386.68	8373.80	10288.81	14000.38
	5~10吨	1695.85	2644.20	3110.90	3425.50	4033.65	5056.35	6604.00	8163.23	9254.12	11370.45	15472.19
	10吨以上	2520.70	3929.90	4624.10	5091.45	5994.95	7514.65	9815.65	12132.03	13753.30	16898.69	22994.54
	低速载货汽车	783.90	1222.65	1438.45	1584.05	1864.85	2338.05	3053.70	3774.67	4279.10	5257.69	7154.35

(3) 车上人员责任保险。

根据车辆使用性质、车辆种类、驾驶人/乘客,查询纯风险费率,具体计算公式如下:

驾驶人基准纯风险保费 = 每次事故责任限额 × 纯风险费率

乘客基准纯风险保费 = 每次事故每人责任限额 × 纯风险费率 × 投保乘客座位数

以江西地区为例,车上人员责任险基准纯风险费率如表3-4所示。

车上人员责任险基准纯风险费率表(江西)　　　表3-4

车辆使用性质	车辆种类	车上人员责任保险费率	
		驾驶人	乘客
家庭自用汽车	6座以下	0.2665%	0.1690%
	6~10座	0.2470%	0.1625%
	10座以上	0.2470%	0.1625%
企业非营业客车	6座以下	0.2730%	0.1690%
	6~10座	0.2535%	0.1495%
	10~20座	0.2535%	0.1495%
	20座以上	0.2665%	0.1625%

续上表

车辆使用性质	车辆种类	车上人员责任保险费率	
		驾 驶 人	乘 客
党政机关、事业团体非营业客车	6座以下	0.2600%	0.1625%
	6~10座	0.2470%	0.1495%
	10~20座	0.2470%	0.1495%
	20座以上	0.2600%	0.1625%
非营业货车	2吨以下	0.2990%	0.1820%
	2~5吨	0.2990%	0.1820%
	5~10吨	0.2990%	0.1820%
	10吨以上	0.2990%	0.1820%
	低速载货汽车	0.2990%	0.1820%
出租、租赁营业客车	6座以下	0.3250%	0.2015%
	6~10座	0.2665%	0.1625%
	10~20座	0.2795%	0.1690%
	20~36座	0.2795%	0.1690%
	36座以上	0.2795%	0.1690%
城市公交营业客车	6~10座	0.2730%	0.1690%
	10~20座	0.2860%	0.1755%
	20~36座	0.3250%	0.2015%
	36座以上	0.3250%	0.2015%
公路客运营业客车	6~10座	0.2730%	0.1690%
	10~20座	0.2860%	0.1755%
	20~36座	0.3250	0.2015
	36座以上	0.3250%	0.2015%
营业货车	2吨以下	0.4680%	0.2990%
	2~5吨	0.4680%	0.2990%
	5~10吨	0.4680%	0.2990%
	10吨以上	0.4680%	0.2990%
	低速载货汽车	0.4680%	0.2990%

（4）全车盗抢保险。

根据车辆使用性质、车辆种类，查询基础纯风险保费和纯风险费率，具体计算公式如下：

$$基准纯风险保费 = 基础纯风险保费 + 保险金额 \times 纯风险费率$$

以江西地区为例，全车盗抢险基准纯风险保费如表3-5所示。

全车盗抢险基准纯风险保费表(江西)(单位:元)　　表 3-5

车辆使用性质	车辆种类	全车盗抢保险 基础纯风险保费	纯风险费率
家庭自用汽车	6 座以下	78.00	0.2730%
	6～10 座	91.00	0.2860%
	10 座以上	91.00	0.2860%
企业非营业客车	6 座以下	78.00	0.2535%
	6～10 座	84.50	0.2990%
	10～20 座	84.50	0.2925%
	20 座以上	91.00	0.3510%
党政机关、事业团体非营业客车	6 座以下	71.50	0.2340%
	6～10 座	78.00	0.2795%
	10～20 座	78.00	0.2795%
	20 座以上	84.50	0.3250%
非营业货车	2 吨以下	84.50	0.3250%
	2～5 吨	84.50	0.3250%
	5～10 吨	84.50	0.3250%
	10 吨以上	84.50	0.3250%
	低速载货汽车	84.50	0.3250%
出租、租赁营业客车	6 座以下	65.00	0.2600%
	6～10 座	58.50	0.2795%
	10～20 座	58.50	0.3055%
	20～36 座	52.00	0.3185%
	36 座以上	52.00	0.3445%
城市公交营业客车	6～10 座	39.00	0.2990%
	10～20 座	58.50	0.2795%
	20～36 座	58.50	0.3120%
	36 座以上	58.50	0.3380%
公路客运营业客车	6～10 座	39.00	0.3055%
	10～20 座	58.50	0.2925%
	20～36 座	52.00	0.3185%
	36 座以上	52.00	0.3445%
营业货车	2 吨以下	84.50	0.3250%
	2～5 吨	84.50	0.3250%
	5～10 吨	84.50	0.3250%
	10 吨以上	84.50	0.3250%
	低速载货汽车	84.50	0.3250%

(5)玻璃单独破碎险。

根据车辆使用性质、车辆种类、投保国产/进口玻璃,查询纯风险费率,具体计算公式如下:

$$基准纯风险保费 = 新车购置价 \times 纯风险费率$$

以江西地区为例,玻璃单独破碎险基准纯风险费率如表3-6所示。

玻璃单独破碎险基准纯风险费率表(江西)　　　表3-6

车辆使用性质	车辆种类	玻璃单独破碎险费率	
		国产玻璃	进口玻璃
家庭自用汽车	6座以下	0.1235%	0.2015%
	6~10座	0.1235%	0.2015%
	10座以上	0.1495%	0.2405%
企业非营业客车	6座以下	0.0975%	0.1690%
	6~10座	0.0910%	0.1625%
	10~20座	0.1040%	0.1885%
	20座以上	0.1105%	0.2015%
党政机关、事业团体非营业客车	6座以下	0.0910%	0.1690%
	6~10座	0.0910%	0.1625%
	10~20座	0.1040%	0.1885%
	20座以上	0.1040%	0.2015%
非营业货车	2吨以下	0.0715%	0.1105%
	2~5吨	0.0715%	0.1105%
	5~10吨	0.0715%	0.1105%
	10吨以上	0.0715%	0.1105%
	低速载货汽车	0.0715%	0.1105%
出租、租赁营业客车	6座以下	0.1300%	0.2080%
	6~10座	0.1235%	0.2080%
	10~20座	0.1365%	0.2340%
	20~36座	0.1690%	0.2860%
	36座以上	0.1885%	0.3120%
城市公交营业客车	6~10座	0.1300%	0.2080%
	10~20座	0.1430%	0.2340%
	20~36座	0.1755%	0.2990%
	36座以上	0.1950%	0.3250%
公路客运营业客车	6~10座	0.1300%	0.2145%
	10~20座	0.1430%	0.2470%
	20~36座	0.1755%	0.2990%
	36座以上	0.1950%	0.3250%

续上表

车辆使用性质	车辆种类	玻璃单独破碎险费率	
		国产玻璃	进口玻璃
营业货车	2 吨以下	0.0845%	0.1235%
	2~5 吨	0.0845%	0.1235%
	5~10 吨	0.0845%	0.1235%
	10 吨以上	0.0845%	0.1235%
	低速载货汽车	0.0845%	0.1235%

(6) 自燃损失险。

根据车辆使用性质、车辆使用年限,查找纯风险费率,具体计算公式如下:

$$基准纯风险保费 = 保险金额 \times 纯风险费率$$

(7) 新增加设备损失险。

其计算公式如下:

$$基准纯风险保费 = 保险金额 \times 机动车损失保险基础纯风险保费 / 机动车损失保险保险金额$$

(8) 车身划痕损失险。

根据车辆使用年限、新车购置价、保险金额所属档次,直接查询基准纯风险保费。

(9) 不计免赔率险。

根据适用的险种查找费率。不计免赔率险费率表适用险种一栏中未列明的险种,不可投保不计免赔率险。其计算公式如下:

$$基准纯风险保费 = 适用本条款的险种基准纯风险保费 \times 费率$$

(10) 发动机涉水损失险。

其计算公式如下:

$$基准纯风险保费 = 机动车损失保险基准纯风险保费 \times 费率$$

(11) 修理期间费用补偿险。

其计算公式如下:

$$基准纯风险保费 = 约定的最高赔偿天数 \times 约定的最高日责任限额 \times 纯风险费率$$

(12) 车上货物责任险。

根据营业货车、非营业货车,查询纯风险费率,具体计算公式如下:

$$基准纯风险保费 = 责任限额 \times 纯风险费率$$

(13) 精神损害抚慰金责任险。

其计算公式如下:

$$基准纯风险保费 = 每次事故赔偿限额 \times 纯风险费率$$

(14) 机动车损失保险无法找到第三方特约险。

其计算公式如下:

$$基准纯风险保费 = 机动车损失保险基准纯风险保费 \times 费率$$

(15) 指定修理厂险。

根据国产/进口车,对机动车损失保险基准纯风险保费进行相应的调整。其计算公式如下:

基准纯风险保费＝机动车损失保险基准纯风险保费×费率

6.特别约定条款

特别约定条款往往是保险合同成立、生效或者保险公司承担赔偿责任的前提条件。但是，通常被保险人在拿到保险单之后，不大会留意保险单中的特别约定条款，因此，由特别约定条款引起的保险纠纷也很多。

五、投保人在保险公司承保前变更投保单的处理

投保人在公司同意承保前要求变更投保要约的(不得变更投保人、被保险人。如变更投保人、被保险人的作撤单处理，退单退费，重新进单)，根据情况分别作如下处理：

（1）如变更投保险种、保险金额，须重填投保单，同时在新填投保单上注明原投保单号（客户忘记的，接单人员可协助查询）。

（2）其他情况，投保人填写《保险要约内容补充更正申请书》，并签名确认，涉及被保险人权益的(受益人的指定)需要被保险人签名确认。

友情小贴士

（1）投保人在办理完投保手续和交纳保险费后，要及时索要并认真核对保单正本和保费发票等重要单证。如有不符，及时通知保险公司。

（2）投保人要妥善保管保险单正本、保费发票等文件。

单元能力检测

任务模拟一

在单元二的学习情景中，赵先生及其妻子对其车辆是否具有保险利益？购买汽车保险时，赵先生及其妻子分别应该携带哪些证件？

任务模拟二

根据本单元所学内容，填写本学习任务中单元一的表3-1。

单元三 汽车保险合同的生效、变更与解除

单元要点

1. 汽车保险合同的生效;
2. 汽车保险合同的变更;
3. 汽车保险合同的解除与终止。

相关知识

汽车保险合同是保险人与投保人或被保险人就设立、变更、解除民事关系的协议。近年来,随着我国汽车保险业务的逐步扩大,汽车保险合同纠纷的案例越来越多,其焦点大多集中在保险人与投保人和被保险人的责任大小、保险合同是否成立与生效以及保险人是否应该承担责任和承担多少责任等问题上。因此,掌握汽车保险合同的一些基本知识,对解决汽车保险合同的纠纷具有十分重要的意义。

一、汽车保险合同的生效

赵先生拿到了保险公司签发的保险单的一个月后,赵先生因工作变动,车辆的行驶区域发生改变,这时候,赵先生向保险公司询问应该怎么办。如果赵先生的车辆中途变卖或者转让,赵先生又该怎么办呢?

（一）汽车保险合同的成立

因为保险合同是一个非要式、诺成性合同,所以当投保人提出要约,保险人承诺时保险合同即告成立。《保险法》(2009版)第十三条第一款规定:投保人提出保险要求,经保险人同意承保,保险合同成立。保险人应当及时向投保人签发保险单或者其他保险凭证。

在汽车保险实务中,保险人接到投保单,并经审核没有异议签字盖章后,保险合同即告成立。合同成立后才向投保人签发保险单或者其他保险凭证,并不是投保人拿到正式保单后才成立。

（二）汽车保险合同生效的时间

《保险法》第十三条第三款规定:依法成立的保险合同,自成立时生效。投保人和保险人可以对合同的效力约定附条件或者附期限。

(1) 投保人与保险人未就合同的效力约定期限或条件的,保险合同成立时就一并生效。

(2) 若投保人与保险人就合同的效力约定了期限,则始期到来时合同生效。

(3) 若投保人与保险人就合同的效力约定了条件,则自该条件成就时合同就生效。

友情小贴示

以往有保险公司自己约定生效。
(1)人身保险条款中通常会约定:"本合同自本公司同意承保、收取保险费并签发保险单的次日零时起生效"。
(2)财产保险条款中,一般不约定生效时间,而是在保险单中载明具体生效日期。
(3)团体保险的承保协议中约定自交付保险费后次日起生效。

 特别提示

以前,由于我国保险实务中普遍采用"零点起保",所以,保险合同的成立与生效往往不一致。保险合同成立后但尚未生效前发生的保险事故,保险人不承担保险责任。

但在全国实施《行业示范条款(2014版)》后,由于《行业示范条款(2014版)》重新对保单生效时间作了规定,即由"次日零时生效"改为"即时生效",允许投保人在"零时起保"或者"即时生效"之间作出选择。

二、汽车保险合同的变更

(一)汽车保险合同变更的概念

汽车保险合同的变更是指在保险合同期满之前,当事人根据情况的变化,依照法律规定的条件和程序,对保险合同的某些条款内容进行修改或补充。

汽车保险合同一般是一年期的合同,在保险合同的有效期限内,投保人、被保险人或车辆的情况难免发生一些变化,因而投保人或被保险人有变更保险合同的要求。我国《保险法》规定:"保险合同的变更须经合同双方协商同意,依照法律规定的条件和程序,采取书面的形式。变更的内容由保险人在原保险单上批注或附贴批单,或者投保人与保险人订立书面的变更协议。"

(二)汽车保险合同变更的形式

汽车保险合同的变更必须采用书面的形式,由合同双方协商一致。可以采用保险人事先准备好的附加条款,或者由保险人在原保险单上批注或者附贴批单,也可以由投保人和保险人双方就保险合同的变更问题签订专门的书面协议书。

保险合同经过变更后,变更部分的内容取代了原合同中被变更的内容,变更内容与原合同中未变更的内容构成了一个新的完整合同,合同双方当事人以变更后的合同履行各自的权利和义务。

(三)汽车保险合同的变更情况

1.汽车保险合同主体的变更

汽车保险合同主体的变更包括保险人的变更和被保险人的变更。当保险人发生破产倒闭、分立或合并时,被保险人可以要求变更保险人。在合同有效期内,被保险汽车发生转让、转卖或赠送时,该车保险合同是否有效取决于被保险人申请批改的情况,如果被保险人提出申请批改,保险人经过审核,签发批单同意,则原汽车保险合同继续有效,如果被保险人没有申请批改,则原汽车保险合同失效。具体流程见图3-3。

2.汽车保险合同内容的变更

汽车保险合同的变更除了主体的变更情况外,更多的情况下是汽车保险合同内容的变更,主要包括以下事项:

(1)保险金额的变更。如保险金额的增加或减少。

(2)险种的变更。如增加投保某种附加险等。

(3)保险车辆使用性质的变更。保险车辆增加或保险车辆危险程度的增加或减少。

(4)保险期限的变更。

(5)车辆种类或厂牌型号变更。

3.汽车保险合同变更的流程

汽车保险合同上面载明:"在保险期限内,如果被保险人要变更汽车保险合同的相关内容,则被保险人应当事先书面通知保险人并办理申请批改手续,否则,本保险合同无效。"汽车保险合同变更采取书面的形式。

被保险人办理汽车保险合同变更的程序见图3-4。

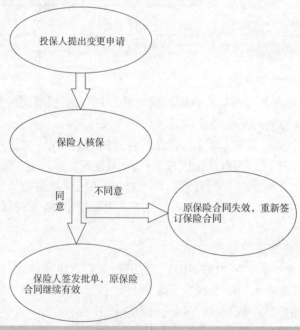

图3-4 被保险人办理汽车保险合同变更的程序

 友情小贴士

被保险人办理保险单的批改时,应该携带身份证(委托书、营业执照复印件)、保险单正本、保费发票、填具的批改申请书等文件。

三、汽车保险合同的解除与终止

(一) 汽车保险合同的解除

汽车保险合同的解除是指保险合同生效后、有效期满之前,合同一方当事人根据法律规定或当事人双方的约定行使解除权,从而提前结束合同效力的法律行为。

1. 交强险合同解除的情况

交强险是我国强制性险种,一般情况下,投保人不得解除机动车交通事故责任强制保险合同,但有下列情形之一的除外:

(1) 被保险机动车被依法注销登记的;

(2) 被保险机动车办理停驶的;

(3) 被保险机动车经公安机关证实丢失的。

交强险合同解除时,保险公司可以收取自保险责任开始之日起至合同解除之日止的保险费,剩余部分的保险费退还投保人。

2. 商业汽车保险合同解除的情况

投保人或被保险人可以在保险责任开始前和保险责任开始后提出提前解除合同。被保险人在保险责任开始后要求解除保险合同的,如果已经发生了保险事故,应该在保险人赔偿之日起30天内提出。

(1) 投保人解除保险合同的条件。在保险实务中,投保人可就以下原因提出解除保险合同:

①保险标的灭失。

②保险合同中约定的保险事故肯定不会发生。

③保险标的的价值减少。

④保险标的危险程度明显减少甚至消失。

我国保险法规定:投保人解除保险合同的,合同效力自解除之日起失效。

保险责任开始前,投保人要求解除合同的,应当向保险人支付手续费,保险人应当退还投保人所缴纳的保险费。保险责任开始后,投保人要求解除合同的,保险人可以收取自保险责任开始之日起至合同解除之日期间的保险费;剩余部分保险费,保险人应该退还给投保人。

(2) 保险人解除保险合同的条件。我国《保险法》规定:"除本法另有规定或者保险合同另有约定外,保险合同成立后,投保人可以解除合同,保险人不得解除保险合同。"由此可见,与投保人相比,法律对保险人行使合同解除的限制相对多一些,并对保险人解除保险合同应具备的法定条件做出了规定。我国商业险保险合同除了合同中另有约定外,保险人可以依据以下法定条件行使合同的解除权:

①在保险合同的有效期内,被保险人以欺诈等非法手段故意制造保险事故骗取保险赔偿款时,保险人可以解除合同。

②投保人故意隐瞒事实,不履行如实告知义务的,保险人对于保险合同解除前发生的保险事故,不承担赔偿责任,但要退还被保险人所缴纳的保险费。

③根据合同的规定,发生了保险人有权解除合同的情况。

(二)汽车保险合同的终止

汽车保险合同的终止,即汽车保险合同双方权利义务的灭失。汽车保险合同终止有以下几种情况:

1. 自然终止

自然终止即汽车保险合同的期限届满,保险人承担的责任终止。自然终止是保险合同终止最普遍、最基本的原因。

2. 解除终止

因解除终止的合同从解除合同的书面通知送达对方当事人时开始无效。汽车保险合同双方解除合同的情况在前面已经阐述。

3. 义务履行终止

当保险人的赔偿金额达到保险金额时,保险人的保险责任终止,保险合同终止。

4. 协议终止

汽车保险合同有效期内,合同双方当事人协商一致后提前终止合同。车辆所有权发生改变后,被保险人可以提出中途终止保险合同。

单元能力检测

任务模拟一

根据本单元所学知识,解决本单元开头学习情景中赵先生的问题。

任务模拟二

2006年6月,A某将一自有车辆向保险公司投保保险金额为8万元的车损险和赔偿限额为10万元的第三者责任险,保险期限为1年。双方达成协议后,A某正准备交费时发现自己钱未带足,因急于出车,他征得保险公司经办人员的同意,在交了应缴保险费的二分之一的情况下,把保险单取走,并承诺于次日补齐所有保费。但事后A某并未及时补交,保险人多次催收,A某均以人在外地为由不履行交费义务。投保后的第9天,A某驾驶保险车辆从外地赶回住地的途中,车辆发生倾覆,造成5万元的损失。事故发生后,A某立即向保险公司报案并索赔。

根据以上陈述,回答下列问题:

(1)此案中汽车保险合同的投保险人是_____,被保险人是_____。

(2)对于A某的索赔申请,你认为保险公司会赔偿吗?为什么?

评 价 反 馈

1. 自我评价

(1) 通过本学习任务的学习,你认为自己是否已经掌握汽车保险合同的相关知识并具备以下能力:

①是否能够根据汽车保险合同的订立程序,指导投保人订立保险合同?
_____
_____。

②是否能够根据投保单的填写规则,指导投保人正确填写投保单?
_____
_____。

③是否能够根据条款的规定,计算保险费?
_____
_____。

(2) 在汽车保险合同订立后,如果保险合同的内容发生变更,你是否已经知道保险合同变更的程序,并能指导被保险人完成保险合同的变更?
_____
_____。

(3) 是否已经明确交强险和商业汽车保险合同解除的条件?
_____
_____。

(4) 是否能够运用汽车保险合同的条款内容,解决有关汽车保险合同条款的理赔纠纷?
_____
_____。

(5) 通过本学习任务的学习,你认为自己还有哪些方面需要深化学习并提升岗位能力?
_____
_____。

签名:_____   ____年____月____日

2. 小组评价

小组评价见表3-7。

小组评价 表3-7

序　号	评 价 项 目	评 价 情 况
1	学习过程是否主动并能深度投入	
2	在实训过程中的执行力是否突出	
3	是否能按照职业人的要求对待到课率	
4	着装是否符合要求	
5	投保人的要约是否符合汽车保险合同订立的有关规定	
6	投保人对所投保的车辆是否具有保险利益	
7	投保人在投保时是否遵循最大诚信原则	
8	投保人填写的投保单是否符合规定	
9	投保人申请变更、解除保险合同的理由是否具有法律依据	
10	在团队活动中是否能做到相互尊重	

参与评价的同学签名：_____　　　____年____月____日

3. 教师评价

_____

教师签名：_____　　　____年____月____日

学习任务 4　车险承保

 学习目标

通过本学习任务的学习,要求学生具备以下能力:
1. 知道承保流程;
2. 能分析保险核保、签发单证的内容;
3. 分析汽车保险合同的批改、终止和续保等。

 任务描述

由于绝大多数客户对保险公司承保流程、内容不了解,需要你协助顺利通过核保;当合同成立后,客户遇到变更、转让、解除、终止、争议时,需要你帮助其解决;客户来年需要续保或遇特殊情况需要退保时,希望你能协助其解决。

学习引导

本学习任务沿着以下脉络进行学习:

机动车辆保险的承保 → 机动车辆保险的核保 → 模拟训练 → 技能考核

单元一　机动车辆保险的承保

单元要点

1. 机动车辆保险的承保流程；
2. 承保环节的主要内容。

相关知识

投保人或被保险人向保险人表达缔结保险合同的意愿，即为投保。投保与承保是保险双方签订保险合同的过程，是保险业务得以进行的基础。由于机动车保险合同的特殊性，各保险公司都将保险合同简化为保险单的形式，并且根据不同保险项目设置了较多种类的保险单供投保人选择。

一、机动车辆保险的承保流程

机动车保险承保是保险人与投保人签订保险合同的过程，包括投保、核保、签发单证、续保与批改等程序，如图 4-1 所示。

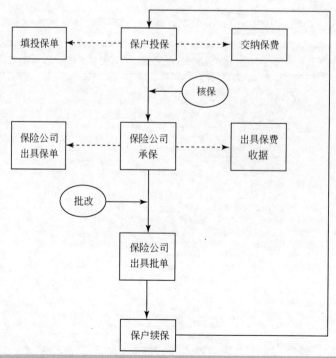

图 4-1　机动车辆保险承保流程

首先，个人或单位根据自身保险利益的风险情况向保险人提出保险要求，填写投保单，协商确定保险费交付办法。然后，保险人审查投保单，向投保人询问有关保险标的和被保险人的各种情况，从而决定是否接受投保。如果保险人接受投保，则在保险单上签章并收取投保人交纳的保险费，保险人向投保人出具保险单或保险凭证，保险合同即告成立。保险期满后，根据投保人意愿可以重新办理续保。在保险合同生效期间，如果保险标的的所有权改变或者投保人因某种原因要求更改或取消保险合同，都需要进行批改作业。

二、承保环节的主要内容

承保环节的主要内容如图 4-2 所示。

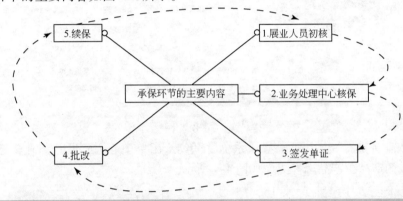

图 4-2　承保环节的主要内容

（一）展业人员初核

1. 验证

展业人员结合投保车辆的有关证明，如机动车行驶证、介绍信等，进行详细审核。首先检查投保人称谓与其签章是否一致。如果投保人称谓与投保车辆的行驶证标明的不符，投保人需要提供其对投保车辆拥有可保利益的书面证明。其次，检验投保车辆的行驶证是否与保险标的相符，投保车辆是否年检合格。核实投保车辆的合法性，确定其使用性质。检验车辆的牌照号码、发动机号码是否与行驶证一致等。

2. 验车

根据投保单、投保单附表和车辆行驶证，对投保车辆进行实际查验。查验的内容主要包括：

（1）确定车辆是否存在和有无受损，是否有消防和防盗设备等。

（2）车辆本身的实际牌照号码、车型及发动机号、车身颜色等是否与行驶证一致。

（3）车辆的操纵安全性与可靠性是否符合行车要求，重点检查转向、制动、灯光、喇叭、雨刮器等涉及操纵安全性的因素。

（4）检查发动机、车身、底盘、电气等部分的技术状况。

投保盗抢险的机动车要拓印车架与发动机号码并将其附在保险单的正面或拓印牌照留底并将照片贴在保险单背面。

根据检验结果，确定整车的新旧成数。

对于私有车辆一般需要填具验车单,附于保险单副本上。

3. 录入投保信息,提交核保

展业人员拿回投保单之后,录入投保信息到计算机系统,并交核保人员进行审核。下面以某些保险公司使用的车险承保系统为例:

(1)首先登录车险承保系统。车险承保系统首页如图 4-3 所示。

图 4-3　车险承保系统首页

(2)进入业务选择新增界面。登录系统后,单击"出单中心"按钮,进入业务选择新增界面,选择相应的产品。产品选择界面如图 4-4 所示。

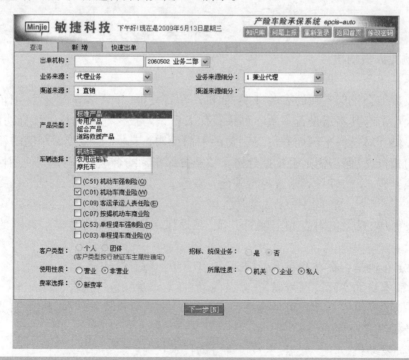

图 4-4　产品选择界面

(3)进入续保业务检查界面。在产品选择界面选择出单的单位和保险产品信息及被保险人的相关信息,然后单击下一步,进入续保业务检查界面。如图 4-5 所示。

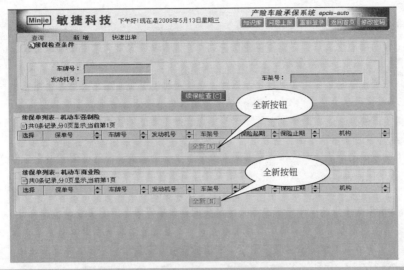

图4-5　进入续保业务检查界面

在此界面，输入车牌号码、发动机号、车架号等信息，然后单击续保检查，如图4-6所示，看上一年度是否是在本公司承包，如果是续保业务会涉及保费优惠。

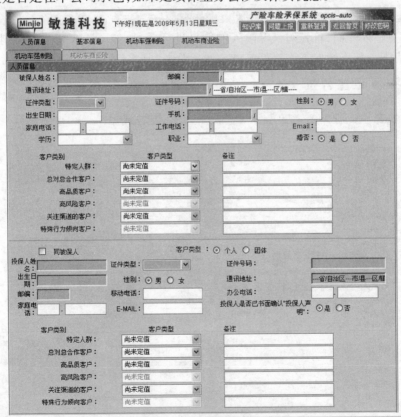

图4-6　续保业务检查界面

(4)进入信息输入界面。如果不是续保业务，单击"全新"按钮，进入信息输入界面，如图4-7所示。

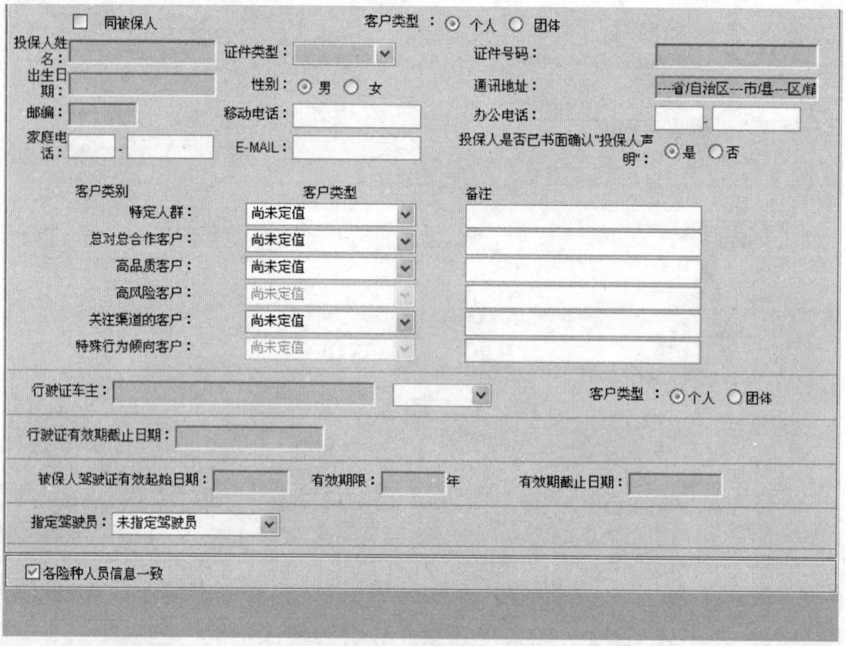

图 4-7 信息录入界面

进入信息输入界面,首先对被保险人的信息进行录入,如图 4-8 所示,为后期的工作打好基础,也为下一年度续保工作打好基础。然后单击"基本信息"。

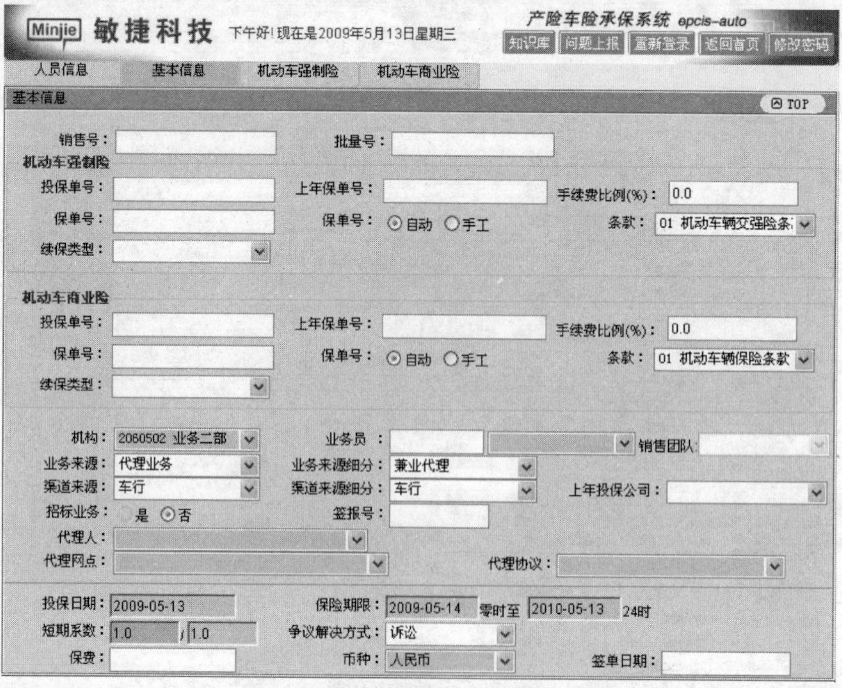

图 4-8 录入被保险人的信息

在基本信息输入界面,输入保险信息,为下一步的核保工作及出单工作做好准备,如图 4-9 所示。然后单击"机动车强制险"按钮进入交强险录入界面,如图 4-10 所示。

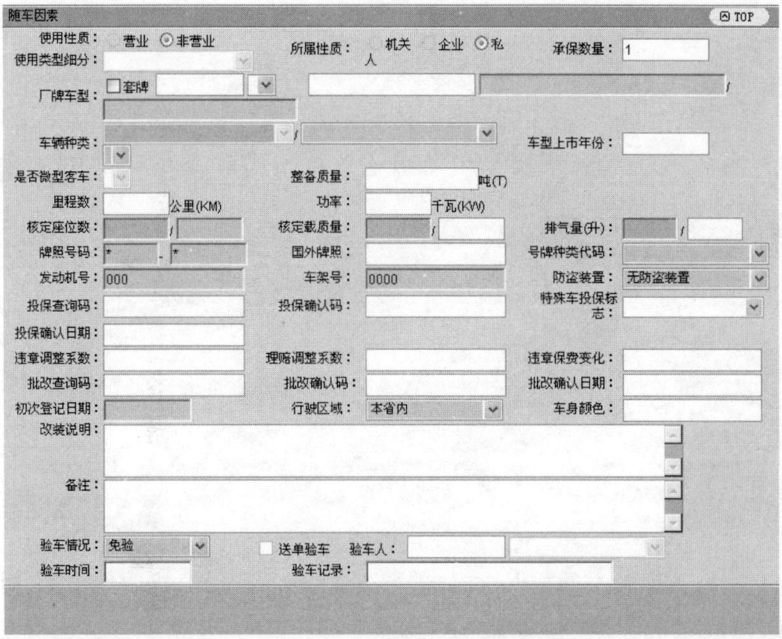

图 4-9 保险信息输入界面

图 4-10 交强险信息录入界面

在此界面录入交强险信息,根据上一年度交强险出险信息,进行填写影响费率的因子,然后单击保费计算,计算出交强险保费。如图 4-11 所示。然后单击"机动车商业险"。

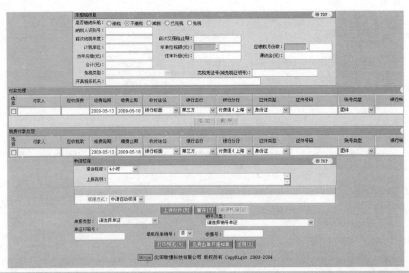

图 4-11 交强险保费计算界面

在此界面,根据被保险人的投保意愿,进行商业险种的选择,然后单击保费计算,计算出保费,提交保险信息,申请核保。如图 4-12 所示。

图 4-12

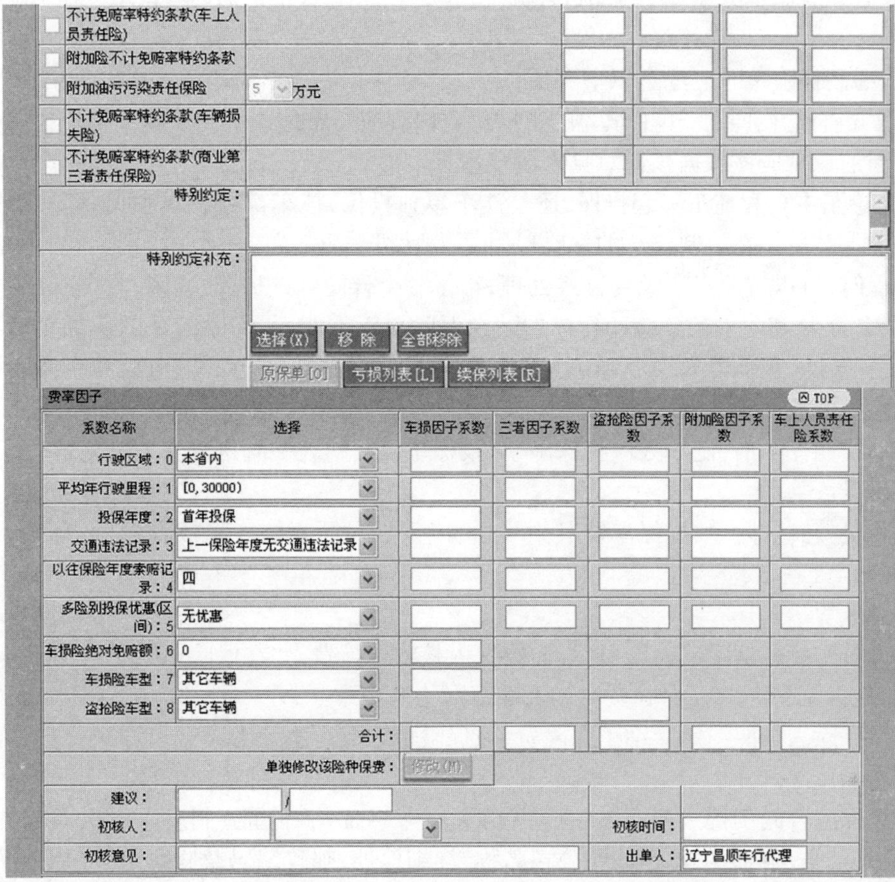

图 4-12 商业险信息录入界面

（二）业务处理中心核保

保险人在承保时必须经过核保过程。所谓核保,是指保险人在承保前,对保险标的的各种风险情况加以审核与评估,从而决定是否承保、承保条件与保险费率的过程。

核保工作原则上采取两级核保体制。先由展业人员、保险经纪人、代理人进行初步核保,然后由核保人员复核决定是否承保、承保条件及保险费率等。

（三）签发单证

1. 缮制保险单

业务内勤接到投保单及其附表以后,根据核保人员签署的意见,即可开展缮制保险单工作。

保险单原则上应由计算机出具,暂无计算机设备而只能由手工出具的营业单位,必须得到上级公司的书面同意。

计算机制单的,将投保单有关内容输入到保险单对应栏目内,在保险单"被保险人"和"厂牌型号"栏内登录统一规定的代码。录入完毕检查无误后,打印出保险单。

手工填写的保险单必须是保监会统一监制的保险单,保险单上的印制流水号码即为保险单号码。将投保单的有关内容填写在保险单对应栏内,要求字迹清晰、单面整洁。如有涂

改,涂改处必须有制单人签章,但涂改不能超过3处。制单完毕后,制单人应在"制单"处签章。

此外,缮制保险单时应注意以下事项:

(1)双方协商并在投保单上填写的特别约定内容应完整地载明到保险单对应栏目内,如果核保有新的意见应该根据核保意见修改或增加。

(2)无论是主车和挂车一起投保,还是挂车单独投保,挂车都必须单独出具具有独立保险单号码的保险单。在填制挂车的保险单时,"发动机号码"栏统一填写"无"。当主车和挂车一起投保时,可以按照多车承保方式处理,给予一个合同号,以方便调阅。

(3)特约条款和附加条款应印在或加贴在保险单正本背面,加贴的条款应加盖骑缝章。应注意,责任免除、被保险人义务和免赔等规定的印刷字体应该与其他内容的字体不同,以提醒被保险人注意阅读。

保险单缮制完毕后,制单人应将保险单、投保单及其附表一起送复核人员复核。

2. 复核保险单

复核人员接到保险单、投保单及其附表后,应认真对照复核。复核无误后,复核人员在保险单"复核"处签章。

3. 收取保费

收费人员经复核保险单无误以后,向投保人核收保险费,并在保险单"会计"处和保险费收据的"收款人"处签章,在保险费收据上加盖财物专用章。

只有被保险人按照约定交纳了保险费,该保险单才能产生效力。

4. 签发保险单证

机动车保险合同实行一车一单(保险单)和一车一证(保险证)制度。投保人交纳保险费后,业务人员必须在保险单上注明公司名称、详细地址、邮政编码及联系电话,加盖保险公司业务专用章。根据保险单填写《机动车保险证》并加盖业务专用章,所填内容应与保险单有关内容一致,险种一栏填写险种代码,电话应填写公司报案电话,所填内容不得涂改。

签发单证时,交由被保险人收执保存的单证有保险单正本、保险费收据(保户留存联)、机动车保险证。

对已经同时投保车辆损失险、第三者责任险、车上人员责任险、不计免赔特约险的投保人还应签发事故伤员抢救费用担保卡,并做好登记。

5. 保险单证的清分与归档

对投保单及其附表、保险单及其附表、保险费收据、保险证,应由业务人员清理归类。

投保单的附表要加贴在投保单的背面,保险单及其附表需要加盖骑缝章。清分时,应按照送达的部门清分:

(1)财务部门留存的单证:保险费收据(会计留存联)、保险单副本。

(2)业务部门留存的单证:保险单副本、投保单及其附表、保险费收据(业务留存联)。

留存业务部门的单证,应由专人保管并及时整理、装订、归档。每套承保单证应按照保费收据、保险单副本、投保单及其附表、其他材料的顺序整理,按照保险单(包括作废的保险单)流水号码顺序装订成册,并在规定时间内移交档案部门归档。

(四)批改

在保险单签发以后,因保险单或保险凭证需要进行修改或增删时所签发的一种书面证明,称为批单,也称背书。批改作业的结果通常用这种批单表示。

一般的,在保险合同主体及内容变更的情况下,保险合同需要进行相应的变更。当机动车保险合同生效后,如果保险机动车的所有权发生了变化,机动车保险合同是否继续有效取决于申请批改的情况。如果投保人或被保险人申请批改,保险人经过必要的核保,签发批单同意,则原机动车保险合同继续有效。如果投保人或被保险人没有申请批改,机动车保险不能随着保险机动车的转让而自动转让,机动车保险合同也不能继续生效。

保险车辆在保险有效期内发生转卖、转让、赠送他人,变更使用性质,调整保险金额或每次事故最高赔偿额,增加或减少投保车辆,终止保险责任等,都需申请办理批改单证,填具批改申请书送交保险公司。保险公司审核同意后出具批改单给投保人存执,存执粘贴于保险单正本背面。保险凭证上的有关内容也将同时批改异动,并在异动处加盖保险人业务专用章。

为此,我国《机动车辆保险条款》规定:"在保险合同有效期内,保险车辆转卖、转让、赠送他人、变更用途或增加危险程度,被保险人应当事先书面通知保险人并申请办理批改。"同时,一般机动车保险单上也注明了"本保险单所载事项如有变更,被保险人应立即向本公司办理批改手续,否则,如有任何意外事故发生,本公司不负赔偿责任"的字样,以提醒被保险人注意。

批改作业的主要内容包括:
(1)保险金额增减。
(2)保险种类增减或变更。
(3)车辆种类或厂牌型号变更。
(4)保险费变更。
(5)保险期间变更。

当办理保险车辆的过户手续时,应将保险单、保险费收据、新的车辆行驶证和有原被保险人签章的批改申请书等有关资料交送保险人,保险人审核同意后将就车辆牌照号和被保险人姓名和住址等相关内容进行批改。

批改涉及的保险费返还参照我国的《机动车辆保险费率规章》执行。

(五)续保

保险期满以后,投保人在同一保险人处重新办理保险机动车的保险事宜称为续保。机动车保险业务中有相当大的比例是续保业务,做好续保工作对巩固保险业务来源十分重要。

在机动车保险实务中,续保业务一般在原保险期到期前一个月开始办理。为防止续保以后至原保险单到期这段时间发生保险责任事故,在续保通知书内应注明:"出单前,如有保险责任事故发生,应重新计算保险费;全年无保险责任事故发生,可享受无赔款优待"等字样。

单元能力检测

任务模拟一

客户徐女士在本市名车广场购买了一辆宝马7系高级轿车,主要用于上下班代步,接送

上初中的儿子上学放学,节假日经常全家人一起进行自驾游,徐女士家里有私人独立车库。请完成对徐女士的宝马车7系高级轿车的承保任务。

任务模拟二

北方某市李先生购买了一辆山东重型汽车公司生产的20t重型汽车,用于到南方跑长途运输,运送蔬菜、水果等,请完成对李先生的重型汽车的承保任务。

单元二　机动车辆保险的核保

单元要点

1. 核保的概述；
2. 核保的运作；
3. 核保的主要内容。

相关知识

保险核保是指保险公司对可保风险进行评判与分类,进而决定是否承保,以何种条件承保的分析过程。核保是保险公司经营活动的起始环节,保险承保工作的核心。核保工作的好坏直接关系保险合同能否顺利履行,关系保险企业的承保盈亏和财务是否稳定。因此严格规范核保工作是降低赔付率,增加保险公司盈利的关键,也是衡量保险公司经营管理水平高低的重要标志。

一、核保的概述

(一) 核保的原则与意义

1. 核保的原则

核保工作原则上采取两级核保体制。先由展业人员、保险经纪人、代理人进行初步核保,然后由核保人员复核决定是否承保、承保条件及保险费率等。

2. 核保的意义

(1) 防止逆选择,排除经营中的道德风险。在保险公司的经营过程中始终存在一个信息问题,即信息的不完整、不精确和不对称。尽管最大诚信原则要求投保人在投保时应履行充分告知的义务。但是,事实上始终存在信息的不完整和不精确的问题。保险市场信息问题,可能导致投保人或被保险人的道德风险和逆向选择,给保险公司经营带来巨大的潜在风险,保险公司建立核保制度,由资深人员运用专业技术和经验对投保标的进行风险评估,通过风险评估可以最大限度地解决信息不对称的问题,排除道德风险,防止逆向选择。

(2) 确保业务质量,实现经营稳定。保险公司是经营风险的特殊行业,其经营状况关系到社会的稳定。保险公司要实现经营的稳定,关键的一个环节就是控制承保业务的质量。但是,随着国内保险市场供应主体的增多,保险市场竞争日趋激烈,保险公司在不断扩大业务的同时,经营风险也在不断扩大。其主要表现为:一是为了扩展业务而急剧扩充业务人员,这些新的工作人员业务素质有限,无法认识和控制承包质量;二是保险公司为了扩大保险市场占有率,稳定与保户的业务关系,放松了拓展业务方面的管理;三是保险公司为了拓展新的业务领域,开发了一些不成熟的新险种,签署了一些未经过详细论证的保险协议,增加了风险因素。保险公司应通过建立核保制度,将展业与承保相对分离,实行专业化管理,严格把好承保关。

(3)扩大保险业务规模,与国际惯例接轨。我国加入WTO以后,国外的保险中介机构正逐步进入中国保险市场。同时,我国保险的中介力量也在不断壮大,现已成为推动保险业务的重要力量。在看到保险中介组织对于扩大业务的积极作用的同时,也应注意到其可能带来的负面影响。由于保险中介组织经营目的和价值取向的差异以及人员的良莠不齐,保险公司在充分利用保险中介机构进行业务开展的同时,也应对保险中介组织的业务加强管理,核保制度是对中介业务质量控制的重要手段,建立和完善保险中介市场的必要前提条件。

(4)实现经营目标,确保持续发展。在市场经济条件下,企业发展的首要条件是对市场进行分析,并在此基础上确定企业的经营方针和策略,包括对企业的市场定位和选择特定的业务和客户群。同样在我国保险市场的发展过程中,保险公司要在市场上赢得主动,就必须确定自己的市场营销方针和政策,包括选择特定的业务和客户作为自己发展的主要对象,确定对各类风险承保的程度,制定承保业务的原则、条款和费率等。而这些市场营销方针和政策实现的主要手段是核保制度,通过核保制度实现对风险选择和控制的功能。保险公司能够有效地实现既定的目标,并保持业务的持续发展。

(二)核保制度的建立

核保工作原则上采取两级核保体制。先由展业人员、保险经纪人、代理人进行初步核保,然后由核保人员复核决定是否承保、承保条件及保险费率等。

二、核保的运作

(一)核保运作的基本流程

核保的基本流程如图4-13所示。

(二)核保的依据

核保是根据汽车保险业务和公司经营的特点确定的,其核心应当体现权限管理和过程控制的目的,各公司应当根据核保制度的精神,结合自身的具体情况确定合适的方案。

(三)核保的具体方式

核保的具体方式应根据公司的组织结构和经营情况进行选择和确定,通常将核保的方式分为标准业务核保和非标准业务核保,计算机智能核保和人工核保,集中核保和远程核保,事先核保和事后核保等。

1. 标准业务核保和非标准业务核保

标准业务是指常规风险的机动车辆保险业务,这类风险的特点是其基本符合机动车辆保险险种设计所规定的风险情况,按照核保手册能够对其进行核保。非标准业务是指风险具有较大特殊性的业务,这种特殊性主要体现为高风险、风险特殊、保险金额巨大等需有效控制的业务,而核保手册对于这类业务没有明确规定。

标准业务可以依据核保手册的规定进行核保,通常是由三级核保人员完成标准业务的核保工作;而非标准业务则无法完全依据核保手册进行核保,应由二级或一级核保人员进行核保,必要时核保人员应当向上级核保部门进行请示。

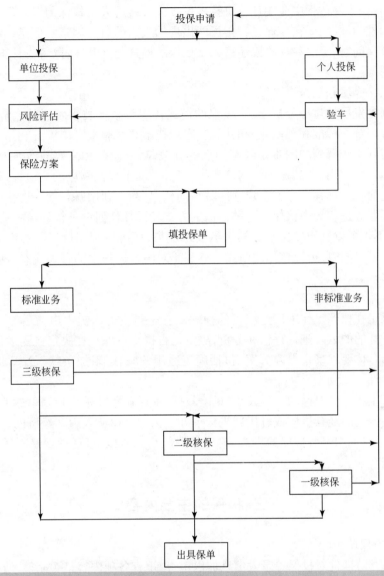

图 4-13 核保的基本流程

机动车辆保险业务非标准业务主要有：
(1) 保险价值浮动超过核保手册规定的范围。
(2) 特殊车型业务。
(3) 军牌和外地牌车辆业务。
(4) 高档车辆的盗抢险业务。
(5) 统保协议。
(6) 代理协议。

2. 计算机智能核保和人工核保

计算机技术的飞速发展和广泛应用将给核保工作带来革命性的变化。从目前计算机技术发展的水平来看，尤其是智能化计算机的发展和应用，计算机已经完全可以胜任对标准业

务的核保工作,在核保过程中应用计算机技术可以大大缓解人工核保的工作压力,提高核保业务的效率和准确性,减少在核保过程中可能出现的人为的负面因素。但是,计算机不可能解决所有的核保问题,至少在现阶段还需人工核保的模式与之共存,以解决计算机无法解决的核保方面的问题。

3. 集中核保和远程核保

从核保制度发展的过程分析,集中核保的模式代表了核保技术发展的趋势。集中核保可以有效地解决统一标准和规范业务的问题,实现技术和经验最大限度的利用。但是,以往集中核保在实际工作遇到的困难是经营网点的分散,缺乏便捷和高效的沟通渠道。计算机技术的出现和广泛应用,尤其是互联网技术的出现,带动了核保领域的革命性进步。远程核保的模式应运而生。远程核保就是建立区域性的核保中心,利用互联网等现代通信技术,对辖区内的所有业务进行集中核保。这种核保的方式较以往任何一种核保模式均具有不可比拟的优势,它不仅可以利用核保中心的人员技术优势,还可以利用核保中心庞大的数据库,实现资源的共享。同时,远程核保的模式还有利于对经营过程中的管理疏忽,甚至道德风险实行有效的防范。

4. 事先核保和事后核保

事先核保是在核保工作中广泛应用的模式。它是指投保人提出申请后,核保人员在接受承保之前对标的的风险进行评估和分析,决定是否接受承保。在决定接受承保的基础上,根据投保人的具体要求确定保险方案,包括确定适用的条款、附加条款、费率、保险金额、免赔额等承保条件。

事后核保主要是针对标的金额较小、风险较低、承保业务技术比较简单的业务。这些业务往往由一些偏远的经营机构或者代理机构承办。保险公司从人力和经济的角度难以做到事先核保的,可以采用事后核保的方式,单比保费较小。所以,事后核保是对于事先核保的一种补救措施。

三、核保的主要内容

(1)审查投保单。

根据各种有效证件对投保单录入信息加以审查,审查各项内容是否完整、清楚和准确。

(2)审核展业人员的验车、验证情况。

(3)核定保险费率和保费计算是否正确。

(4)签署核保意见。

对超出本权限的业务上报上级公司核保;对核保未通过的业务,转交出单点外勤;对核保通过的业务,转交业务内勤以缮制保险单证。

单元能力检测

任务模拟一

客户徐女士在本市名车广场购买了一辆宝马7系高级轿车,主要用于上下班代步,接送

上初中的儿子上学放学,节假日经常全家人一起进行自驾游,徐女士家里有私人独立车库。请完成对徐女士的宝马车7系高级轿车的核保任务。

任务模拟二

北方某市李先生购买了一辆山东重型汽车公司生产的20t重型汽车,用于到南方跑长途运输,运送蔬菜、水果等,请完成对李先生的重型汽车的核保任务。

评 价 反 馈

1. 自我评价

通过本学习任务的学习,你认为自己是否已经掌握机动车辆承保相关知识并具备以下能力:

①是否能够熟练掌握机动车承保流程?
_____
_____。

②是否清楚知道保险合同的内容和特征?
_____
_____。

③是否能正确的指导客户填写投保单?
_____
_____。

④是否能给客户办理保单批改作业和续保手续?
_____
_____。

⑤在完成本学习任务的过程中,你和同学之间的协调能力是否得到了提升?是否与其他同学探讨机动车辆承保的有关问题?讨论的最多的问题是什么?讨论的结果是什么?
_____
_____
_____。

⑥通过本学习任务的学习,你认为对机动车辆承保业务自己在哪些方面还需要深化学习?
_____
_____
_____。

签名:_____　　　____年____月____日

2. 小组评价

小组评价见表4-1。

小组评价　　　　　　　　　　　　　　　　表 4-1

序号	评价项目	评价情况
1	学习过程是否主动并能深度投入	
2	在实训过程中的执行力是否突出	
3	是否能按照职业人的要求对待到课率	
4	着装是否符合要求	
5	是否按照安全和规范的要求完成作业	
6	是否遵守实训场地的规章制度	
7	是否能主动地和他人在实训中合作	
8	是否能按要求对实训场地进行清理、清洁	
9	在团队活动中是否能做到相互尊重	

参与评价的同学签名：_____　　____年____月____日

3. 教师评价

_____。

教师签名：_____　　____年____月____日

学习任务 5　报 案 调 度

 **学习目标**

通过本学习情境的探讨,要求学生具备以下能力:
1. 能够利用沟通技巧与客户交流;
2. 能够掌握接报案流程,对报案进行讯问;
3. 能够操作客户接待管理软件并及时录入客户报案信息;
4. 能够准确对案件类别进行快速识别,准确对查勘人员进行派工。

 任务描述

　　机动车发生保险事故后应及时向保险公司报案,保险公司应受理报案,同时即启动理赔程序。受理报案结束后,保险公司的调度人员应立即派查勘人员处理事故,告知查勘人员相关案情及案件风险点。

　　车险公司客服电话服务内容非常广泛,包括:出险报案、保单查询、电话销售、投诉建议及咨询等。客服电话是保险公司形象的一大窗口,所以客服人员应具备良好的服务意识。

学习引导

本学习任务沿着以下脉络进行学习:

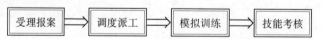

单元一 受理报案

单元要点

1. 客服电话礼仪；
2. 接听报案的工作内容；
3. 接听报案的一般流程；
4. 接听报案的话术；
5. 接报案示例。

相关知识

受理报案是指被保险人发生保险事故必须及时向保险公司报案，保险公司应将事故情况登录备案。根据规定，投保人、被保险人或者受益人知道保险事故发生后，应当及时通知保险人，否则有关权利人应承担由于通知迟延致使保险公司增加的查勘、检验等项费用。报案是被保险人（或其权益相关人）向保险公司提请索赔申请的第一步，也是必需的一步，接报案是保险公司受理申请的关键。目前各保险公司大都建立了后援服务中心，开通了全国统一服务热线，包括：报案、投诉、建议、咨询、电话营销服务等。

各保险公司的车险条款都有约定被保险人的报案时限的规定，在不存在不可抗力的情况下一般要求出险后48小时内报案。保险公司受理报案的行为不构成赔偿的依据。

一、客服电话礼仪

（一）接听电话礼仪

1. 基本原则

（1）接听电话时，准备好纸和笔，及时做好记录。

（2）电话铃声响两声后接听，一般不超过3声接听（如果是第一声就接听会给对方措手不及的感觉）。

（3）接听后应主动报出公司名称，统一接听语为："您好，某某保险公司"。

（4）接听电话时应始终保持融融的笑意，让对方通过声音，感受热情友好的态度和端庄优雅的职业形象。

（5）通话过程中应吐字清晰，音调适当，音量适中，语速适中。

（6）接听电话时应集中注意力，排除周围的干扰，认真倾听，不要轻易打断客户的陈述。

（7）准确掌握接听电话中的何时、何人、何地、何事、为什么、如何处理（5W1H法则），避免遗漏。

（8）通话时，因特殊原因需要临时中断时应向客户说明原因，无论时间长短，再次接听时应向客户致歉"对不起,让您久等了"。需让客户久等时,则应向客户致歉并请客户留下电话号码,稍后再主动拨打过去。

(9)接听电话过程中,不应与客户谈论与公司业务无关的话题。

(10)接听客户电话时,在对方结束某个问题后要复述,获取对方确认。

(11)有关事宜沟通完毕,应询问客户是否还有其他问题。

(12)等客户挂断电话后再轻放听筒,切忌先收线。

2．语调语气

(1)语音语调应尽量保持平稳、柔和,不可太高或太低,遇到客户投诉或客户情绪激动时更应注意语调的平稳。

(2)语调应亲切、热情,显示服务的积极性,避免声音平淡、干涩或有气无力。

(3)专业但不生硬,友善但不虚伪,自信但不傲慢,礼貌但不卑微。

3．耐心倾听

(1)杜绝干扰,关注你的客户。

(2)经常用"对""是""嗯""好的"等让客户得到你在倾听的信息。

(3)总结客户提供的信息,并将细节内容重复给客户。

(4)不轻易打断客户。

(5)注意字里行间的意思,一句话的不同说法可以提供不同的信息。

(6)提一些问题以确认客户提供的信息,并做好记录,以备事后查看和跟踪。

4．礼貌用语(表5-1)

常用礼貌用语和服务忌语 表5-1

礼 貌 用 语	服 务 忌 语
您好!	不知道!
请问……	不可能!
请您稍等(稍候)!	那不是我的工作!
对不起,让您久等了!	这是公司的规定,与我无关!
非常抱歉……	那不是我处理的……
请您谅解……	这个问题你得找××部……
请您放心……	刚才不是告诉过你了吗?
应该的,不必客气!	急什么!
请多提宝贵意见!	那你去投诉我好了!
谢谢您的来电,再见!	我们已经下班了,你明天再打吧!

5．受话人不在时的电话接听

(1)首先应跟对方解释并询问是否需要留言或劝其过会儿再打来。

(2)若受话人正在参加重要会议,则应礼貌致歉,婉劝对方过会儿打来。

(3)如接到客户打给同事的电话而其又不在,应避免回答"没有来"、"一直未见到"、"还未来上班"等,而应答复"他/她暂时不在办公室,有什么事可以代劳呢"等。

(4)如遇紧急情况需受话人处理,应请对方稍候,设法联系受话人。

（二）拨打电话礼仪

(1) 要考虑打电话的时间（对方此时是否有时间或者方便）。
(2) 注意确认对方的电话号码、单位、姓名，以避免打错电话。
(3) 准备好所需要用到的资料、文件等。
(4) 首先使用问候语。
(5) 讲话的内容要有次序，简洁明了。
(6) 注意通话时间，不宜过长。
(7) 使用礼貌用语和敬语。
(8) 外界的杂音或私语不要传入电话内。
(9) 确认对方是否明白或是否记录清除。
(10) 说再见语并等对方挂机后再挂断电话。

二、接听报案的工作内容

（一）保险公司客服电话服务内容

保险公司客户服务电话服务内容如图 5-1 所示。

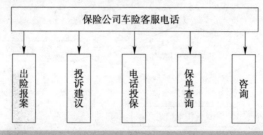

图 5-1　某保险公司车险客服电话服务内容

1. 出险报案

出险报案是指保险标的发生保险事故时，拨打全国统一的客服电话，向保险公司报案。

2. 投诉建议

投诉建议是指对保险公司各方面服务不满的地方，向客服反映。

3. 电话投保

电话投保是指客户可直接拨打客服电话进行投保，通常称电销。

4. 保单查询

保单查询是指拨打客服电话，对自己的保险信息进行查询。

5. 咨询

咨询是指拨打客服电话，了解关于保险、理赔、各种服务的信息等。

（二）接听报案的主要内容

(1) 确认客户身份，了解客户保单信息及保障范围。
(2) 了解出险情况，确认案件经过并详细记录。
(3) 对可能存在的风险点进行相关信息的核实确认，并记录。
(4) 对客户进行必要的理赔服务提醒。

三、接听报案的一般流程

（一）接报案的形式

1. 上门报案

上门报案是指客户亲自到保险公司来报案，由于电话报案的普及此种情况目前一般不会出现。对于客户上门报案的，公司接待人员应告知客户拨打客服电话。

2. 电话报案

电话报案是指客户直接拨打投保公司客服电话进行报案，这是目前最普遍的报案方式。目前各保险公司大都建立全国统一的客户电话。

（二）电话接报案的流程

电话接报案流程如图5-2所示。

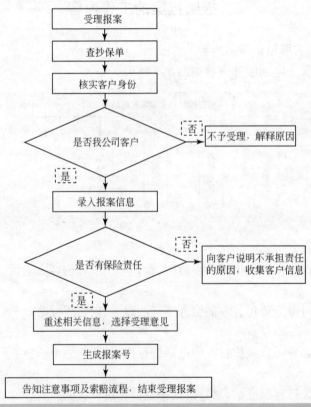

图5-2 电话接报案流程

1. 受理报案，查抄保单，核实客户身份

接报案座席接到被保险人的报案后应在理赔系统"报案平台"立即查抄保单，与报案人核对被保险人名称、车牌号码、厂牌车型等信息，核实出险客户身份及承保信息（保险期限、承保险别、保费到账情况），如属非保险标的、出险时间不在保险期限内、非保险险别等不承担责任的，应耐心向客户解释。

2. 录入报案信息

如属本保险公司客户,出险时间、出险险别在保险范围内的有效保单,详细询问、记录并在理赔系统"报案平台"中输入以下信息:

(1) 报案人姓名及与被保险人的关系、被保险人的有效联系方式等。
(2) 出险车辆的车牌号、厂牌车型(如报案所述与承保车型不一致在备注栏中说明)。
(3) 出险时间、出险地点、出险原因。
(4) 驾驶人姓名、联系方式等。
(5) 车辆损失及施救情况,车辆停放地点。
(6) 人员伤亡情况:伤者总人数、伤者姓名、送医时间、医院名称及地址;特别注意伤者身份(是第三者还是驾驶人或乘客)、伤情(住院、死亡、门诊治疗)。
(7) 受损财物种类、所有人名称及施救情况。

3. 与报案人重述相关重要信息

当案件相关信息询问结束后,接报案人员应向报案人复述相关重要信息,如驾驶人电话、报案地点等。

4. 选择案件类型、受理意见、自动生成报案号

根据报案损失情况,正确选择案件类型、受理意见,审核所输入的信息,如同意受理确认后生成报案号。

5. 告知注意事项及索赔流程,结束受理报案

生成报案号后应告知客户报案号的后面几位,以便进行后续处理;告知查勘人员将尽快与客户取得联系;同时告知客户注意事项及索赔流程,如现场等待查勘、续报交警处理等。

6. 非保险责任案件的处理

对于不属于保险责任的报案,座席人员也应积极收集客户信息,以便今后续保及客户服务使用。对于有道德风险可能的案件,应尽可能询问更多的信息,掌握对本公司有利的证据,座席人员一般不可轻易拒赔。

四、接听报案的话术

在接报案过程中话务人员应对不同案件类型有不同的询问话述。本节列举了部分常见案件的话术,在学习本节的过程中应结合车险理赔核损章节中的"车物损的分类审核要点"加以风险分析。

(一) 单方事故

此处的单方事故指不涉及与第三方有关的损害赔偿的事故,但不包括因自然灾害引起的事故。

1. 异常出险时间

(1) 出险时间距保单起保日期7天之内。
①操作要求:仔细聆听报案人表述及吐字是否清晰。
②话术要求:询问客户上一年度在哪家公司投保,投保险种。
③话术示例:请问您的车险去年在哪一家公司投保的? 投保了哪些险种?

④备注记录:上年在××公司投保,保单号××××,投保险种为××××。
(2)出险时间为餐后时间,需关注时间(21:00~3:00)。
①操作要求:仔细聆听报案人表述及吐字是否清晰。
②话术要求:询问报案人是否在现场,提示报案人公司理赔人员需查勘或复勘现场;须提供交警事故证明。
③话术示例:请问您现在是否在现场;请您根据查勘人员需要,配合查勘或复勘现场;请您向交警报案,并提供交警事故证明,这将对于您的案件处理有所帮助。
④备注记录:现场报案,报案人在现场等待;已要求提供交警事故证明;报案人表述清晰(或不清晰)。

2. 异常出险地点
在郊外、山区、农村等较为偏僻地点出险。
(1)话术要求:确认出险地点;请客户在现场等待,公司理赔人员将尽快与您联系。
(2)话术示例:请问您现在的出险地点是在什么地方,是否属郊区(或山区或农村)。
(3)备注记录:客户出险地点为郊区或山区农村等,提示现场待查勘联系。

3. 异常报案人
(1)报案人非驾驶人、驾驶人非被保险人的以及报案人对驾驶人及出险情况不清楚的。
①操作要求:如果为非案件当事人报案,需获取联系方式后再联系驾驶人了解出险经过。
②话术要求:询问报案人与被保险人的关系;询问驾驶人,向驾驶人或其他知情人了解事故经过。
③话术示例:请问您和被保险人是什么关系;请问驾驶人现在在哪;请详细说明一下出险经过(如对方不清楚,为更清楚地了解出险经过,请他接一下电话或请提供一下他的联系方式)。
④备注记录:报案人与被保险人的关系。
(2)报案电话在系统内不同保单项下出现次数累计3次及以上的案件。
①操作要求:核对报案电话,在系统中查询是否为需关注电话,如果是记录提示调度通知查勘。
②话术要求:询问报案人与被保险人的关系。
③话术示例:请问您和被保险人是什么关系;请问驾驶人是谁,与被保险人是什么关系。
④备注记录:报案号码累计出现过×次;报案人、驾驶人和被保险人的关系。

4. 异常出险频度,多次出险(3次及以上)
(1)话术要求:提示并与客户确认已多次出险,请被保险人亲自索赔并记录。
(2)话术示例:您好,由于您此次是第×次出险,为维护您的权益,请您之后亲自来我司办理索赔手续。
(3)备注记录:此为客户第×次出险,已提醒申请办理索赔;记录报案人是否了解出险次数。

5. 高空坠物
(1)话术要求:询问坠落的具体物体;询问出险的具体地点,是否小区、停车场(是否收费,如是则保留相关凭据);提示报案人查找可能的责任方,并向责任方索赔;要求报警。

(2)话术示例:请问您的车是被什么物体砸到的;请问您的车是停放在什么地方的,是否收费(如果收费请保留好相关凭据);请尽快报警,并尽快查找相关责任方进行赔偿;请保护好现场,如果查勘员看过车后需要您补相关证明,麻烦配合。

(3)备注记录:坠落物体为何物;有(或没有)人看管(如有人看管已提示保留相关凭据);已提示报警查找责任方;已提示保护现场。

(二)多方事故

(1)话术要点:询问客户驾驶过程中是否有车距较近、逆行、变道超车、未按规定让行、开关车门、操作不慎等原因引起事故;询问事故中受损车辆数量,标的车在事故中的具体位置;询问其他事故车辆的号牌、车辆型号;提示客户如果没有其他事故车辆的信息,可能会影响到被保险人今后的索赔,所以建议尽快落实其他事故方。

(2)话术示例:请您简单描述一下事故经过;请问事故中有几辆车受损,您的车在事故中处在什么位置;请问此次事故是什么原因造成的;请问是否报交警处理还是使用快速撤离方式解决;请问其他车的号牌、车辆型号;请问双方车上是否有人受伤,几个人受伤,伤在什么部位,住院还是门诊;请问车辆目前所在位置。

(3)备注记录:记录出险描述,出险原因;报交警处理或快速撤离现场;车辆所在位置;车辆在事故中的位置,记录规则为:最后一辆(车型或者号牌)—中间一辆(车型或者号牌)—第一辆(车型或者号牌),如:丰田—奥迪—本车—宝马。

(三)倾覆

倾覆是指意外事故导致保险车辆翻倒(两轮以上离地、车体触地),处于失去正常状态和行驶能力、不经施救不能恢复行驶的状态。

(1)话术要求:询问路况,如道路是否弯道、下坡等;天气(是否雨后湿滑等);倾覆的地点,如沟渠、农田、路边洼地等;提示客户保留现场,我司理赔人员会尽快联系客户;询问人员伤亡情况,如有,则按人伤规则进行询问;涉及人伤,提示报交警处理。

(2)话术示例:请您详细描述一下当时发生事故的过程,地点;请问事发路段的路况怎么样;请问事发时的天气怎么样;请您在现场不要离开,保持好现场,立即报警,我们的查勘员会尽快与您取得联系;请问您的车辆哪个部位受损,情况如何;请问此次事故中有没有人员受伤,伤者现在情况如何,伤到哪里,几个人受伤,伤者姓名、性别、年龄,受伤是否严重,能否行走等情况。

(3)备注记录:出险过程中的特殊信息;特殊地点,如道路是否拐弯、下坡等;是否雨后湿滑等;已提醒保护现场,配合查勘,已提示建议报警;车辆现在所在位置;如本车有人伤,应记录人伤相关信息。

(四)盗抢

盗抢是指保险车辆全车被盗、被抢。

(1)操作要求:需说明是被盗还是被抢。如被盗,需询问车辆停放地点是收费性质还是免费的。

(2)话术要点:仔细聆听报案人叙述的事故经过并记录;如报案人述说与他人有债务纠纷,或者车辆曾经过户等情况,作记录,不要答复是否赔偿等敏感话题(对于本条情况,如报

案人未提及,不可主动询问);询问行驶证等相关证件是否在标的车上;被盗时,询问车钥匙情况,客户手里有几把钥匙;被抢时,询问车上是否还有其他人员;提示客户尽快报警。

(3)话术示例:请问当时的事发经过是怎样的,是否为整车被盗;请问当时您的行驶证等证件是否在被盗车上;请问您现在手上还留有几把钥匙;被盗地点是否有人看管车辆;请问您车子是否有装载货物,是否有偿运输;请您尽快报告110或者公安刑侦部门;车主是否有债务情况或车辆有过户的情况(根据客户表达信息,谨慎询问)。

(4)备注记录:出险描述;证件丢失情况;留存钥匙数量;有(或没有)看管;有(或没有)装载货物,是(或不是)有偿运输;已提醒客户报警;车主有债务纠纷。

(五)玻璃单独破碎

保险车辆发生车窗玻璃、天窗玻璃单独破碎的,保险公司按附加险条款规定负责赔偿。

(1)话术要点:询问车辆的使用情况,玻璃爆破的原因,有无肇事方。

(2)话术示例:请问是什么原因造成玻璃受损,当时车辆状态;请问是否有肇事方;损坏玻璃部位是哪;请问车辆目前所在位置。

(3)备注记录:出险原因及当时车辆状态;有(或无)责任方;受损××部位;车辆现在所在位置。

(六)划痕

无明显碰撞痕迹的车身表面单独损伤。

(1)操作要求:询问车身划痕发现时间,被何物划伤;提示要对车辆进行估损,必要时必须查勘或复勘现场或提供相关证明。

(2)话术要点:询问发现划痕的时间、被何种物体划伤。

(3)话术示例:请问您大概什么时间发现车子被划了;请问您的车辆受损部位是哪里;您知道是被什么物体划伤的。

(4)备注记录:发现车辆被划时间;受损部位是××(地方);客户推测是被什么物体划伤;已提示报警或告知客户如查勘中要求报警则需客户配合。

(七)火灾、自燃

火灾是指在时间或空间上失去控制的燃烧所造成的灾害;自燃是指符合条款规定由车辆本身起火的燃烧。

(1)话术要点:询问起火原因、起火点(从何处烧起的),如果是货车询问是否载货,装载的具体货物;提示客户提供消防证明。

(2)话术示例:请问大概是因为什么原因起火的,起火点在什么位置;请问当时是否装载货物,请问装载的是什么货物(货车);此类事故索赔时要求提供起火原因证明,即消防证明,所以麻烦您报警后取得相关证明便于索赔。

(3)备注记录:出险描述,从何处烧起的,货车装载货物情况,已提醒客户开立相关证明。

(八)自然灾害

自然灾害一般包括暴风、龙卷风、雷击、雹灾、暴雨、洪水、海啸、地陷、冰陷、崖崩、雪崩、泥石流、滑坡、载运车辆的渡船遭受自然灾害等危险。

(1)话术要点:询问具体的灾害类型,车辆受损的具体情况。

(2)话术示例:请您简单描述下事故经过;请问是由于什么原因造成此次事故的;如果查

勘员看车后需要您提供相关部门的证明麻烦您配合(如报纸等媒体有相关报道的也可以);请问车辆目前所在位置。

(3)备注记录:出险描述,已告知客户如需出具相关证明需配合,车辆现在所在位置或者已经推荐到定损点的地址。

(九)水淹、涉水

(1)操作要求:告知客户不要起动车辆,等待救援。

(2)话术要点:告知客户不要起动车辆,等待救援;询问目前水淹到车身的位置,涉水的具体情形。

(3)话术示例:请您不要起动车辆,把车辆推到地势较高地方,或等待施救车救援;请问是什么原因造成车子被水淹到的(主要区分是否是由于洪水、暴雨等自然原因还是非自然因素的路面积水所造成的等);请问您的车目前被水淹到车身的什么位置。

(4)备注记录:出险描述,水深位置,已提醒客户相关施救要求。

(十)三者逃逸

(1)话术要点:了解具体经过,记录客户能想起的相关信息;提示客户尽快报警,并提供相关证明。

(2)话术示例:请问您的车是在什么地方发生的事故;请问您是什么时间发现车子受损的;当时有其他的目击证人吗,可否提供相关信息及联系方式;请您尽快报警,并提供事故证明。

(3)备注记录:出险描述,可提供目击证人的联系信息,已提醒客户开立相关证明。

(十一)车上货物

(1)话术要点:询问车上运载的具体货物,装货时间,运输路线;提示客户保留货物相关凭证,如装载清单、运单等。

(2)话术示例:请问您车上运载的是什么货物,什么时候装载货物的,请问您是打算从哪里运输到哪里的;请问当时车上有几个人;请您保留好货物相关凭证,例如装载清单等。

(3)备注记录:车上货物及运载时间、起止地点;车上人员情况;已经提示告知客户保留相关凭证。

(十二)三者物损

(1)话术要点:询问撞的具体物体,大概损坏情况;询问车辆的碰撞部位;提示客户尽快报警;提示客户配合查勘或复勘现场。

(2)话术示例:请问您是撞到什么物体;物体有哪些损坏,估计损失金额大概多少;请问您的车辆哪些部位受损;请您立刻报交警。

(3)备注记录:三者物损情况,已提醒报警。

五、接报案示例

以下以一起简单的单方事故示例,讲解接报案的讯问主要内容及相关话术。

客服:您好,××保险公司,很高兴为您服务,请问有什么可以帮您?

客户:你好,车子出了点事故,需报案。

客服:好的,麻烦您提供下你的保单号码。

客户:××××××××(客户提供保单号码)。

客服:请问标的车主是陈××先生吗? 是××车吗? 车牌号是××?(根据提供的保单号系统内可以查看相关承保及标的信息)。

客户:对的。

客服:请问您怎么称呼? 您的联系电话是多少?

客户:陈××,137×××××××(根据客户提供录入系统)。

客服:请问出险时的驾驶人是谁? 联系电话是?

客户:出险驾驶人是张××,电话是137×××××××(根据客户提供录入系统)。

客服:请问出险时间是? 出险的具体地点是哪里?

客户:出现时间是××,出险地点是××(根据客户提供录入系统)。

客服:请问您是否现场报案? 是否报交警处理?

客户:现场报案,还没有报交警(根据客户提供录入系统)。

客服:请问事故出险原因是什么?

客户:不小心撞了路边的隔离墩(根据客户提供录入系统)。

客服:请问事故有哪些损失? 标的车损部位是什么地方? 是否有三者损失? 是否有人伤?

客户:只有标的车损,前部受损,三者无损失,无人伤(根据客户提供录入系统)。

客服:请问您现在在什么地方? 怎么联系您查勘?

客户:我现在还在现场,可以直接打我电话。

客服:好的。陈先生,我再和您核对下案件信息:您的联系电话是××。您的报案我们已经受理,报案号后四位是××××,请您记录,公司查勘人员将在5min内与您取得联系,您先不要移动车辆等待查勘,如公司查勘人员需要您报交警处理希望您能配合。请问您是否还要其他帮助?

客户:好的,没有。

客服:好,谢谢! 感谢您的来电,再见!

单元能力检测

任务模拟一

按保险公司接报案页面接听报案。

任务模拟二

收集不同类型案件,熟悉其话术。

单元二 调度派工

单元要点

1. 调度派工的分类；
2. 调度派工的流程。

相关知识

调度派工是受理报案结束后，保险公司安排查勘人员对人伤情况及车辆、财产损失等进行查勘跟踪和定损的过程。调度对时效要求非常高，一般在几分钟内完成，以确保查勘人员能及时与客户联系，告知客户相关注意事项。

由于查勘人员在收到任务未查勘之前无法判断事故的情况及相关风险点，所以调度人员是受理报案与查勘员之间的桥梁，调度人员将报案提供的信息转告查勘人员，并提示相关风险点，以便查勘人员能准确高效的处理案件。

一、调度派工的分类

（一）按调度级别分类

在大部分车险公司都是由保险公司自己的查勘人员查勘定损，调度人员只需直接调度给查勘人员；在部分公司将其查勘定损工作委托公估公司，调度人员直接把任务派工给公估公司，由公估公司派给其查勘人员，如图5-3所示。

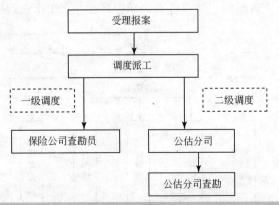

图5-3 按调度级别分类

1. 一级调度

一级调度是指调度人员将案件直接派工给本公司查勘人员处理。

2. 二级调度

二级调度是指调度人员将案件派给委托的公估公司，由公估公司再次调度给其查勘人员。

（二）按损失类型分类

对于不同类型的案件需要不同专业背景的查勘人员处理，调度人员应根据案件损失情况派工。人伤查勘与车物损查勘区别较明显，车损与物损一般为同一人处理，如图5-4所示。

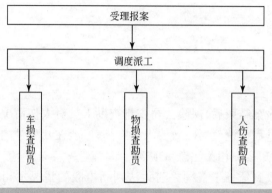

图5-4 按损失类别分类

1. 车损查勘员

车损查勘员是指仅对车损进行查勘。

2. 物损查勘员

物损查勘员仅对事故相关财产损失进行查勘。

3. 人伤查勘员

人伤查勘员仅对事故造成的人员伤亡进行查勘跟踪。

（三）按查勘点分类

保险公司根据案件损失类型及损失程度情况建立不同受信级别查勘机构，比如玻璃店、合作修理厂等，通过合理理赔网点建设提高理赔服务水平，如图5-5所示。

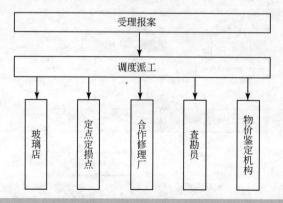

图5-5 按查勘点分类

1. 玻璃店

各保险公司与部分信誉较好、规模较大的汽车玻璃厂商都建立了合作关系。当承保标的发生玻璃单独破碎事故后直接推荐至合作玻璃店,玻璃店按照保险公司的要求对车辆进行定损工作,并且办理委托理赔手续。被保险人可以不支付现金,大大方便了理赔。目前市场份额较大的玻璃厂商福耀玻璃就是此种模式。

2. 定点定损点

随着各地对交通事故快速处理的实施,各地建立不了较多快速处理服务中心,各保险公司都安排了驻点查勘定损人员,当保险事故符合快速处理要求保险公司受理报案人员将推荐至离事故地点最近的快速处理中心查勘定损,调度人员需将案件调度交给查勘点人员。

3. 合作修理厂

保险公司对于信誉较好的合作修理厂根据理赔网点的需要授信一定额度的查勘权限,保险公司将根据修理厂提供的损失照片等相关信息实行远程网上定损。

4. 物价鉴定机构

当保险公司对于部分损失无法或没有能力定损时将委托给相关具有权威鉴定机构进行估价。

二、调度派工的流程

调度派工流程如图5-6所示。

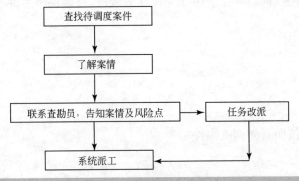

图5-6 保险公司常规案件的调度流程

(一)查找待调度案件

调度人员应不停地刷新待调度案件,发现有待调度案件应及时调度。良好的服务水平要求高效的调度,以确保客户能第一时间与查勘员联系,正确处理好事故。

(二)了解案情

调度人员打开调度案件后,应快速了解案情。确定案件类型准确调度,并发觉案件风险点,以便转告现场查勘人员。

(三)联系查勘员,告知案情及风险点

当调度人员确定了派工方案后应及时联系查勘人员,告知查勘人员案件的基本情况,案件风险点。

1. 告知查勘员的重要事项

(1)事故描述。

(2)标的车型及其他事故方信息。
(3)事故方损失情况。
(4)报案驾驶人姓名。
(5)事故处理人员联系电话。
(6)优先处理案件。
(7)查勘地点等。

2. 特别风险点提示列举
(1)起保近期出险。
(2)多次出险(出险次数)。
(3)我司关注风险驾驶人。
(4)我司关注风险报案号码。
(5)超时报案等。

(四)系统派工
调度人员联系查勘人员后应在系统内派工,把案件任务调到该查勘员的查勘平台,以便查勘员对案件的后续处理。调度任务结束转给下一查勘环节。

(五)任务改派
当系统派工后对于部分案件由于客观原因该查勘员无法查勘,调度人员应及时安排其他查勘人员完成该任务,同时在系统内应完成任务改派,以确保该案件在实际处理人平台。

单元能力检测

任务模拟一

制作调度页面,按照页面调度案件。

评 价 反 馈

1. 自我评价

(1) 通过本学习任务的学习,你认为自己是否已经掌握报案调度的相关知识并具备以下能力:

① 是否能够向客户讲解电话接报案的主要流程?
_____
_____
_____。

② 是否能够根据事故的实际情况用标准话术询问客户?
_____
_____
_____。

③ 客户进行电话报案时,能否根据客户的描述迅速判别询问的重点话术,以便于确定现场查勘的重点。
_____
_____
_____。

(2) 报案调度用到了哪些法律、法规?你是否已熟悉保险公司报案调度的整个过程?
_____
_____
_____。

(3) 是否能够在保险公司理赔系统的报案平台上完成电话接报案的操作?
_____
_____
_____。

(4) 在完成本学习任务的过程中,你和同学之间的协调能力是否得到了提升?是否有过与其他同学探讨过报案调度的有关问题?讨论的最多的问题是什么?讨论的结果是什么?
_____
_____
_____。

(5) 通过本学习任务的学习,你认为自己还有哪些方面需要深化学习并提升岗位能力?
_____
_____
_____。

签名:_____   ____年____月____日

2. 小组评价

小组评价见表5-2。

小组评价 表5-2

序号	评价项目	评价情况
1	学习过程是否主动并能深度投入	
2	是否能按照职业人的要求对待到课率	
3	对于接听和拨打电话的礼仪是否熟悉	
4	接听报案的话术是否规范	
5	是否熟悉报案与接报案的不同点	
6	是否熟悉电话接报案的流程	
7	是否了解保险公司调度的流程	

参与评价的同学签名：_____　　____年____月____日

3. 教师评价

_____

_____。

教师签名：_____　　____年____月____日

学习任务 6　车险的查勘

通过本学习情境的探讨,要求学生具备以下能力:
1. 接到派工后能及时与报案人取得联系,能安抚事故人并交代安全注意事项,且能够在规定时间内安全到达现场;
2. 能够运用沟通技巧,获取保险标的发生事故的时间、经过,并详细的记录查勘记录;
3. 能够查明出险车辆的情况,验证相关证件,能够判断事故车辆与证件的真实;
4. 掌握现场拍照、绘图、录音等技能,能够真实地反映事故现场;
5. 能够规范缮制查勘记录。

查勘人员接到调度员的派工赶到事故现场,调查事故车的基本情况,调查当事人,询问事故发生的经过,拍摄现场照片,做好现场笔录,缮制查勘报告。

学习引导

本学习任务沿着以下脉络进行学习:

现场查勘概述 → 现场查勘的流程 → 现场查勘的几项技能 → 模拟训练 → 技能考核

单元一 现场查勘的概述

单元要点

1. 保险事故现场；
2. 机动车保险事故的类型；
3. 现场查勘的目的；
4. 现场查勘的方法。

相关知识

现场查勘一般在保险事故的现场进行，而出险现场又比较复杂，现场查勘必须随保险事故类型的不同而不同。查勘工作是保险理赔承上启下的重要环节，是确定保险责任的关键步骤，是开展核损工作的主要依据，也是保险公司控制风险的前沿阵地。

一、保险事故现场

（1）什么叫保险事故现场？
（2）机动车保险事故的类型与交通事故的类型相同吗？

保险事故是指被保险车辆因过错或意外造成的人身伤亡或者财产损失的事件。保险事故现场（以下简称"现场"）是指发生保险事故的被保险车辆及其与事故有关的车、人、物遗留下的与事故有关的痕迹证物所占有的空间。事故现场必须同时具备一定的时间、地点、人、车、物5个要素，它们的相互关系与事故发生有因果关系。

现场按事故状态可分为原始现场、变动现场及恢复现场。

（一）原始现场

原始现场是指发生事故后至现场查勘前，没有发生人为或自然破坏，仍然保持着发生事故后的原始状态的现场。这类现场的现场取证价值最大，它能较真实地反映事故发生的全过程，所以也称第一现场。

（二）变动现场

变动现场是指发生事故后至现场查勘前，由于受到了人为或自然原因的破坏，使现场的原始状态发生了部分或全部变动的现场，所以也称第二现场。这类现场给查勘带来种种不利因素,由于现场证物遭到破坏,不能全部反映事故的全过程,给事故分析带来困难。

对于变动现场,必须注意识别和查明变动的原因及情况,以利于辨别事故的发生过程。正确分析原因和责任。变动现场又可分成下列三种现场。

1. 正常变动现场

正常变动现场是指在自然条件下非人为地改变了原始状况或不得已而在不影响勘察结果的前提下,人为有限度地改变了原始状态的交通事故现场。

友情小贴示

产生现场变动的原因如下:
(1)抢救伤者:因抢救伤者或排除险情而变动了现场。
(2)保护不善:现场的痕迹被过往车辆、行人或围观群众破坏。
(3)自然破坏:因风吹、雨淋、雪盖、水冲、日晒等自然条件而变动了现场。
(4)快速处理:因一些交通主要干道、繁华地段发生道路交通事故后,造成交通堵塞,需立即排除而变动了现场。
(5)特殊情况:执行任务的消防、救护、警备、工程救险车及首长、外宾、使节乘坐的汽车在事故发生后,因任务需要驶离现场。

2. 伪造现场

伪造现场是指当事人为逃避责任、毁灭证据或达到嫁祸于人的目的,或者为了谋取不正当利益,有意改变或布置的现场。

伪造现场的特征:现场中,事故诸元的表象不符合事故发生的客观规律,物体的位置与痕迹的形成方向存在矛盾。只要公估人员深入细致的进行调查研究和分析,其中的漏洞不难发现,现场的真伪是不难识别的。

3. 逃逸现场

逃逸现场是指肇事人为了逃避责任,在明知发生交通事故后,故意驾车逃逸而造成的破坏现场。

值得注意的是,若当事人不知道发生事故(即没有察觉)而驾车驶离现场、造成现场变动的应视为变动现场。

《道路交通安全法》明确规定,造成交通事故后逃逸的,由公安机关交通管理部门吊销机动车驾驶证,且终生不得重新取得机动车驾驶证。

(三)恢复现场

恢复现场有两种情况:一是对上述变动现场,根据现场分析、证人指认,将变动现场恢复到原始现场状态;二是原始现场撤除后,因案情需要,根据原现场记录图、照片和查勘记录等材料重新布置恢复现场。为与前述的原始现场相区别,这种现场一般称为恢复现场。

二、机动车保险事故的类型

在对事故现场查勘中,根据事故发生的性质,一般可把事故分为单方事故、双方事故及多方事故。单方事故是指标的车辆与固定静止的物体发生碰撞,造成人员伤亡或财产损失的事故,如公路护栏、公路中间隔离带、树木、农田、山坡、建筑物等;双(多)方事故是指标的车辆与其他车辆一部或多部发生碰撞,造成人员伤亡或财产损失的事故。

根据交通事故发生的形态,交通事故基本可分为碰撞、碾压、刮擦、翻车、坠车、爆炸和失火7种形态。绝大部分交通事故都是碰撞事故。

三、现场查勘的目的

现场查勘的目的如图6-1所示。

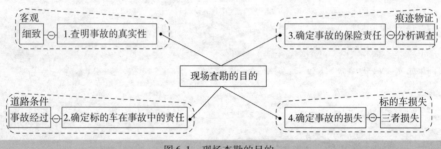

图6-1 现场查勘的目的

现场查勘是证据收集的重要手段,是准确立案、查明原因、认定责任的依据,也是保险赔付、案件诉讼的重要依据。因此,现场查勘在事故处理过程中具有非常重要的意义。

(一)查明事故的真实性

通过客观、细致的现场查勘证明案件是否为普通单纯的交通事故,是否为骗保而伪造事故,即确定事故的真实性。

(二)确定标的车在事故中的责任

通过对现场周围环境、道路条件的查勘,可以了解道路、视距、视野、地形、地物对事故发生的客观影响;对事故经过进行分析调查,查明事故的主要情节和交通违法因素,分清标的车在事故中所负的责任。

(三)确定事故的保险责任

通过现场的各种痕迹物证,对当事人和证人的询问和调查,对事故经过进行分析调查,查明事故发生的主要情节,结合保险条款和相关法规,确定事故是否属于保险责任范畴。

(四)确认事故的损失

通过对受损车辆的现场查勘,分析损失形成的原因,确定该起事故中造成的标的车及第三者的损失范围。通过对第三者受损财物的清点统计,确定受损财物的型号、规格、数量以及受损的程度,为核定损失提供基础资料,损失较小者可以现场确定事故损失。

四、现场查勘的方法

(一)沿着车辆行驶路线查勘法

这种方法适用于事故痕迹清楚的现场。

(二) 从中心(事故车辆)向外查勘法

这种方法适用于现场范围不大,痕迹和物证较集中的现场。

(三) 从外向中心查勘法

这种方法适用于范围大、痕迹和物证较分散的现场。

(四) 分片分段查勘法

这种方法适用于面大距离长和伪造的现场。

 特别提示

当遇到下列情况时,应通过现场实验进行科学考察:
(1) 认定痕迹或事故原因有异议时;
(2) 在关键问题上意见无法统一时。

单元二 现场查勘的流程

单元要点

1. 查勘前的准备；
2. 接受查勘调度；
3. 到达事故现场的工作；
4. 现场查勘结束后的工作；
5. 特殊事故的现场查勘。

相关知识

现场查勘，就是一个对事故定性、定责的过程，即通过仔细了解现场情况，确定损失原因以及是否属于保险责任，该项工作主要由保险公司或公估公司的查勘人员完成。查勘人员在接到调度指令后，第一时间赶赴事故发生现场，对事故的真实性进行核实，协助客户处理现场，并告知客户相关索赔事项。

一、查勘前的准备

（一）查勘前准备工作

在赶赴现场之前，必须携带必要的查勘工具和救护用具，准备好查勘单证及相关资料。需准备的用品及用具：

1. 查勘设备

查勘车辆、照相用的相机、录音笔、电池及充电器等，重大案件需携带录像机；测量用的钢卷尺或皮尺；记录用的签字笔、书写板、三角板、印泥等文具；夜间查勘需准备手电筒；雨天查勘需准备雨伞、胶靴等；视情况还需准备反光背心、事故警示牌、手套等防护用品；新手查勘还需准备事故现场所在地的地图备查。

2. 常用药具

有条件的业务部还可常备创可贴、云南白药、碘酒、十滴水、风油精、正气水、药棉、纱布、绷带或医用胶带等常用药具。

3. 作业资料

现场查勘需准备现场查勘报告单、定损单、索赔指导书、出险通知书、赔款收据、事故快速处理书和其他委托单位要求在现场派发或收集的资料。

（二）出发前的各项检查

出发前，检查查勘车辆车况。离合、制动性能是否良好，备胎情况及更换工具是否随车携带，燃油量能否满足当天查勘要求，另外检查相机等查勘工具、救护用具、作业资料等是否完备,各类电子设备电量是否充足。

二、接受查勘调度

(一)接受调度时不同工作状态下的处理方式

(1)接到客服中心调度时,公估人员如果是在非查勘定损过程中,应即时记录事故发生地点、客户姓名、联系电话、车牌号码、车架号码及报案号,并了解该案简单事故经过、核赔人是谁、是否VIP客户、是否需推荐修理厂等案件相关信息。然后在5分钟内与客户电话联系,了解事故详细地点及简单经过,告知客户预计到达现场的时间,对客户做初步的事故处理指导。

(2)公估人员如果正在另一事故现场勘查过程中,正在处理的事故现场在短时间内能处理完毕,并预计能够按时或稍晚些时候可以赶到下一个事故现场的,公估人员应即时记录好案件信息并在5分钟内与客户联系,说明情况,消除客户的急躁情绪,让客户心中有数,并把情况向客服中心反馈。

事故现场在短时间内不能处理完毕并预计不能够按时赶到下一个事故现场的,公估人员应及时与客服中心进行沟通,取得客服中心的支持,另行调度。

(3)公估人员如果正在修理厂定损过程中,公估人员应即时记录好案件信息并在5分钟内与客户联系,说明情况,告知预计到达事故现场的时间。离开修理厂时要有礼貌地同客户或修理厂有关人员道别,并告知厂方如果有什么问题请随时打电话联系。

车损较大不能在短时间内处理完毕的,公估人员应拍好车损外观照片,并与客户或修理厂有关人员进行沟通,取得他们的理解,然后赶赴现场案件地点进行查勘。

当修理厂位置偏远,且经简单拆检后即可定损完毕的,应及时与客服中心进行沟通,取得客服中心的支持,另行调度。

(4)公估人员在赶赴现场遇到道路严重堵塞、停滞不前或查勘车发生故障不能前往等特殊情况,导致不能按时到达事故地点时,应立即向客服中心反馈,取得客服中心的支持,另行调度,并向客户说明。

(二)现场查勘联系客户服务要求及用语

(1)电话接通,及时接听,服务用语:"您好,我是××公司公估人员×××……"

(2)接受派工时服务态度要端正,不准以各种借口拒绝派工,如果现场查勘有困难,可以跟调度解释或跟主管领导汇报。

(3)初次联系客户用语:"您好!请问是×××先生/小姐吗?我是××公估公司公估人员,受××保险公司委托负责您这次事故的现场查勘工作,请问您的事故位置在什么地方?事故情况怎样,能简要介绍一下吗?"

(4)询问客户事故地点用语:"您好!我目前在××区域,正在赶赴你那的途中(或我正在××处理一起事故),估计要××点能赶到,请不要移动现场好吗(或如果交警已到,可让交警先处理,我随后就到)?"

(5)因特殊原因不能按时到达用语:"不好意思,我正在赶去您那的途中,由于××原因,估计要××时间才能赶到您那儿,请稍等一下,好吗?"

(6)核实事故地点用语:"您好,×××先生/小姐,我现在已到了××地方,没看到您的车子,您现在具体在哪个位置?"

(7)严禁拨通客户电话后,不等客户接通电话就挂机,让客户反打过来。

三、到达事故现场的工作

到达事故现场后,公估人员应先将查勘车辆停放在不影响通行的安全位置,携带好查勘工具下车;当事故现场不好停车(或难以通行)时,可先让一名公估人员携带着查勘工具在现场(或现场附近)下车,先行前往事故现场,按照以下程序来进行现场查勘。另一名公估人员在停放好查勘车辆后,应及时赶赴事故现场,参与现场查勘。

(一)确认事故现场及客户身份并向客户做自我介绍

(1)到达现场后,公估人员首先要通过车牌号码来确认事故现场就是公估人员需要查勘的现场,同时要确认客户身份,并向客户进行自我介绍。介绍的标准用语:"您好,请问是×××先生/小姐吗?我们是××公估公司的公估人员,我姓×,这是我的名片。"

(2)随后将名片递送给客户,同时向客户表明"受××保险公司委托,您的这次事故由我来处理",以取得客户配合,同时消除客户急躁情绪。

(二)了解事故现场概况

在一个公估人员向客户做自我介绍的同时,另一名公估人员要确认现场是否存在以下情况:

(1)查看事故现场是否有人员受伤。对于有人伤的案件,公估人员应指导客户拨打120和122报警,并保护好现场,协助将伤员送往医院等(因抢救需要移动现场车辆或人员位置的,要做好标记);如属于群死群伤的大案件,积极协助客户、交警部门妥善处理人伤事宜。

(2)查看事故车辆是否处于危险状态。如事故车辆仍处在危险状态,公估人员应指导客户联系122、119或协作厂实施拖、吊、灭火等救援工作。

(三)拍摄现场照片

由于事故现场极易被破坏,故在了解事故现场概况的同时,公估人员应及时拍取现场照片。现场照片的拍摄贯穿着整个现场查勘的主要工作。

现场照片的拍摄要按以下要求进行:

1. 拍摄原则

先拍摄原始状况,后拍摄变动状况;先拍远景,后拍近景,再拍局部;先拍摄现场路面痕迹,后拍摄车辆上的痕迹;先拍摄易破坏易消失的,后拍摄不易破坏和消失的。相片必须清晰(车牌号码、车架号码、发动机号码、车损部位)、完整(能全面反映事故情况、损失情况),必须带有日期。

2. 相机要求

相机必须设置日期,且显示的日期必须与拍摄日期一致,严禁以各种理由调整相机的系统日期;数码相机的照片大小调整为640×480;尽量避免使用立式拍摄,严禁使用对角拍摄。

3. 现场照相内容

现场方位、概览、中心、细目照相;现场环境、痕迹勘验、人伤照相;道路及交通设施、地形、地物照相;分离痕迹、表面痕迹、路面痕迹、衣着痕迹、遗留物、受损物规格编码照相;车辆检验(车架号或发动机号)、两证检验照相。

4. 现场拍照顺序

首先是全景照:在事故现场的前后各拍一张全景,要把现场的道路情况、标志标线等反映出来;其次是方位照:从侧面拍摄,反映车辆所处的方位、行驶方向等;最后是细目照:把碰撞的部位、车损情况、地上的洒落物、漆片、刹车印、玻璃碎片等拍下来。

5. 隐损件拍摄

涉及隐损的零件及容易扩大损失的零件(如大灯、散热网、水箱等)需贴标签拍摄,标签上必须签署公估人员姓名和查勘时间。

(四)核实事故情况

核实事故情况就是要确认事故的真实性、要确认标的车在事故中的责任、要确认事故或损失是否属于保险责任范畴。在向客户做完自我介绍之后,公估人员就要立即开始核实事故情况,核实事故情况主要按以下流程进行。

1. 查勘碰撞痕迹

查勘事故车辆的接触点、撞击部位和事故痕迹,查找事故附着物、现场散落物,检查事故车辆接触部位黏附的物体。采集这些物体的标本作为物证,以便分析事故附着物、散落物及事故痕迹是否符合,从而判断事故的真实性(如通过风窗玻璃上所黏附的毛发分析,可确定事故为何人驾驶所致等)。对存在疑点或报案不符的事项做重点调查,必要时对当事人或目击人做询问记录。

事故附着物、散落物是指黏附在事故车辆表面或散落在现场的物质(如油漆碎片,橡胶,人体的皮肉、毛发、血迹、纤维、木屑以及汽车零部件,玻璃碎片等),事故痕迹是肇事车辆、被撞车辆、伤亡人员、现场路面及其他物体表面形成的印迹(如撞击痕迹、刮擦痕迹、碾轧痕迹、制动痕迹等)。

对事故车辆与被碰撞物已经分离的情况,要用卷尺指明碰撞点拍摄,来反映碰撞物体之间的空间关系(如地上石头的高度与车辆底盘被碰撞点高度;墙体、栏杆上碰撞痕迹的长度、高度与车辆碰撞痕迹长度、高度)。

2. 确认事故的真实性

通过对事故现场的仔细勘验,公估人员要对事故的出险时间和地点做出判断,以确认事故是否真实。

3. 确认车辆行驶状态

通过查勘车辆行驶后遗留的轮胎印痕,勘查现场环境和道路情况,可确认事故车辆的行驶路线。

4. 判定事故责任

确定车辆行驶路线后,结合出险驾驶人或事故目击人员的叙述,公估人员可根据《道路交通安全法》和《道路交通安全法实施细则》的相关规定对事故责任做出判定。

交通事故责任分为全责、主责、同责、次责、无责几种。如果标的车辆在事故中没有责任,可以直接开始缮制《现场查勘报告》,在报告中注明标的车无责,并告知客户向有责任一方索赔的程序后,即可结束查勘工作。

需要说明的是,公估人员判定的事故责任和执法机关判定的事故责任法律效力是不一样的,公估人员判定的事故责任必须要事故双方(或多方)驾驶人同意,并签名确认才能得到认可。所以当事故双方(或多方)驾驶人对公估人员判定的事故责任有异议的时候,一定要求执法机关来判定事故责任。

5. 出具《交通事故快速处理书》

如事故所在城市实施了交通事故快速处理、快速理赔机制,且委托单位授权公估人员的,公估人员要根据现场情况,在授权范围内向事故当事人出具《交通事故快速处理书》。

需要注意的是,向事故当事人出具《交通事故快速处理书》,只是证明事故的真实性和确定事故责任,并不代表委托单位就必须要承担相应的赔偿责任。

6. 查明事故发生的原因

出险的真实原因是判断保险责任的关键,对原因的确定应采取深入调查,切忌主观武断。对于事故原因的认定应有足够的事实依据,通过必要的推理,得出科学的结论,应具体分析说明是客观因素,还是人为因素,是车辆自身因素(如轮胎爆裂引起事故),还是受外界影响,是严重违章,还是故意行为或违法行为等。尤其对于保险责任的查勘,应注意确定是外部原因引起、是损伤形成后没有进行正常维修而继续使用造成损失扩大所致,还是车辆故障导致事故。对损失原因错综复杂的,应运用近因原则进行分析,通过对一系列原因的分析,确定导致损失的近因,从而得出结论。凡是与案情有关的重要情节都要尽量收集、记载、以反映事故全貌,同时应获取证明材料,搜集证据。

7. 核实事故是否属于保险责任范畴

查明真实的事故原因后,公估人员结合《保险法》《合同法》和相关保险条款对存在疑点(如标的车驾驶人和三者车驾驶人描述不一致)或报案不符的事项做重点调查,必要时对当事人或目击人做问询记录。

各种除外责任参见《机动车交通事故责任强制保险条例》和2014版《机动车商业保险示范条款》。

如果查明事故非保险责任范畴,公估人员可以直接开始缮制《现场查勘报告》,在报告中注明事故非保险责任范畴,并向客户解释清楚后,即可结束查勘工作。

(五)核实标的车辆情况

如果事故车辆可以自行移动,在确认事故的真实性、保险责任和事故责任之后,公估人员可同意(或要求)事故当事人将事故车辆移到不影响交通的地方,继续核实标的车的情况。核实标的车的情况要按以下的流程进行:

1. 核实事故车辆的车牌号、车架号(VIN码)或发动机号

特别注意车架号(或VIN码)是否与保单相符,确认事故车辆是否为承保标的,并拍摄车架号码;对于套牌的进口车、改装车、特种车,要注明国产型号和原厂车型;若事故车辆信息与保单记录不符,应及时调查取证,现场向报案人(或被保险人)做问询记录,并要当事人签名确认。

2. 核实事故车辆的行驶证记录与事故车辆是否一致,是否有效,并作好记录,拍照留存

3. 核实事故车辆的使用性质

确认事故车辆出险时是否在从事营运活动,是否与保单上记录的使用性质相符,不相符

的,应及时调查取证,现场向报案人(或被保险人)做询问记录,并要当事人签名确认,且在查勘记录中说明。

4. 核实出险车辆的装载情况

在查勘报告中记录载客人数、货物重量、高度等;车辆装载异常或挂有营运牌的,注意索取运单、发货票等资料留存。

5. 核实事故车辆是否存在保险利益发生转移的情况

即核实被保险人是否将标的车进行过转让、赠送等。如存在上述情况,则应及时调查取证,设法取得相关书面协议。具体核实情况如下:

(1)查验事故车辆驾驶人的驾驶证,要核实驾驶证是否是出险驾驶人本人的,同时要重点核查:准驾车型、驾驶证是否有效等信息,并做好记录。如有异常情况要尽量将驾驶证复印留存;对事故处理机关扣留驾驶证的,在查勘记录中说明。

(2)记录出险驾驶人姓名、联系电话;核实出险驾驶人与被保险人的关系,以便了解出险驾驶人使用标的车是否得到被保险人的允许。

(3)核实出险驾驶人是否存在酒后驾车的情形。如发现出险驾驶人是酒后驾车的,公估人员要及时调查取证,现场向出险驾驶人做询问记录(记录制作方法见后面单元),并要当事人签名确认,且在查勘记录中说明。

(六)核定事故损失

1. 剔除非事故或非保险责任内损失

现场查勘时,公估人员要确认事故车辆的损失部位。对非本次事故造成的损失(或非保险责任范畴内的损失)要予以剔除,并做好客户的沟通解释工作,取得客户的理解和确认。

2. 核定事故车辆损失

对于责任明确、车损较小、没有隐损件的事故,公估人员要根据委托单位的授权,在现场核定维修工时和配件价格,出具《定损单》,并在有需要回收的受损零部件上粘贴回收标签,告知客户妥善保管核准更换的受损零部件,以备回收。

3. 清点财产损失情况

对于造成其他财产损失的案件,公估人员应现场确认第三方财产损失的型号、数量等,对于货品及设施的损失,应核实数量、规格、生产厂,并按损失程度分别核实;对于车上货物还应取得运单、装箱单、发票、核对装载货物情况;对于房屋建筑、绿化带、农田庄稼等要第一时间丈量损失面积,告知客户提供第三方财产损失清单,并对受损财产仔细拍照。现场清点后,要列出物损清单,并要求事故双方当事人在清单上签名确认。

4. 确定人员伤亡情况

对于有人员伤亡的事故,公估人员要及时与事故当事人沟通,确认事故中人员伤亡的数量、伤势、伤员就医的医院。有条件的,要前往伤者所在医院,确认伤者伤势、姓名、年龄、身份、职业、家庭情况等。

(七)缮制查勘报告

公估人员在完成上述现场查勘工作后,要将上述情况汇总形成文字材料,即要制作《现场查勘报告》。《现场查勘报告》的制作要求见后面章节。

(八)事故处理及索赔指引

完成《现场查勘报告》后,现场查勘工作就基本完成。但为了更好地体现公估公司的服务水平，公估人员还必须指导客户进行事故处理或告知客户索赔的流程和注意事项。

（1）对于要由执法机关处理的事故，公估人员要主动询问客户是否熟悉事故处理流程，对于不熟悉事故处理流程的客户，公估人员要告知客户事故处理流程，指导客户处理事故。

（2）对于标的车辆在事故中无责的，要告知客户向有责任一方进行索赔，同时要提醒客户在修车前要通知有责任一方的保险公司进行定损，根据定损金额要求有责任一方支付维修费用。

（3）对于公估人员处理的事故，公估人员要告知客户（包括第三者方）索赔流程和注意事项，包括双方修车前要通知保险公司进行定损；有物损的，还要告知客户物损核定的流程、核价查询电话、索赔所需资料等。

（4）对于委托单位要求推荐客户到指定修理厂维修的，要积极向客户（包括第三者车）推荐；委托单位没有要求推荐的，公估人员切记不可推荐修理厂。如客户坚持要公估人员推荐，公估人员可建议客户向其买车的公司咨询，以免因维修质量问题，产生纠纷。

（5）发放相关索赔资料，并指导客户正确填写。

（九）告别客户离开现场

在告知客户事故处理程序和索赔流程后，公估人员可以离开现场，赶赴处理下一个事故。但应注意如下问题：

（1）在离开现场前，公估人员要向客户告别，告别的标准用语："××先生/小姐，您的事故现场我们就处理完了，我们现在要赶去处理下一个事故，如果您对事故处理或索赔过程中有什么不清楚的地方，可以和我联系。"

（2）如客户提出要搭乘顺风车，在不影响下一个工作的情况下（如暂时没有接到调度或顺路），可以送客户一程，或将客户送到交通方便、便于乘车的地方。

（3）在现场查勘结束后，公估人员应将现场查勘情况反馈给公司客服中心或委托单位客服中心；对于有疑点、在现场又无法取证的疑难案件，更要把疑点向客服中心详细反馈。

特别提示

复勘现场的处理会出现以下不同。

按委托单位要求需复勘现场的，或出于案件处理需要复勘现场的（如碰撞痕迹和车损情况可能不吻合），要复勘现场。

复勘现场时，先确定事故现场位置，寻找现场残留的碰撞痕迹或残件，分析现场碰撞、刮擦痕迹，确定现场被撞物体的部位及残留的碎片是否与受损车辆的特征相吻合，对以上情况进行拍照、测量、制作现场图并提取有关的碎片，以便与受损车辆进行比对；对有物损的现场，要对物损情况进行现场测量、统计、拍照并做好现场记录，制作现场图并让客户提供物损清单等证明材料。

四、现场查勘结束后的工作

（一）填写工作日志

按要求填写当天的查勘工作日志，注明违约案件及现场核案件情况，对当天查勘情况进行统计。

(二) 核定第三方财物损失

对于现场没有提供第三方财物损失清单的案件,公估人员应主动与客户联系,要求客户提供损失清单,并根据现场查勘情况,核定第三方财物损失数量后,按要求交给相关核价人员核定价格。

(三) 上传材料

现场查勘的所有相关资料,需要上传理赔系统的,公估人员必须在规定时间内上传至车险理赔系统,遇有疑难问题,与搭档沟通达成一致意见后及时与核赔人员沟通,将沟通意见上传车险理赔系统。

(四) 确认维修价格

对于现场核定完损失的案件,公估人员在上传资料前应与客户或承修厂沟通,查看客户实际选择的承修厂,必要时对价格进行微调,确认客户或承修厂对现场核定的维修价格无异议。

五、特殊事故的现场查勘

对于水灾事故、火灾事故以及车辆被盗抢事故,其查勘与双方事故的查勘各有不同的侧重内容。

(一) 水灾事故的查勘

车辆涉水行驶或被水淹后,由于驾驶人的处理或操作不当极易造成发动机内部损坏。而这些内部损坏一般都是除外责任内的损失。车辆被水浸泡后,其电子元器件极易遭到腐蚀、氧化,导致损失扩大。所以水灾致损车辆的查勘速度一定要快,而且要尽快提出施救方案,督促被保险人积极施救,车辆到修理厂后,及时拆检定损,避免损失扩大。

水灾现场的查勘,除了按现场查勘的基本流程操作外,还要特别注意以下要求:

(1) 接到报案后,联系客户用语:"请问您的车被水浸泡了多长时间? 水位有多高? 您是否重新起动?"如客户未重新起动,则告知:"请您千万不要打火起动车辆,避免扩大损失,我们将马上赶到现场协助您处理。"

 想一想

(1) 车辆涉水熄火后,驾驶人正确的措施是什么?

(2) 发动机涉水熄火后,因强制起动引起的车损,车损险赔吗?

(2) 到达现场后,快速进行处理,拍摄现场相片,必须要拍出水淹的水线位置,确定车辆被浸泡的高度,了解受损的大概情况。

(3) 拍摄完现场照片后,应协助客户积极联系施救厂,并协助客户将水淹车辆推(拖)出水淹现场。

> **特别提示**
>
> **涉水车辆的科学拖车方法**
>
> 一般应采用硬牵引方式拖车,或将汽车前轮托起后进行牵引。拖车时一定要将变速器置于空挡,以免车轮转动时反拖发动机运转,导致活塞、连杆、气缸等部件的损坏。对于自动变速器的汽车,注意不能长距离的被拖曳(通常不宜超过20~30km),以免损伤变速器。
>
> 在将整车拖出水域后,应尽快把电瓶的负极线拆下来,以免车上的各种电器因进水而发生短路。

(4)查勘水灾事故现场时,公估人员必须制作现场询问记录,就车辆水淹后如何熄火、熄火后有没有再次点火、点火多少次等问题要求事故车辆驾驶人做出明确答复。记录的制作方法见后面单元。

(5)查勘水灾事故现场时,公估人员必须现场检查发动机进气口是否进水,空气滤清器滤芯是否被水浸湿,并拍照存档。如果空气滤清器滤芯没有浸湿,则可以排除发动机内部进水的可能性。

(二)火灾事故的现场查勘

火灾事故的发生原因复杂多样,造成的损失一般也比较大。起火原因主要有碰撞起火、自燃起火、人为失火3种类型,不同的起火原因属于不同的理赔责任范围,现场查勘时要多观察、多了解、多询问。

(1)到达现场后,注意勘查现场环境,是在繁忙道路上还是在住宅小区,记录当时的天气状况,查勘事故地周围有无异常物。

(2)向驾驶人了解保险车辆着火的详细经过,注意观察驾驶人的言行举止,了解车辆碰撞或翻车的具体情节,车辆起火和燃烧的具体情节,了解着火时驾驶人采取了哪些抢救的措施,车辆着火时的具体情况,核对当事人的叙述与已知的事实是否相符。

(3)查勘路面痕迹,车辆着火现场路面上的各种痕迹,观察制动拖印、挫划印痕的形态,测量起始点至停车位制动拖印的距离;查勘着火车辆在路面上散落的各种物品及被碰撞抛洒的车体部件、车上物品位置,推算着火车辆行驶速度。

(4)查勘车体燃烧痕迹,检查车辆燃烧痕迹,重点查看车辆的电器、油路及电路情况,查勘发动机舱和车内仪表台的受损情况;初步判断燃烧起火点及火源,分析是碰撞事故引起燃烧还是车辆自燃引起燃烧。

(5)了解当事驾驶人与被保险人关系,车辆为何由当事驾驶人使用;近来该车技术状况和使用情况如何,是否进行过修理,最近一次在哪家修理厂维修的。

(6)调查取证、走访、调查现场其他有关人员,就其当时看到的情况做好询问记录,并对记录签名,留下联系电话。

(7)发现案件中存在某些疑点、牵涉到故意行为或人为失火情况,应作进一步调查,如多个起火点、车上配件被移下、当事人行动反常、证词相互矛盾等,必要时通过公安消防部门进一步了解案件性质、着火原因。

(8) 跟踪公安消防部门认定火灾原因,与自己通过查勘、访问、观察、提取、检验、清点等方法分析得出的火灾原因进行比较,发现疑问要及时沟通,并做好记录。

（三）被盗抢车辆的查勘

机动车被盗抢案件,就是投保车辆发生全车被盗或被抢,根据保险条款,由保险公司在保险金额范围内按照出险时车辆的实际价值进行赔偿。如今,各家保险公司都把盗抢险作为主险来承保。

盗抢案件查勘注意事项如下：

(1) 接到调度后,调查人员应赶赴第一现场查勘,对当事人进行询问并做好询问记录,进行现场拍照并检查现场有无盗抢痕迹,有无遗留作案工具。注意分析报案人所言有无自相矛盾之处,如停车位置周围环境、车主反映的被盗经过等有无可疑之处。

(2) 走访、调查现场有关人员,调查车辆停放、保管、被盗抢的情况,做好询问记录;特别注意停车场收费情况,要求被保险人提供停车收费凭证,了解车辆丢失后追偿的可能性。

(3) 调查车钥匙及证件是否一同丢失。调查被盗车辆的钥匙配备情况,对钥匙进行鉴定,判断是否为原件,调查车辆相关证件是否缺失;查看车主证件,车主是单位的需提供营业执照,是个人的需提供身份证。

(4) 核实报警情况,走访接报案公安部门的执勤民警,核实客户报案时间,记录当时接报案的详细情况,被盗案件是否立案侦查,丢失车辆是否录入公安网上系统。

(5) 调查被盗抢车辆的购置、入户上牌及过户等情况,调查使用人是否具有保险利益,如被盗抢车辆发生转让,应请被保险人及时提供有关转让证明。

(6) 向被保险人了解其近期财务状况,是否有经济纠纷,调查被盗车辆近期维修情况。

(7) 向保险人了解被盗车辆的投保、验车情况记录,索被盗车辆的投保单。

(8) 告知客户索赔所需的资料,如行驶证、购置费凭证、购车发票、车钥匙、保单等,跟踪案件立案后两个月内是否侦破。

单元能力检测

任务模拟一

20××年×月×日,被保险人曾某驾驶一辆牌号为川 R43120 的长城赛影在上海市松江北松公路行驶时,与迎面驶来的牌号为豫 PB3050 的卡车相撞,造成两车受损。长城赛影的左前车头撞击卡车左侧中桥轮胎处,长城赛影左前车头严重受损且驾驶人受伤,卡车左侧中桥处受损。交警判定长城赛影车主负全责。经成都太保委托,由某保险公估有限公司的查勘员陈××前往永强汽修厂查勘。

作为保险公估公司的查勘员,请你为该案制定一个合理的查勘流程。

单元三 现场查勘的几项技能

单元要点

1. 询问记录的制作；
2. 现场查勘报告的制作。

相关知识

现场查勘工作主要包括调查取证、现场照相、绘制现场图及现场查勘报告的填写等，而调查取证工作又包括询问记录和收集物证。

一、询问记录的制作

询问记录是采集案件证言的常用方法，实际工作中要根据不同的情况，采用不同的询问方法。现场制作询问记录时，要注意一些技巧，要先从事故和人员的基本情况问起，询问的语气要平和，尽量不要一开始就直接针对可能存在疑点的问题提问，以免引起警觉或反感，导致客户不予配合。

需要注意的是，所有询问记录均需询问人、被询问人签名，并按指模。记录内容尽量不要修改，如确实需要修改的，必须由被询问人在修改处加盖指模。

下面列出常见几种类型案件的询问提纲供参考。

（一）酒后驾车出险现场

酒后驾车造成的事故是典型的除外责任事故，但酒后驾车的取证工作也是相当困难的。下面就针对酒后驾车出险案件制作询问记录的方法介绍如下。

1. 询问提纲

（1）请你陈述一下事故发生的详细经过？你认为是什么原因造成事故的？

（2）发生事故时你驾驶标的车在干什么？何时何地出发到哪里去？

（3）发生事故前用餐否？在哪里用餐？（用餐时间一定要用 24 小时制进行记录）

（4）几个人用餐？吃了什么饭菜？饮酒否？（如果是数人喝酒，则要问明是哪些人）

（5）你认识被保险人×××吗？你与他是何种关系？（如果有借车情节，要了解清楚借车的详细经过情况）

2. 记录要点

（1）一定要确认出险驾驶人饮酒的数量和具体的时间。

（2）时间一定要用 24 小时制记录。

（二）违反装载规定车辆出险现场

车辆违反装载规定出险是指保险车辆由于违反了《道路交通安全法》中关于车辆装载的

相关规定,导致事故的发生,常见于载货车辆的出险现场。

1. 对货车驾驶人的询问提纲

(1)发生事故时标的车在执行什么任务?是谁派你执行任务的?

(2)车上装载的是什么货物?货物是什么包装的?

(3)货主是谁?是谁装货的?装货时你在场吗?何时何地装货启运的?目的地是哪里?

(4)货物有多少件?每件多重?共重多少?

(5)你驾驶的车上除运货外还载了多少人?(如果超员,则要问乘车人员的姓名、身份、地址等;如果有人货混装的情况,则要问明与货物在一起的人员数量、人员姓名等)

(6)有无该批货物的装车清单和发货凭证?能否提供给我们?

(7)你认识被保险人×××吗?与他是何种关系?

2. 对客车驾驶人的询问提纲

(1)发生事故时该车在执行什么任务?从何时何地出发到哪里去?是谁派你执行任务的?

(2)车上坐的是什么人?与你是何关系?在哪里上的车?

(3)车上有多少乘客?分别坐在哪个座位上,请在图上标示出来可以吗?

(4)你认识被保险人×××吗?与他是何种关系?

3. 记录要点

一定要取得车辆实际装载高度、质量等具体数据。

(三)改变使用性质车辆出险现场

改变使用性质车辆出险现场是指被保险人将保险车辆用于投保使用性质以外的用途,如投保非营运险的车辆进行营运活动、客车用于货物运输活动、货车用于载客运输,导致事故发生的出险现场。

1. 货车驾驶人询问提纲

(1)发生事故时你驾车在执行什么任务?是谁派你执行任务的?

(2)本车运载的是什么货物?货主是谁?何时何地装车?目的地是哪里?

(3)你和货主是什么关系?

(4)运输这批货物收取多少运费?

(5)怎样收取运费的?

2. 客车驾驶人询问提纲

(1)发生事故时你驾车在执行什么任务?是谁派你执行任务的?

(2)车上坐的什么人?有多少人?何时何地上的车?目的地在哪里?

(3)车上各乘客与你是何关系?

(4)他们坐车需向你交多少车费?交费了吗?

(5)认识被保险人×××吗?你与他是何种关系?

3. 记录要点

(1)一定要确认标的车出险时是否营运,即有没有收钱、收多少钱(或谈妥收多少钱)。

(2)同时要确认标的车平时是否也进行营运活动。

(四)未经检验合格车辆出险现场

未经检验合格车辆出险现场指投保人将未经检验合格的车辆向保险公司投保,或在保险有效期内,保险车辆的检验合格届满,被保险人没有再对车辆安全技术条件进行检验合格却继续使用,在保险合同失效后发生事故并造成损失的现场。

1. 询问提纲

(1)你驾驶的车每年是何时年检的?

(2)你驾车发生事故前车况如何?最近维修过吗?

(3)该车最近有无到车辆检测部门进行例行检测?有无到车管所年检?

(4)为什么没有去年检?

2. 记录要点

(1)要详细记录当事人关于年检的时间、地点等。

(2)特别注意记录其中互相矛盾的地方。

(五)虚构驾车肇事经历,顶替肇事驾驶人承担责任的现场

虚构驾车肇事经历,顶替肇事驾驶人承担责任的现场是指无证驾驶保险车辆或酒后驾驶车辆的驾驶人在保险车辆发生事故后,找有合法驾驶资格人员顶替承担责任及处理事故的现场。现场表现为顶替者不能清楚描述事故经过,对车主及被保险人的情况、车内物体存放及车上乘客乘坐位置不太清楚。

1. 询问提纲

(1)事故发生时你驾车在干什么?

(2)该车的车主是谁?被保险人是谁?

(3)你与车主是何种关系?你认识被保险人×××吗?你与他是何种关系?

(4)该车为何由你驾驶?你驾驶该车多长时间了?平时该车由谁驾驶?

(5)该车是什么车型?车况如何?最近维修情况?有无办理年检?

(6)发生事故的详细经过(何时从何地到哪里?干何事?几个人?什么人?坐的位置?车速及车辆损失情况等)

2. 记录要点

(1)要详细记录当事人对事故经过(包括处理经过)的描述。

(2)特别注意记录其中互相矛盾的地方。

(六)无驾驶证或年审过期后驾车出险的现场

无驾驶证或年审过期后驾车出险的现场是指无车辆管理部门核发合格驾驶证件的驾驶人或有驾驶证但没有经必要年审的驾驶人驾驶保险车辆时,发生事故并造成相当损失的现场。

1. 询问提纲

(1)你有无驾驶证?准驾车型是什么?何时考的驾驶证?哪里考的证?

(2)驾驶证有无年审?

(3)为何驾驶证没有年审?

2. 记录要点

(1)要详细记录当事人关于驾驶证申领的时间、地点、过程等。

(2)特别注意记录其中互相矛盾的地方。

(七)不是被保险人允许的驾驶人驾车出险的现场

不是被保险人允许的驾驶人驾车出险的现场是指驾驶人在未征得被保险人允许的情况

下驾驶保险车辆发生事故并造成相当损失的现场,保险人不承担第三者责任保险的责任。

1. 询问提纲

(1) 该车的车主是谁?被保险人是谁?

(2) 你与车主或被保险人是何关系?

(3) 该车为何由你驾驶?你是怎么拿到该车的?

(4) 被保险人知不知道你驾驶该车?有没有经过他的同意?

(5) 你驾驶该车发生事故时在执行什么任务?

2. 记录要点

(1) 要详细记录当事人描述的取车经过,向当事人详细了解被保险人的情况及联系电话。

(2) 特别注意记录其中互相矛盾的地方。

(八) 套牌车辆发生事故后报出险的现场

套牌车辆发生事故后报出险的现场是指现场出事车为无牌车辆,套用标的车牌照使用并发生事故,造成相当损失的现场。套牌车辆多为货柜拖车和外地车辆,事故车大梁号码和发动机号码字体不正规不清晰,行驶证印制得较为粗糙。

1. 询问提纲

(1) 该车的车主和被保险人分别是谁?

(2) 你和车主及被保险人是何关系?

(3) 该车是何时何地购买的?购置价格是多少?

(4) 何时何地上的车牌?

2. 记录要点

(1) 要详细记录当事人关于车辆上牌的时间、地点、经过等。

(2) 特别注意记录其中互相矛盾的地方。

(九) 人为故意制造假事故的现场

人为故意制造假事故的现场是指被保险人或其他人员在保险车辆没有发生保险事故的情况下,人为故意制造事故,并假造损失的现场。

1. 现场常见现象

(1) 车辆多为旧款残旧的进口车型。

(2) 事故时间多为深夜和凌晨时分。

(3) 事故地点多为偏僻少人的道路及空地。

(4) 车损部位和痕迹不吻合,地上车身的残片往往不能拼凑成形。

(5) 如安全气囊爆裂,但现场无异味和高于常温的情况,安全气囊的接头也有异常。

(6) 离碰撞部位较远的部位也有损伤。

(7) 事故车身上往往有旧的痕迹和锈迹,或有现场不存在的漆印。

(8) 事故道路上很少有制动拖印。

(9) 事故现场附近多停有无关车辆。

(10) 驾驶人多为有多年驾龄的驾驶人。

(11) 驾驶人故意表现出急躁情绪,对事故经过很难描述清楚或虚构情节,事故中很少有人员受伤。

(12)如是双方事故存在揽责和推卸责任的情况。

2.询问提纲

(1)驾驶人的身份(驾驶证、身份证、行驶证)。

(2)车主及被保险人的姓名等情况。

(3)你与车主×××及被保险人×××是何种关系?

(4)该车为何由你驾驶?

(5)事故的详细经过(何时何地到哪里去?做什么?车上坐有多少人?车速多少?什么情况下发生的事故?当时采取了何种措施?车损部位等)。

(6)该车在本次事故前是否发生过事故?车辆外观及设备是否完好?

(7)如发现现场残件不全,或残件材质与标的车部件材质不一致,则必须要出险当事人给出解释。如解释不清或胡搅蛮缠,可要求报警处理。

(8)如安全气囊爆出,可询问安全气囊爆出有多长时间,爆出时的详细情况,安全带是否佩戴?

3.记录要点

(1)要详细记录当事人对于事故车辆出险前后车况的描述。

(2)要详细记录当事人对于事故车辆出险经过的描述。

(3)如果是双方事故,则标的车和三者车的当事人要分别做记录。

(4)特别注意记录其中互相矛盾的地方。

(十)标的车进厂修理期间的出险现场

标的车进厂修理期间的出险现场是指车辆的使用人将保险车辆送至修理厂维护修理期间,修理厂相关人员驾驶保险车辆发生事故并造成相当损失的现场。

驾驶人多为修理厂人员,除了现场碰撞痕迹外还有其他修理期间出现的特征,驾驶人可能刻意隐瞒修车事实。

1.询问提纲

(1)车主姓名及被保险人姓名等情况。

(2)你与车主×××及被保险人×××是何种关系?

(3)该车为何由你驾驶?

(4)车主允许你驾驶该车出厂吗?

(5)该车是何时进厂维修的?什么原因进厂维修?

(6)该次事故发生前该车修理情况怎样?当时维修费用预计多少?

2.记录要点

(1)要详细记录当事人描述的取车经过,向当事人详细了解被保险人的情况及联系电话。

(2)要详细记录当事人的身份描述。

(3)特别注意记录其中互相矛盾的地方。

(十一)被保险人失去保险利益后的标的车出险现场

被保险人失去保险利益后的标的车出险现场是指在保险合同有效期内,因将保险车辆转卖、转让、赠送他人等,导致被保险人对保险标的不再享有法律上承认的利益,在新产权所有人使用时发生事故并造成相当损失的现场。

表现为行驶证上车主已更改,与保单上行驶证车主姓名不同。

1. 询问提纲

(1)该车车主姓名及被保险人姓名等情况。

(2)你与被保险人×××是何种关系?

(3)该车原行驶证车主是谁?

(4)你是何时何地取得该车所有权的?

(5)你是以多少价钱买得该车的?

(6)当时有无签订相关的车辆转让协议书?

(7)被保险人是否将该车的保险单随车一起转让给你了?

2. 记录要点

(1)要详细记录当事人关于获得(购买)标的车详细记录。

(2)特别注意记录其中互相矛盾的地方。

(十二)水淹案件的询问记录

水淹案件是指车辆在停放或行驶中被水浸泡,致车辆受损的事故。做记录主要是掌握被保险人有无扩大损失的行为。

1. 询问提纲

(1)你与车主是什么关系?该车为何由你驾驶?

(2)事故的详细经过?从哪里出发去哪里?

(3)当时是怎样发现车辆进水熄火的?

(4)事故发生后,你采取了哪些措施?有没有重新打火起动?打了几次火?

2. 记录要点

(1)要详细记录当事人对于熄火后采取的措施的描述。确认熄火后有没有继续打火。

(2)特别注意记录其中互相矛盾的地方。

(十三)盗抢案件的询问记录

盗抢案件的记录主要掌握事故发生的详细经过,查看被保险人是否尽到保管责任。常见的问题询问提纲如下:

(1)你的姓名、工作单位、职业及你的家庭住址。

(2)车主姓名及被保险人姓名等情况?你与车主及被保险人是何关系?

(3)事故的详细经过?你是怎样发现车辆被盗的?

(4)该车当天为何由你驾驶?你停车后去了哪里?有无证人?他的姓名、工作单位等情况。

(5)该车停车时是否收费,有无收费凭证及监控录像?

(6)车辆丢失前,有没有异常的情况发生?

(7)事故发生后有无向公安部门报案,公安部门是否受理了该案件?

(8)你除车辆丢失外,该车证件有无丢失、购车原始发票、车辆购置税完税证明在否,该车共有几把车钥匙、有没有配制过、有无丢失?

(9)有没有什么情况需要补充？以上情况是否属实？

询问记录的一般样式如图6-2所示。

机动车辆保险调查笔录

时间：_____年_____月_____日_____时_____分

调查(或询问)地点：_____

询问人：_____记录人：_____

被询问人：_____性别：_____年龄：_____联系电话：_____

被询问人工作单位及职业：_____

被询问人户籍所在地：_____

被询问人现住址：_____

被询问人身份证号：_____

请问：我们是××保险公司车险理赔人员：_____，现向您询问与_____车辆肇事有关事宜，请您如实陈述，您是否清楚？

答：

请问：您与被保险人或行驶证车主是什么关系？行驶证车主与被保险人是否为同一人？如不是，两者是什么关系？

答：

请问：该车行驶证车主是否是最终车辆所有人？如不是，实际车辆所有人是谁(姓名、地址、联系电话)？两者是什么关系？

答：

请问：该车车况如何？已行驶了多少公里？出险前一段时间内是否进行过维修？具体的维修项目？分别是在何时何地进行的？最后一次维修的项目是什么？最后一次在何时何地找谁(姓名、地址、联系电话)维修的？

答：

请问：车辆肇事前是谁(姓名、地址、联系电话等)驾驶的？驾驶人与被保险人(或车主)是什么关系？

答：

请问：驾驶人使用该车的用途(何时何地受谁指派或接送何人何物)？接送人或运送物是否收费？如载人人数为多少？载物装载重量为多少？

答：

请问：请您叙述事故发生的时间、地点、出险原因及经过？

答：

请问：肇事后是否向公安交警部门报案？报案人是谁(姓名、地址、联系电话等)？公安交警部门是否立案受理？案件所涉及的当事人姓名、地址、联系方式？

答：

请问：本案所导致的各项财产损失、人员伤亡情况？

答：

请问：你还有什么其他情况需要补充？如有，请陈述。

答：

特殊情况需增加的询问内容：

_____

_____

重要提示：以上记录本人已经看过，与本人所述相符，情况属实。

被询问人(签名、指摸)：　　　　　　　　记录人(签名)：

_____年_____月_____日　　　　　　_____年_____月_____日

图6-2　询问笔录一般样式

二、现场查勘报告的制作

委托单位对现场查勘报告有固定格式要求的,按固定格式填写;没有固定格式的,按下述要求缮制。固定格式的查勘报告对下述内容没有明确的,要在报告中补充明确。

(一)现场查勘报告的内容和要点

(1)《现场查勘报告》中应写明标的车的情况,包括车牌号码、车型、车架号码、使用性质、是否审验合格、承保情况(交强险、商业险)等。

(2)《现场查勘报告》中应写明标的车出险驾驶人的情况,包括驾驶证号码、准驾车型、是否审验合格、联系电话、与被保险人的关系。

(3)《现场查勘报告》中应写明出险的时间、地点、原因和经过。

(4)《现场查勘报告》中应写明查勘的人员、时间、地点和经过。

(5)事故中有第三者车辆受损的,应写明第三者车的相关情况,包括车牌号码、车型、车架号码、承保情况(交强险、商业险)等。

(6)《现场查勘报告》中应按险别分别记录损失项目和预计损失金额,损失的项目要齐全,预计损失金额尽量趋于准确,特殊情况做说明。对受损部位作大体的描述,对损坏的零配件明细作详细的记录。对事故中伤亡的人员,主要记录姓名、性别、年龄、所在医院、伤情等;对事故中受损的财产,要记录名称、类型、数量、重量等。

(7)《现场查勘报告》中应写明事故是否属实,事故损失是否属于保险责任范围,标的车在事故中所负的责任。

(8)绘制现场草图。现场草图应基本能够反映事故现场的道路、方位、车辆位置、肇事各方行驶路线、外界因素等情况。

(9)缮制《现场查勘报告》时,要求内容翔实、字迹清晰,并需公估人员和相关当事人签字。

(二)现场草图的绘制

事故现场草图,是指查勘事故现场时,按一定的图形符号手工绘制的,对现场环境、事故形态、有关车辆、人员、物体、痕迹的位置及其相互关系所作的图形记录。绘制时,首先锁定道路的某一坐标,标明事故车辆、车辆方位、道路、刹车痕迹等情况,同时还需记录当时的气候条件及周围显著标志物等。

对重大赔案的查勘应当绘制现场草图。由于事故现场草图应在出险现场当场绘制,且在现场边查勘、边绘制、边标注,绘图时间短,所以草图可以不工整,但必须内容完整,尺寸数字准确,物体位置、形状、尺寸、距离的大小基本成比例。

1. 草图的基本内容

(1)能够表明事故现场的地点和方位,现场的地物、地貌和交通条件。

(2)表明各种交通元素以及事故有关的遗留痕迹和散落物的位置。

(3)表明各种事物的状态。

(4)根据痕迹表明事故过程、车辆及人畜的动态。

2. 绘图步骤

(1)根据出险现场情况,选用适当草图比例,进行图面构思。

(2)画轮廓。即画道路边缘线和中心线,确定道路走向,在图的右上方绘制指北标志并标注道路中心线与指北线的夹角。

(3)根据图面绘制的道路,用同一近似比例绘制出险车辆图例,再以出险车辆为中心向外绘制各有关图例。

(4)标尺寸。

(5)小处理。即根据需要绘制立体图、剖面图、局部放大图、加注文字说明。

(6)核对。即检查图中各图例是否与现场相符,尺寸有无遗漏和差错。

(7)签名。经核对无误,绘图人、当事人或代表应签名。

3. 现场绘图的图形符号

(1)常用线条运用。常用线型如表6-1所示。

常用线型表 表6-1

线型名称	线条宽度(mm)	用 途
实线	$B = 0.5 \sim 1.0$	道路、桥梁界限、抛面图的道路面层线、车辆、建筑物轮廓线等
虚线	$B/4 \sim B/3$	不可见的轮廓线
细实线	$B/4 \sim B/3$	路面标线、尺寸线、尺寸界限、引出线、标高线、建筑物的剖面线
点划线	$B/4 \sim B/3$	路面中心线、轴线、对称中心线
波浪线	$B/4 \sim B/3$	断裂线、中断线
双点划线	$B/4 \sim B/3$	车辆可行路面与不可行路面界限、车道与人行道界限、其他辅助线

(2)常用机动车辆图形符号。常用机动车辆图形符号如表6-2、表6-3所示。

机动车辆图形符号 表6-2

含 义	图形符号	备 注	含 义	图形符号	备 注
客车平面		大、中、小、微(除轿车越野车外)	电车平面		包括有轨电车、无轨电车
客车侧面		大、中、小、微(除轿车越野车外)	电车侧面		
轿车平面		包括越野车	正三轮机动车平面		包括三轮汽车和三轮摩托车
轿车侧面		包括越野车	正三轮机动车侧面		
货车平面		包括重型货车、中型货车、轻型货车、低速载货、专项作业车	侧三轮摩托车平面		
货车侧面		按车头外形选择(平头货车)	普通二轮摩托车		包括轻便摩托车

非机动车辆图形符号　　　　　　　　　　　　表6-3

含　义	图形符号	含　义	图形符号
自行车		三轮车	
残疾人用车平面		人力车	
残疾人用车侧面		畜力车	

（3）道路安全设施图形符号。道路安全设施图形符号如表6-4所示。

道路安全设施图形符号表　　　　　　　　　　表6-4

含　义	图形符号	含　义	图形符号
施工路段		消火栓井	
桥		路旁水沟	
漫水桥		路旁干涸水沟	
路肩			

（4）车辆行驶形态图例。车辆行驶形态图例如图6-3所示。

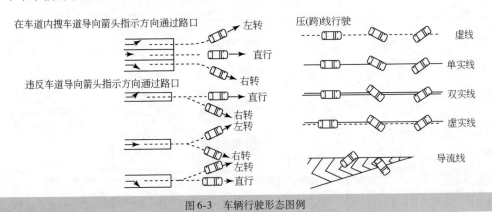

图6-3　车辆行驶形态图例

（5）人、畜图形符号。人体图形符号如表6-5所示，牲畜图形符号如表6-6所示。

人体图形符号 表6-5

含义	图形符号	含义	图形符号
人体	（人形符号）	伤体	（半黑头人形符号）
尸体	（黑头人形符号）		

牲畜图形符号 表6-6

含义	图形符号	含义	图形符号
牲畜	▽	伤畜	（半黑三角）
死畜	▼		

（6）地形地物图例。

地形地物图例如表6-7所示。

地形地物图例表 表6-7

含义	图形符号	备注	含义	图形符号	备注
树木侧面			路灯		
树木平面			里程碑		
建筑物			窨井		
围墙及大门			邮筒		
停车场	P		消防栓		
加油站			碎石、沙土等堆积物		外形根据现场实际情况绘制
电话亭			高速公路服务区		
电杆			其他物品		中间填写物品名称

(三)现场勘查报告填写范例

填写现场查勘报告时,注意记录驾驶人反映的事故经过,公估人员如实简要记录现场及地面情况、碰撞部位及碰撞痕迹,要对事故的真实性给出评价。

现场查勘报告的文字样本:

事故经过:×年×月×日×时×分,驾驶人×××驾驶标的车在××路由×往×行驶至××路段时,因××与××号三者车发生碰撞,有/无交警处理。

现场情况:①现场未/已变动,车辆的相对位置;②现场地面有/无散落物(散落有××等物,经拼凑还原比对,与××车缺损处吻合,见照片);③现场地面留有由××车造成的××形状(如弧形、S形、直线形等)的刹车拖痕,长约××米;④现场地面是否湿滑等。

碰撞部位及痕迹:①标的车的××、×××部位与三者车(或××物体)的××、××部位碰撞,对痕迹的走向、新旧、表征和高度等进行描述;②其中××车的××部位附着××颜色的油漆,与××车身(或××物体)油漆/不吻合,三者车的碰撞部位为××、××、××部位有撞击印(擦灰印等),××部位受损;③本事故有/未造成物损,有/无人员伤亡;④经查,标的车主的行驶证与驾驶证未过期,与三者车非同一被保险人,车驾号无误。

相关事项:因标的无责或现场未划分责任,告知到厂后通知定损,已发放索赔资料/光盘一套,案件编号为×××等事项。

事故结论:经查,本事故痕迹吻合,真实。××车全责,被保险人有/无违约情形,或标的车驾驶人有/无××违约行为,详见查勘询问记录,建议不予受理或转调查。

机动车辆保险现场查勘报告一般样式如表6-8所示。

机动车辆保险现场查勘报告(正面)　　　　　　　　　　　　表6-8a)

出险情况	出险地点		是否第一现场		现场挪动原因	
	出险时间		出发起程日期		行驶路线	
	出险原因		主观原因		客观原因	
	驾驶人		驾驶证号		准驾车型	
	酒后驾驶		驾驶证是否有效		驾驶人年龄	
	出险险别		车上人员伤亡		第三者人员伤亡	
	第三者财产损失		施救方式		同车人员姓名	
车辆情况	制动性能		轮胎情况		出事后手柄位置	
	行驶证号		年检情况		车主	
	核定座/吨位		实载座/吨位		车架号	
	厂牌型号		登记日期		发动机号	
	车载货物		车况		车辆产地	
道路情况	路面情况		路面附着情况		弯道或弧度	
	车辆通行量		人车混道否		路面障碍	
	刹车印长		现场遗留物		气候	

续上表

报案情况	向公安机关报案时间		交警是否出现场		交警姓名	
	定责初步意见		交警处理意见		标的车交强险承保公司	
	标的车是否承保交强险		三者是否承保交强险		三者交强险承保公司	
查勘分析						

查勘人：　　　　　　　　　　　　　　　　　　　　　　　年　　月　　日

机动车辆保险现场查勘报告（反面）　　　　　表 6-8b）

事故现场示意图

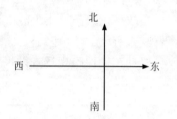

简单的问题询问

被调查人签字：　　　　　　　　　　　　　　　　　　　年　　月　　日

单元能力检测

任务模拟一

在本学习任务单元二的任务模拟一中,如果要制作询问记录,请你根据案情设计一个询问提纲,并完成下列查勘报告(表6-9)中的部分内容。

车险公估案件查勘报告　　　　　　　　　　　　　表6-9

委托人		被保险人		赔案号	29
车牌号		厂牌型号		车架号/发动机号	LGWEG2G735A000728
查勘日期	2007-1-9	查勘人		查勘地点	
出险原因及经过					
财产损失情况	车损险			(￥30000.00)	
	三者损失	车损		(￥4460.00)	
		物损		—	
	附加险		—		
人员伤亡情况	标的车		—		
	三者		—		
施救情况	标的车	—	三者		—
保险责任认定	■属于　□不属于		事故处理部门		松江交警
事故责任认定	■全责　□主责　□同责　□次责　□无责　□责任待定				
备注/说明					

填表人:　　　　　　　　　　　　　　　　　　　　　　　日期:2007-2-10

评 价 反 馈

1. 自我评价

(1)通过本学习任务的学习,你认为自己是否已经掌握现场查勘的相关知识并具备以下能力:

①是否能够帮助客户了解现场查勘的目的?
_____
_____

②是否能够根据事故的实际情况,判别事故现场的类型?
_____
_____

③当出现现场查勘纠纷时,是否能够给客户提供相关情况的咨询?
_____
_____

(2)现场查勘用到了哪些法律、法规?
_____
_____

(3)是否已经掌握现场查勘的流程?能否读懂现场查勘报告?
_____
_____

(4)是否能够进行查勘中的询问记录?如果客户需要咨询现场查勘中的调查取证有关情况时,能否正确提供帮助?
_____
_____

(5)在完成本学习任务的过程中,你和同学之间的协调能力是否得到了提升?是否与其他同学探讨过现场查勘的有关问题?讨论的最多的问题是什么?讨论的结果是什么?
_____
_____

(6)通过本学习任务的学习,你认为自己还有哪些方面需要深化学习并提升岗位能力?
_____

_____

签名：_____　　　____年____月____日

2. 小组评价

小组评价见表6-10。

小 组 评 价　　　　　　　　　表6-10

序 号	评 价 项 目	评 价 情 况
1	学习过程是否主动并能深度投入	
2	是否能按照职业人的要求对待到课率	
3	对于交通事故的现场类型，判断是否正确	
4	现场查勘的流程是否符合行业规范	
5	是否熟悉特殊案件的查勘	
6	是否清楚现场查勘派工的原则	
7	是否能够简单绘制事故现场草图	
8	是否了解现场查勘前要准备的工作	
9	是否能正确书写现场查勘报告	

参与评价的同学签名：_____　　　____年____月____日

3. 教师评价

_____

教师签名：_____　　　____年____月____日

学习任务 7　车险的定损

通过本学习情境的探讨,要求学生具备以下能力:
1. 通过现场查勘能够鉴定损失项目;
2. 能够确定更换件和维修件的项目;
3. 能够确定更换件的材料价格和维修工时;
4. 确定其他损失的赔偿费用。

经过查勘确定损失项目,正确判断出维修项目和更换件项目,准确给出价格和维修工时。

学习引导

本学习任务沿着以下脉络进行学习:

单元一　车险定损的流程

单元要点

1. 定损原则；
2. 车辆定损的流程；
3. 定损注意事项。

相关知识

现场查勘结束后，查勘人员应会同被保险人一起进行车辆损失的确定，制作定损单。如果涉及第三者车辆损失的，还应包括会同第三者车损方进行定损。车辆的定损涉及车主利益，同时也是保险公司车险理赔中最复杂的环节，在实际运作的过程中，经常存在车主与保险公司在定损范围与价格上存在严重分歧的现象，车主总是希望能得到较高的赔付价格，而保险公司则正好相反。因此，只有坚持定损原则，使定损的流程更加规范、合理，才能有效化解车险服务中的矛盾。

一、定损原则

想一想

(1) 车辆事故损失由保险公司定损合理吗？

(2) 两车相撞，在全责、同责、主责和次责4种情况下，应该由哪一车辆方的保险公司进行定损？修车发票怎么开？

出险车辆经现场查勘后，已经明确事故损失属于保险责任而需要修理时，查勘定损员应对出险车辆的修复费用进行准确、合理的确定。但是，一辆汽车有成千上万个零件，不同种类的汽车零件的型号与价格都不同，如果要在价格上达成双方都认可的估损，首先要坚持车辆的定损原则。那么车辆定损有哪些基本原则呢？

（一）定损的模式

定损的模式如图7-1所示。

1. 协商定损

协商定损是指由保险人、被保险人及第三方（如交警）协商确定保险事故损失费用的过程。

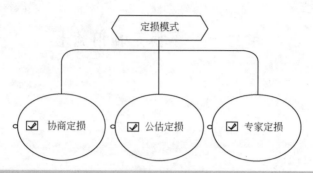

图 7-1 定损的模式

2. 公估定损

公估定损是指由公估机构确定保险事故损失费用的过程。

3. 专家定损

专家定损是指由专家确定保险事故损失费用的过程。

(二) 定损原则

(1) 修理范围仅限于本次事故中所造成的车辆损失。

(2) 能修理的零部件尽量修复,不要随意更换新的零部件。

(3) 能局部修复的不能扩大到整体修理(主要是对车身表面漆的处理)。

(4) 能更换零部件的坚决不能更换总成件。

(5) 根据修复工艺难易程度,参照当地工时费用水平,准确确定工时费用。

(6) 准确掌握汽车零配件价格。

(7) 确保车辆根据修理方案修复后,能够基本上恢复到原有的技术性能状态。

二、车辆定损的流程

车辆定损流程如图 7-2 所示。

(一) 接受定损调度

接受客服中心定损调度时,定损人员如果是在非查勘定损过程中,不影响行车安全的前提下,记录事故发生地点、客户姓名、联系电话、车牌号码、车架号码及报案号;并了解该案简单事故经过、有无现场查勘、有无非事故造成损失、案件负责人是谁、是否大客户等案件相关信息。

(二) 预约定损时间、赶赴定损地点

接到定损调度后,在 5min 内与客户约定时间进行定损,并告知客户或修理厂预计到达的时间。迅速赶赴定损地点。

对于车损较大需二次或多次定损的,定损人员应拍全事故车辆损失照片,对外观件先行定损,并告知客户或修理厂有关人员相关后续事宜,然后赶赴下一个修理厂进行定损,定损工作处理完后应再安排时间返回该修理厂继续定损。

注意:以下情况须通知当事人或标的车主到场:

(1) 事故中对方负全责或主要责任的;

(2)损失严重,责任未分的;
(3)有较多隐损,需拆检定损的;
(4)对方车方对损失有争议的。

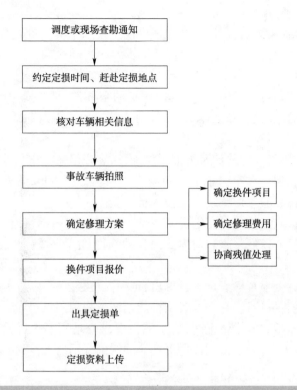

图 7-2　车辆定损流程图

(三)核对车辆相关信息

核对出险车辆的厂牌、型号、VIN 码、牌照号、车架号(要求拓印/拍摄车驾号)、发动机号、吨位或座位等是否同行驶证,保险单上的内容完全一致。以临时牌照投保的车辆,要检核临时牌照的有效期限、行驶的规定路线。

(四)事故车辆拍照

(1)第一幅:事故车辆外观照。

要求反映受损车辆的受损部位、完好部位、标的号牌,以便判断事故车辆受损程度。拍摄方法:面对损失最为严重部位呈 45°角全车外观照。

(2)第二幅:事故车辆损失部位照。

要求反映受损部位的整体状况和碰撞点(接触点),便于直观判断损坏程度。拍摄方法:先整体后局部、由里及外。

(3)第三幅:事故车辆损失部位局部照。

要求反映受损部位的局部状况,为修换标准提供技术支持。拍摄要求:采取局部放大方式拍照。

注意:照片的具体数量根据事故损失程度确定,但照片的顺序原则上按以上要求上传,双代(代查勘、代定损)和 3 万元以上事故的车辆照片一般应配以文字标注。

(五)确定修理方案

(1)确定换件项目。

(2)确定修理项目及费用。

(3)协商残值处理。

换件残值应与被保险人协商处理,按金属件的2%~5%作价在定损金额中扣除,协商不成,残值回收处理。

注意:

①对损失无法确认或需进一步检测方能确定的零部件,可在损失确认书上注明待查项目,待检测条件成熟时,以检测数据作为定损依据。待查项目确定时间控制在拆检完毕或车辆修复以前。

②对于修换标准不易界定或涉及老旧车型配件,客户坚持要求更换原厂配件时,可按原厂配件价格标准定损,但应在定损单上注明需修复验车方可赔付,告知客户在提车前,必须通知保险公司验车,修复验车原则上由定损人员检验。

③对确实需要拆检、复查或试车定的隐损件,必须粘贴"核损待检封",并签署定损员姓名、查勘日期、车牌号码,以便复查。对需要回收的部件,也需粘贴"核损待检封",以便回收人员核实、回收。

④定损时,如遇到受损车辆安全气囊爆出,定损人员必须第一时间在安全气囊上签署姓名、日期,检查气囊是否拆检过,有必要时用检测仪调出故障码核对。

⑤定损时,发现车损有异常情况时,必须明确要求修理厂不得拆检或修理受损车辆,并立即向相关案件负责人汇报,在得到案件负责人的明确指示后,方可按案件负责人的指示继续查勘定损。

⑥定损人员在初步核定维修方案后,必须明确告知修理厂要等保险公司将价格核定之后,方可修车,避免产生差价纠纷,特别是一些高档车的维修厂家。

(六)换件项目报价

报价手册结合电话报价。

(七)出具定损单

定损人员在查勘定损完毕后,要对本次事故的真实性、碰撞痕迹以及是否有损失扩大等做出总结,并出具手工定损单,双方签字确认;需复勘现场的,与客户协商复勘方式,安排复勘事宜,并在定损单上注明需复勘现场。

(八)定损资料上传

手工定损单经客户签字后应缮制电脑定损单,并在要求的时限内将损失照片和定损单上传到理赔系统进入核价审核平台;定损人员在理赔系统上输入定损单时,配件名称必须标准、规范,必要时须注明零件编码或指明安装位置及作用。定损人员在理赔系统上书写查勘备注时,必须完整、规范、明了,且须在备注中签注定损人员的姓名及上传资料的日期。

定损完毕后,修理厂要求增补配件及工时项目的,定损人员应要求承修厂出具书面增补报告。定损人员收到书面增补报告后,核实增补项目是否受损以及是否属于本次事故造成的损失,核定增补项目或工时后,报案件负责人审核,再补录到理赔系统中。

三、定损注意事项

(一)定损核价工作应掌握的原则

(1)定损核价工作首要原则:积极掌握定损主动权。

(2)严格遵照定损核价权限,超出权限范围的应及时上报有关部门或领导,协商处理意见。

(3)修理范围仅限于本次事故所造成的车身损失。

(4)事故车辆以修复为主,能修复的配件尽量修复,不能随意更换新的配件。

(5)可局部修复的,不可按总成大修计算工时费;可更换单独零件的,不能按更换总成配件计算费用。

(6)配件价格必须按本公司或各保险公司相关规定上报核价,配件费遵循"有价有市"和"报供结合"的原则。

(7)管理费、残值要参照当地汽修市场行情和保险同业的标准(或惯例)确定,更换配件的管理费率一般不得超过15%。

(8)残值应与被保险人或维修厂协商处理,并从总维修费中扣除,保险人收回的配件残值不再在总维修费中扣除。

(二)需明确区分的界限

1. 应注意本次事故造成的损失和非本次事故造成的损失的界限

区分时一般根据事故部位的痕迹进行判断。对本次事故的碰撞部位,一般有脱落的漆皮痕迹和新的金属刮痕;对非本次事故的碰撞部位,一般有油污和锈蚀。

2. 应注意事故损失和机械损失的界限

保险人只赔偿条款载明的保险责任所导致的事故损失。因刹车失灵、机械故障、爆胎以及零部件的锈蚀、老化、变形、发裂等造成的汽车本身损失不应负责赔偿。但因这些原因造成的保险事故,可赔偿事故损失部分,非事故损失部分不予赔偿。

3. 应注意汽车保险事故损失和产品质量或维修质量问题而引发事故损失的界限

若由产品质量或维修质量引发的车辆损毁,应由生产厂家、配件供应厂家、汽车销售公司或汽车修理厂家负责赔偿。汽车质量是否合格,保险人不好确定,如对汽车产品质量问题有怀疑,可委托相关鉴定部门进行鉴定。

4. 应注意过失行为引发事故损失与故意行为引发事故的界限

过失行为引发的事故损失属于保险责任,故意行为引发的事故损失属于责任免除。

(三)注意车辆送修规定

(1)受损车辆未经保险人同意而自行送修的,保险人有权重新核定修理费用或拒绝赔偿。

(2)经定损后,被保险人要求自选修理厂修理的,超出定损费用的差价应由被保险人自行负责。

(3)受损车辆解体后,如发现尚有因本次事故造成损失的部位没有定损的,经定损员核实后,可追加修理项目和费用。

单元能力检测

任务模拟一

设计角色演练定损人员接受调度后,如何与客户沟通。

单元二　定损项目的修换原则

单元要点

1. 修换的通用原则；
2. 钣金件的修换原则；
3. 塑料件的修换原则；
4. 机械配件的修换原则；
5. 电子元件损伤的修换原则；
6. 易耗材料的修换原则。

相关知识

事故车辆定损时，除了坚持"以修为主、能修不换"的总原则外，在实际的定损中，对不同的部件或材料的修换原则又有差异。定损人员若能掌握正确的定损项目的修换原则，既能避免不法分子利用机动车骗保，也能保护广大车主的正当利益。

一、修换的通用原则

事故车辆损失应掌握"以修为主、能修不换"的总原则，但在实际定损过程中应掌握以下通用原则：

（1）不影响使用性能又不影响外观质量，且利用简单工艺即可恢复的，应以修复为主。

（2）以二类以上维修企业技术水平无法修复或在工艺上无法保证修后质量的应更换。

（3）受损配件修复后使用可能影响车辆的安全及性能时，应考虑更换；但若维修能够达到相应的技术要求和标准，从常规和技术的角度考虑，则不必进行更换，应坚持以修为主的原则。

（4）当配件修复费用超过或等于该配件更换费用时，应更换；当配件修复费用超过或等于该配件更换费用的70%时，可以更换；但若该配件价值昂贵且在市场上难以采购时，应协商修理，其修理费用可以依实际情况依照相应的比例进行上浮。

（5）所有更换件定损规格不得高于原车事故前装配的品牌、规格。

二、钣金件修换原则

钣金件修换的基本原则：损坏以弯曲变形（弹性变形）为主就进行修复；损坏以折曲变形（塑性变形）为主就进行更换。

(一)弯曲变形(弹性变形)

1. 弯曲变形的特点

(1)损伤部位与非损伤部位的过渡平滑、连续。

(2)通过拉拔、校正,可使它恢复到事故前的形状,而不会留下永久性的变形。

2. 弯曲变形的修复方法

先对车身结构的整体变形和钣金件上间接损伤进行拉拔、校正;然后对钣金件表面,特别是直接损伤的撞击点进行整平作业。即使撞损不是很严重,车身没有整体变形,也要修理间接损伤,再修理直接损伤部位。如果间接损伤中有挤缩变形(隆起或卷曲变形),应先进行拉拔使之展开,然后在折曲部位进行整平作业,并使弹性变形得以恢复后,再对直接损伤的撞击点进行整平处理。图7-3为某轿车车身钢板的弯曲变形。

图7-3 某轿车车身钢板的弯曲变形

(二)折曲变形(塑性变形)

1. 折曲变形的特点

(1)弯曲变形剧烈,曲率半径很小,通常在很短的长度上弯曲90°以上。

(2)校正后,零件上仍有明显的裂纹和开裂,或者出现永久变形带,不经高温加热处理不能恢复到事故前的形状。

2. 折曲变形的更换原则

(1)如果损伤发生在平面内,则校正工作比棱角处的严重起皱和折曲可能容易得多,几乎可以肯定,在轮廓分明的棱角处发生了折曲变形,则只能采取更换的方法,如某轿车车门玻璃框折曲变形如图7-4所示。

(2)如果损伤部位处于纵梁的端部附近,而且压偏区并未受到影响或变形的范围影响不大,通过拉拔即可校正的(图7-5),则必须修复;如果压偏区已出现折曲,并将碰撞力传递到后部,造成后部也变形(图7-6),则必须予以更换。

(3) 如果损伤位置在发动机或转向器安装位置附近,重复性载荷会造成疲劳破坏(重复震动力或应力会加重并产生二次变形),这些安装位置发生折曲变形后,则必须更换,如紧抱转向器的广州本田轿车前桥发生折曲变形。

(4) 由于严重冷作硬化而造成的严重折叠起皱变形,则必须更换,如图7-7所示。

图7-4 某轿车车门玻璃框折曲变形

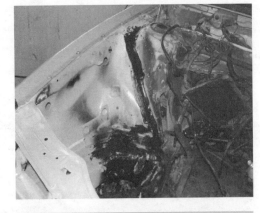

图7-5 某轿车纵梁附近的折曲变形1

图7-6 某轿车纵梁附近的折曲变形2

图7-7 货车车门严重折叠起皱变形

(5) 如果只有一个未曾完全修复的轻微折曲变形,其解决方法就不能与在大面积上有多个折曲变形方法相同,应采取挖补法修复。

(6) 如果已经更换某个配件一部分,客户强烈要求再更换一些相邻部分的配件,在比较容易、费用也不大情况下,允许予以更换。

(7) 在将变形周围部分均矫正到适当尺寸,剩下折曲变形部分确实无法校正好,而且这部分形状复杂,无法采用挖补法修复的,则该部件应予以更换。

三、塑料件修换原则

塑料件修换的基本原则:热塑性塑料件损伤以修复为主,热固性塑料件损伤需更换。

(一) 热塑性塑料件特点

(1) 反复加热而变软,其外观及化学成分并不发生变化,冷却后即变硬,可用塑料焊机焊接，太阳灯加热修复变形。

（2）在受到热、催化剂或紫外线的作用后会产生化学变化，其固化后的形状是永久性的，再加热和使用催化剂也不会使其变形，其无法焊接，但可用无气流焊机进行"黏结"。

（二）车身塑料件鉴别方法

1. 查看 ISO 识别码

此码常在注塑时模压在塑料件上，通常需要拆下该零件，常标在注模号或零件码前面，缩写符号见表 7-1 所示。

2. 查阅车身修理手册

常用汽车塑料的名称及应用如表 7-1 所示。

常用汽车塑料的名称及应用 表 7-1

符号	化学名称	应用举例	属性
AAS	丙烯腈-苯乙烯	—	热塑性
ABS	丙烯腈-丁二烯-苯乙烯共聚物	车身板、仪表板、护栅、前照灯罩	热塑性
ABS/MAT	玻璃纤维增强丙烯腈-丁二烯-苯乙烯共聚物	车身板	热固性
ABS/PVC	丙烯腈-丁二烯-苯乙烯共聚物/聚氯乙烯	—	热塑性
EP	环氧树脂	玻璃钢车身板	热固性
EPDM	乙烯-丙烯二烯共聚物	保险杠冲击条、车身板	热固性
PA	聚酰胺	外部装饰板	热固性
PC	聚酰酸酯	护栅、仪表板、灯罩	热塑性
PPO	聚苯醚	镀铬塑料件、护栅、仪表前板、前照灯罩、装饰件	热固性
PE	聚乙烯	内翼子板、内衬板、阻流板	热塑性
PP	聚丙烯	内饰件、内衬板、内翼子板、散热器挡风帘、仪表板、保险杠、面罩	热塑性
PS	聚苯乙烯		热塑性
PUR	聚氨酯	保险杠面罩、前后车身板、填板	热固性
TPUP	热塑性聚氨酯	保险杠面罩、防石板、填板、软质仪表前板	热塑性
PVC	聚氯乙烯	内衬板、软质填板	热塑性
RIM	反应注模聚氨酯	保险杠面罩	热固性
RRIM	强化反应注模聚氨酯	外车身板	热固性
SAN	苯乙烯-苯烯腈	内衬板	热固性
TPR	热塑橡胶	帷幔板	热塑性
UP	聚酯	玻璃钢车身板	热固性

（三）常见塑料件的修换原则

1. 保险杠

规则撕裂总长度达 30cm 以上（图 7-8），不规则撕裂总长度达 20cm 以上，部分缺失面积或刺穿面积达 25cm² 以上（图 7-9）可以考虑更换。

图7-8 保险杠被撕裂

图7-9 保险杠部分缺失

严重扭曲变形、变形面积超过50%可以考虑更换;50%以上保险杠固定支架(插口)完全断裂可以考虑更换,但只有少数支架完全断裂、其他支架部分断裂时,应进行修复。

2. 仪表板

中度扭曲变形、变形面积超过30%以上、较难恢复原貌可以考虑更换;规则破裂长度达10cm以上、不规则破裂长度达8cm以上可以考虑更换;部分缺失或刺穿面积15cm² 以上,或3处以上边缘、支架完全断裂可以考虑更换;仪表大板有特殊花纹、纹路,外观严重划伤、刮伤后经过表面处理不能大致恢复原貌的,应考虑更换。当副气囊弹开,副气囊盖板和仪表大板是属于整体式的,则仪表大板原则上可以更换,如图7-10、图7-11、图7-12所示。

图7-10 仪表板扭曲变形

图7-11 仪表板破裂

图7-12 副气囊弹开

3. 灯具

灯具的支架、底座受损时应尽量修复,在下列情况下无法修复或经过修复后明显影响使用性能(不能紧固,无法调整到灯光标准等)时才能考虑更换。

(1)两个支架的灯具其中一个完全断裂,或者两个支架均部分断裂、无法修复。

(2)三个支架的灯具其中两个完全断裂,或者一个支架完全断裂,另两个支架均部分断裂、无法修复(图7-13)。四个支架的灯具其中两个完全断裂、一个部分断裂,或者其中一个支架完全断裂,其余支架均部分断裂,无法修复。当其中的连接式整体支架完全断裂,或者整体支架断裂部分超过50%。

(3)支架亦有断裂情况时,可考虑更换(图7-14)。

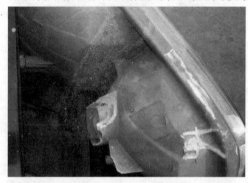

图7-13 灯具支架断裂

图7-14 灯具整体支架断裂

四、机械配件的修换原则

机械配件修换的基本原则:超过配合尺寸,通过加工也无法达到装配技术要求,或变形通过矫正后也无法保证配件的使用性能和安全技术要求,或断裂无法焊接或焊接后无法保证配件的使用性能和安全技术要求,原则上必须更换。

(一)事故造成发动机损伤

1. 事故碰撞造成发动机缸体、缸盖的外部损伤

发动机缸体、缸盖常用的材料为铸铁或铸铝,这些材料目前许多机械专业加工厂均可焊接,定损时主要查看其损伤部位。固定安装位、或只是表面裂纹、或裂纹只延伸至发动机冷却水道边等,通过焊接工艺可以恢复正常使用;发动机冷却水道与油道间损伤、或发动机冷却水道或油道与缸筒(气门座)间损伤、或外部裂纹延伸至缸筒(气门座)等处,通常应更换缸体或缸盖。

2. 事故发生引起发动机"飞车"造成拉缸、烧瓦等发动机内部损伤

(1)烧瓦。曲轴可以通过修理尺寸法按级磨曲轴,并给予更换加大尺寸轴瓦修理法即可。

(2)拉缸。若活塞未损伤可通过镶缸套或换缸套和活塞环修理法即可;若活塞也拉伤,则通过修理尺寸法加大缸径、活塞,更换活塞及活塞环修理法即可。

注意:这种现象一般只有发生在柴油发动机因事故翻车机油倒灌燃烧室才会形成,汽油发动机是绝对不会发生的,在定损中一定要区分。这部分损伤一定要有现场测量,并有能清晰反映损伤尺寸的照片。

(二)事故造成独立悬挂损伤

现今轿车的前后悬架基本都是麦弗逊式的。其主要结构是由螺旋弹簧加上减振器组

成,可避免螺旋弹簧受力时向前、后、左、右偏移的现象,限制弹簧只能作上下方向的振动,并可用减震器的行程长短及张力来设定悬挂的软硬及性能。由于这种结构相互间连接基本为活动缓冲式连接,对碰撞力传导有明显阻止作用,所以在定损核价时要认真检查:

(1)注意仔细研究碰撞着力点位置、碰撞力传递方向、明显被碰撞损坏的有哪些件。

(2)仔细研究悬架各连接点松动量,检查连接点磨损情况,判断松动是自然磨损引起还是碰撞引起,从而推断碰撞力传导距离。

(3)注意连接点有无变形夹紧,有变形夹紧则碰撞力有可能通过该连接点传导引起相连件损坏,应重点检查。

(4)可以肯定非碰撞力传导件,也绝非事故损坏件。

(5)减震器检查办法:检查减振器有无漏油,区分事故造成漏油还是机件磨损渗油(通过查看油痕迹即可区分),事故造成漏油,则应更换;拆下减振器,检查有无变形、弯曲,有则予以更换;用手握住减振器两端,将其拉伸和压缩,若拉伸或压缩时用力都极小,表明减振器功能减退,与事故损坏无关。

(三)油箱的修换原则

(1)汽油油箱凹陷、扭曲变形通过抵压、校正等机械修复手段不能恢复原貌的,予以更换。

(2)油箱有深度划伤、有褶皱的,予以更换。

(3)汽油油箱有撞穿或渗漏的,予以更换。

(4)柴油油箱中度以下损伤、刺穿或渗漏的,应尽量修复。

五、电子元件损伤的修换原则

(1)车辆上除安全气囊电子元件、控制单元外,其他电子元件、控制单元事故受损均必须有明显被撞击痕迹和因撞击造成变形、损伤、烧蚀(注意区分事故与非事故引起的烧蚀),才必须更换。

(2)电阻的改变会影响性能、安全的线束,如发动机控制系统线束、自动变速箱控制系统线束、ABS 线束、数据总线等:5 条以上线路断裂,或插头损坏不能牢固可靠的安装,亦无单个插头供更换时,可考虑更换线束。不涉及电脑数据传输、电阻的改变对性能影响不大的线束,如灯光线束、后部线束、电动窗线束、仪表线束、空调(手动)线束等,以修复为主,除非两个及以上插头完全碎裂无单个插头供更换时,可考虑更换线束。所有伤、断线路均采取对接锡焊法修复。

(3)事故中造成安全气囊爆炸时,应认真检查有无外装碰撞传感器,有则安全气囊系统控制电脑一般通过解码可重复使用 3~4 次;无则内置碰撞传感器控制电脑一定要更换。

(4)座椅安全带关系驾驶者和乘客的生命安全,是车辆使用过程中经常损坏件,只有气爆式安全带发生碰撞并造成安全气囊爆炸时,才有可能是保险责任损坏件。

(5)更换电控系统控制电脑(必须为原厂件)不需解码仪检测解码工时费,只有单换感应器(传感器)才需解码仪检测解码工时费。

六、易耗材料的修换原则

（1）无内胎轮胎穿漏、鼓包（应注意区分是否本次事故造成）、边缘撕裂的予以更换，但胎面的擦伤和轻微损伤不需更换。

（2）钢圈（包括铝合金钢圈）变形失圆、失衡、缺损（超过1cm时）的，予以更换；外观凹陷等其他损伤应尽量修复（对于表面经过特殊材料处理的钢圈，由于修复后喷漆不能达到原先的效果，可灵活处理）。

（3）汽车上的各种橡胶皮带均与行车的安全性密切相关。正时皮带、转向助力泵皮带、冷却风扇皮带、制动软管和散热器软管等均以橡胶制成，但橡胶会随着使用时间的延长而逐步老化。当皮带龟裂甚至断开时，会导致配件受损或转向盘沉重等问题。定损中要重点检查是因维护不善引起的龟裂、磨损等损坏，还是事故直接造成的损坏。

（4）汽车中的制动摩擦片、制动蹄片、离合器片、轮胎等零件由于工作中的不断磨损，本身有一定的使用寿命。事故中造成的损坏，核价时应折旧。

（5）油脂类（如机油）和工作液类（如制动液、蓄电池液、冷却液等）具有润滑、冷却、防锈等作用，与发动机、变速器、离合器、制动装置、蓄电池的正常运作息息相关。这些油液在使用过程中会渐少和劣化，从而降低汽车配件的性能并可导致发动机和其他装置产生烧蚀、不良运作等故障。定损中要严格区分是事故造成损耗，还是原车自然损少。

（6）使用超过设计寿命极限的配件不仅会引发故障，也有可能导致交通事故。因此定损过程中要重点检查，加以剔除。

单元能力检测

任务模拟一

根据学习任务6单元二、单元三的任务模拟，请你作为保险公估公司的定损员，判断受损车辆零部件的换修方案，查勘照片材料如图7-15～图7-33所示。

图7-15　标的车的全车照

图 7-16　左前侧严重变形

图 7-17　左前车头及悬架严重损毁

图 7-18　车厢内部受损

图 7-19　车顶严重变形

图 7-20　前围框架扭曲变形

图 7-21　水箱、集风罩损毁

图7-22　冷凝器变形扭曲

图7-23　空气滤清器碎裂

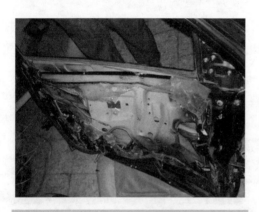
图7-24　左前门受损变形严重

图7-25　左后门变形

图7-26　左A柱变形

图7-27　仪表台碎裂

图 7-28　左前悬架严重损毁

图 7-29　左前钢圈轮胎损毁

图 7-30　大梁整体呈 S 形扭曲变形

图 7-31　离合器、加速踏板支架变形

图 7-32　排气管受损变形

图 7-33　电脑板变形

单元三　定损核价的修复费用

单元要点

1. 事故车辆修复费用组成；
2. 事故损失维修工时费计算标准；
3. 事故损失部分需要更换的配件费；
4. 特殊案件的定损规范。

相关知识

目前,我国汽车维修行业价格一般由各省交通运输部门和物价局根据当地市场和物价指数,联合制定的,即《机动车辆维修行业工时定额和收费标准》,以此作为机动车辆维修行业的定价依据。而对于需要更换的零配件价格,既要符合市场情况,又要能让修理厂保质、保量地完成维修任务。所以,零配件的报价应做到"有价有市"。

一、事故车辆修复费用组成

事故车辆的修复费用主要由三部分组成：维修工时费、需更换的配件费(包含管理费)和残值。

(一)维修工时费

(1)事故相关部件拆装工时费。
(2)事故部分钣金修复工时费(包辅助材料费)。
(3)事故部分配件修复工时费(含外加工费项目)。
(4)事故相关的机修工时费。
(5)事故相关的电工工时费。
(6)事故部分喷漆费(包含原材料费用)。

(二)需更换的配件费

1. 配件市场上三种主要价格形式

(1)由汽车生产厂家对其特约售后服务站规定的配件销售价格——厂家指导价。
(2)当地大型配件交易市场上销售的原装零配件价格——市场零售价。
(3)符合国家级汽车厂家质量标准,合法生产及销售的装车件、配套件(OEM)价格——生产厂价格。

保险公司确定事故车辆修复中需更换的配件价格一般采用市场零售价加一定的管理费为计算原则。

2.配件管理费

配件管理费是指保险公司针对保险车辆发生保险责任事故时,保险人对维修企业因为限需更换的配件在采购过程中发生的采购、装卸、运输、保管、损耗等费用以及维修企业应得的利润和出具发票应交纳的税金而给出的综合性补偿费用。

(三)残值

车辆因事故遭受损失后,残余部分或损坏维修更换下来的配件,只需经再加工就可以生产再利用的价值。由此,保险人对因事故遭受损失后残余部分或维修后更换下来的损坏件,按照维修行业惯例和维修市场行情估算出的这部分价值,称为残值,原则上划归保险人所有。

二、事故损失维修工时费计算标准

事故损失维修工时费计费标准为:

$$工时费 = 工时定额 \times 工时单价 + 外加工费$$

(一)工时单价

工时单价指维修事故车辆单位工作时间的维修成本费用、税金和利润之和,也即单位小时的收费标准。

工时单价确定原则如下:

(1)工时单价以二类地区价格为基础,在二类地区营业的一类维修企业最高限价为80元/h,二类维修企业最高限价为60元/h,三类维修企业最高限价为40元/h。

(2)工时单价随地区等级变化而变化,一般相邻等级地区的工时单价可以浮动10%左右。

(二)工时定额

工时定额是指实际维修作业项目核定的结算工时费。其工时定额的确定原则为:

(1)大项目确定维修工时费时,应注意各种项目的兼容性,而不是简单的累加工时。

①车身钣金。车门、车顶维修时需有内饰及附件拆装工时费;后侧叶子板重大变形维修与更换隐含拆装后挡风玻璃。

②机修。独立前悬挂只有事故损坏更换上/下悬挂、拉杆等相关附件才需电脑前轮定位(注意:不是四轮定位);刹车只有拆装或更换油管路件才需检修和调整;吊装发动机工时已包含了拆装与发动机相连的散热系统、变速箱及传动系统工时;发动机只有更换气缸体才可定损大修工时(内部磨损件需更换属非保险责任,为配合原部件需对气缸体加工的属保险责任);更换新气缸盖应含铰削气门座和研磨气门工时。

③电工。更换前大灯应含调整灯光工时;空调系统中更换任何涉及制冷剂泄漏件均须查漏、抽空、加/补制冷剂工时;更换电控系统电脑(必须是原厂件)不需解码仪检测解码,只有单换感应器(传感器)才需解码仪检测解码。

(2)所有维修工时费均包含辅助材料费(消耗材料费、钣金焊接材料费)和管理费(利润、税金)。

(3)喷漆工时费应包含喷漆需要的原子灰、漆料、油料、辅助材料等材料费,工时定额以实色油漆材料为基准工时费,原车辆使用为珍珠油漆,工时费可适当上浮。

(4)局部砂板喷漆范围以最小范围喷漆为原则(即一概不为最近的接缝、明显棱边为断缝收边)。

(三)外加工费

外加工费是指事故车辆维修过程中,本厂以外协作方式由专业加工企业进行加工、维修而发生的费用。通俗地讲就是实际发生在厂外加工的费用。

外加工费确定原则:

(1)索赔时可直接提供外加工费发票,本厂不得再加收管理费。

(2)凡是已含在维修工时定额范围内的外加工费,不得另行列项,重复收费。

(四)工时费限额参考标准

1. 对车型及级别的分类

(1)轿车、越野车。

①微型车:市场售价≤8万元。

②低档车:8万元<市场售价≤15万元。

③中档车:15万元<市场售价≤30万元。

④高档车:30万元<市场售价≤50万元。

⑤豪华车:50万元<市场售价≤80万元。

⑥超级豪华车:80万元<市场售价。

(2)货车。

①客货两用车:吨位≤1.75t。

②轻型货车:1.75t<吨位≤8t。

③重型货车:8t<吨位。

(3)客车。

①面包车:座位数≤12座。

②中巴:12座<座位数≤25座。

③大巴:25<座位数。

④特殊豪华大巴。

2. 严重事故车总工时费限额参考标准(表7-2)

严重事故车总工时费限额参考标准(单位:万元)　　　　表7-2

车 型		工时费	全车烤漆	总工时费
轿车、越野车	低档车	1	0.4	1.4
	中档车	1.3	0.7	2
	高档车	1.6	0.8	2.4
	超豪华车	2	1	3
货车	客货两用车	1	0.2	1.2
	国产大货车	1.1	0.2	1.3
	进口大货车	1.5	0.3	1.8

续上表

车 型		工时费	全车烤漆	总工时费
客车	面包车	1.2	0.6	1.8
	进口中巴	1.5	0.9	2.4
	进口大巴	1.7	1.8	3.5

注：1. 豪华轿车的工时费限额按高档车计算。
   2. 一般大客车的工时费限额按进口中巴计算。
   3. 对特殊的自卸车、拖挂车的工时费另计。

3. 机修工时费限额参考标准（表7-3、表7-4、表7-5）

轿车、越野车类（单位：元）   表7-3

项 目	低档车	中档车	高档车	豪华车	超豪华车	备注
吊装发动机	500	600	800	900	1000	含附件
大修发动机	1500	1800	2800	3500	4500	含吊装
大修手动变速器	500	600	800	—	—	含拆装
大修自动变速器	1800	2000	2200	2500	2800	含拆装
修悬架系统	200	300	350	400	400	单轮
更换四方架	300	400	500	600	700	含定位
检修转向系统	200	250	250	300	300	
检修制动系统	150	200	250	250	300	
检修 ABS 系统		300	300	350	400	

注：越野车及某些轿车带分动器，其变速器维修工时可适当提高20%。

客车类（单位：元）   表7-4

项 目	面包车	进口中巴	一般大巴	豪华大巴	备注
吊装发动机	500	600	800	1000	
大修发动机	1500	1800	2800	3500	含吊装
大修手动变速器	400	500	600	800	含拆装
修悬架系统	200	250	300	400	
大修自动变速器	2000	2200	2200	2800	含拆装
检修制动系统	200	250	300（气制动）	400（气制动）	
检修转向系统	200	200	300	400	
检修 ABS 系统	—	—	—	400	

注：国产中巴按面包车的0.8倍计算。

货车类（单位：元）   表7-5

项 目	轻型货车	中型货车	大货车	备注
吊装发动机	500	600	800	
大修发动机	1500	1500	2500	含吊装
大修手动变速器	400	600	800	含拆装

续上表

项　　目	轻型货车	中型货车	大货车	备注
修前悬架系统	300	400	400	
检修制动系统	200	300	400	
检修转向系统	150	200	250	
吊装驾驶室	500	600	800	

注：检修制动、转向系统工时费限额是指系统零件经更换后仍不能正常工作，而必须维修的最高限额。

4. 电工工时费限额参考标准（表7-6、表7-7）

轿车、越野车类（单位：元）　　　　　　　　　　　　表7-6

项　　目	低档车	中档车	高档车	豪华车	超豪华车
检修空调（含加制冷剂）	200	250	300	300	350
拆装仪表台（含蒸发器）	300	500	700	1000	1100
换安全气囊系统（含安全带）	400	500	500	600	700
检修发动机电脑控制系统	300	300	400	500	500

注：对于豪华轿车的变速器电脑、车身电脑、悬挂电脑的控制系统，视检修情况而定，但每项工时费均不应超过800元。

客车、货车类（单位：元）　　　　　　　　　　　　表7-7

项　　目	一般客车	豪华客车	轻型货车	大型货车
检修空调（含加制冷剂）	200	300	200	200
拆装仪表台	500	800	300	400
检修驾驶室线路	300	600	300	400

5. 钣金工时费限额参考标准（表7-8）

钣金工时费（单位：元）　　　　　　　　　　　　表7-8

部　　位		中档车	高档车	超豪华车
前部事故	发动机罩整形	800	1000	1200
	翼子板整形	500	600	800
	龙门架整形	300	500	500
	内沙板整形	500	600	800
	前保险杠内骨架整形	300	400	500
	校正前横梁	500	600	800
	校正大梁	800	1000	1200
	前保险杠修复	400	400	600

续上表

部位		中档车	高档车	超豪华车
中部事故	车门修复	500	800	1000
	中门柱整形	600	800	1000
	前门柱整形			
	后门柱整形			
	车顶修复	600	700	1000
	前风窗框架	800	1000	1200
	后风窗框架			
	车内底板	1000	1200	1500
	仪表台支架	400	500	600
尾部事故	行李舱盖整形	600	800	1000
	后翼子板整形	600	800	1200
	行李舱后尾板	500	600	800
	行李舱底板(备胎架)	800	1000	1200
	尾段左右大梁校正	800	1000	1200
	后保险杠修复	同前保险杠		

注：钣金工时费已含拆装和调整的费用。

三、事故损失部分需要更换的配件费

汽车配件价格信息掌握的准确度对降低赔款有着举足轻重的影响。由于零配件的生产厂家众多，市场上不但有原厂或正规厂家生产的零配件，而且还有许多小厂家生产的零配件。因此，零配件市场价格差异较大。另外，由于生产厂家的生产调整、市场供求变化、地域的差别等多种原因也会造成零配件价格不稳定，处于时刻的波动状态，特别是进口汽车零部件缺乏统一的价格标准，其价格差异更大。

为此，保险公司最好建立一个完整、准确、动态的询报价体系，如人保的事故车辆定损系统，这样能使定损人员保证定出的零配件价格符合市场行情。对于不具备条件的小型保险公司，应采用与专业机构合作的方式或安排专人定期收集整理配件信息，掌握和了解配件市场行情变化情况，与各汽配商店及经济信息部门联系，以取得各方面的配件信息。

配件费 = 配件进货价 × (1 + 管理费比率) − 残值

配件进货价以该配件的市场零售价为准。

(一)配件定价的原则

(1)配件报价以该配件的市场零售价为准。

(2)配件价格严格按照保险公司关于配件核价的相关规定执行。

(3)老旧车型更换配件以换型替代件或通过与被保险人协商按照拆车件价格定价，原车损坏时是副厂件按副厂件价格定价。

(二) 配件管理费确定的原则

根据维修厂技术类别、专修车型综合考虑进行确定。

(三) 残值确定原则

残值以维修当地行业通行标准为计算基础。

(1) 所有残值归被保险人所有，保险人在维修费用中扣减。

(2) 事故车辆更换的配件由保险人收回后不计入残值之内。

四、特殊案件的定损规范

(一) 水淹车

(1) 大面积的水灾发生，以当地气象部门正式公布的报告为准，当地新闻媒体予以正式刊登的，可以作为依据，不必另由气象部门出具气象证明。

(2) 立即会同修理厂对水淹车进行处理，检查车损情况，注意发动机及变速箱有无进水，拔下火花塞或喷油嘴，摇动发动机，看有无进水的迹象，千万不可随便启动发动机，否则仍易造成损失扩大。

(3) 确认水灾中车辆的直接损失，若只淹到驾驶室内而发动机、变速箱等未进水（中档车以下），那么车辆的损失包括：拆装座椅及内饰，进行清洗烘干；中档车以上，则尚需检查电器部分，如发动机电脑、变速器电脑、ABS 电脑等。若已淹到了发动机，则须用机油、变速器油进行清洗，同时，需对该车的"三滤"进行更换，并对电子风扇、起动机、空调压缩机等电器设备进行维护作业。

(4) 对扩大损失的车辆进行分单处理，直接损失部分现场核损，扩大部分先定损，再向相关负责人汇报，不要耽误修车。

水淹车的定损参考标准见表 7-9。

水淹车的定损参考标准（单位：元） 表 7-9

车 辆 类 型	受损程度1 定损金额：（指未淹到发动机而淹到车内的情况，包含电路、机械部分检修，座椅内饰拆装清洗）	受损程度2 定损金额：（指已淹到发动机及变速器，车内已进水，另含三滤、机油、变速器油、电子扇及起动机和空调压缩机维护、电路检修、底盘检修）
微型车（夏利、奥拓、英格尔等）	500	800
微型车自动挡（悦达、乐驰）	500	1000
小型车（捷达、桑塔纳、富康）	700	1200
小型车自动挡（捷达、桑塔纳、富康）	700	1500
中档车（起亚、欧雅、大宇）	1500	1800
中档车自动挡（广本、帕萨特、别克）	1500	2000
中高级车（奥迪、马自达）	2000	2500

续上表

车辆类型	受损程度1定损金额:(指未淹到发动机而淹到车内的情况,包含电路、机械部分检修,座椅内饰拆装清洗)	受损程度2定损金额:(指已淹到发动机及变速器,车内已进水,另含三滤、机油、变速器油、电子扇及起动机和空调压缩机维护、电路检修、底盘检修)
中高级车自动挡(奥迪、皇冠、风度)	2000	3000
高档车(奔驰、宝马、林肯、富豪)	2500	3500
客货两用及中巴车	600	1000
大货车	500	1200
大客车	700	1500

(二)着火车辆

(1)根据查勘和调查取证情况,判定事故责任,推定全损时根据市场调查的车辆价值推算着火车辆现在实际价值,按照投保情况和免赔率,预估事故损失进行处理。

(2)着火车辆发生部分损失时应立即进行定损核价,定损实际操作中需特别注意的是:着火车辆定损时,一定要分析着火源、燃烧范围、热传导范围,对燃烧范围和热传导范围的金属薄壳件、塑胶件、密封件、电器、线路、油液类要进行重点检查,对因高温变形、变质一定要予以更换。

(三)第三者财产损失的定损

保险事故导致的财产损失,除了车辆本身的损失外,还可能造成第三者的财产损失。第三者财产损失主要包括:第三者车辆所载货物、道路、道路安全设施、房屋建筑、电力和水利设施、道路旁的树木花卉、道路旁的农田庄稼等。可见,第三者的财产涉及范围较大。所以,对第三者财产的定损要比车辆定损难得多。

1. 第三者财产损失的定损原则

(1)简单财产损失应会同被保险人一起根据财产价值和损失程度确定损失金额,必要时请生产厂家进行鉴定。

(2)对受损财产技术性强、定损较高的、难度大的物品,如较难掌握赔偿标准可聘请技术监督部门或专业维修部门鉴定,严禁盲目定价。

(3)根据车险条款规定,损失残值应协商折价归保险人,并由保险人进行处理。

2. 常见第三者财产损失的定损处理方法

(1)市政和道路交通设施。如广告牌、电灯杆、防护栏、隔离桩、绿化树等,在定损中按损坏物产的制作费用及当地市政、路政、交管部门的赔偿标准核定。

(2)房屋建筑。了解房屋结构、材料、损失状况,然后确定维修方案,最后请当地数家建筑施工单位对损坏部分及维修方案进行预算投标,确定最低修复费用。

(3)农田庄稼。在青苗期按青苗费用加上一定的补贴即可,成熟期的庄稼可按当地同类农作物平均产量测算定损。

(4)家畜、牲畜。牲畜受伤以治疗为主,受伤后失去使用价值或死亡的,凭畜牧部门证明

或协商折价赔偿。

(5) 车上货物及其他货品。应根据不同的物品分别定损，对一些精密仪器、家电、高档物品等应核实具体的数量、规格、生产厂，可向市场或生产厂了解物品价格。另外，对于车上货物还应取得运单、装箱单、发票，核对装载货物情况，防止虚报损失。

单元能力检测

任务模拟一

根据本任务单元二的查勘照片，完成标的车定损估价表的部分项目，见表7-10、表7-11、表7-12。

车辆损失情况核定表（单位：元）　　　　　　　　　　　　　表7-10

被保险人	曾××			赔案编号		29	
车牌号码	川R×××××			查勘时间		2007-1-8	
厂牌型号	长城赛影 CC6510S1	车架号	LGWEG2G735A000728	发动机号			
序号	更换配件名称	单位	估价	序号	更换配件名称	单位	估价
1	前保险杠	1		21	左前门玻璃	1	
2	前保险杠支架	1	336.00	22	左前门内饰板	1	180.00
3	前保险杠左下角	1	30.00	23	左前门内外饰条	1	18.00
4	前保险杠通风格	2	84.00	24	左前门锁机构	1套	18.00
5	发动机罩	1		25	左前门外拉手	1	42.00
6	发动机罩铰链	1付	30.00	26	左前玻璃导轨	1	42.00
7	发动机罩拉索	1	18.00	27	左前门密封条	1	42.00
8	发动机罩撑杆	1	42.00	28	左前门玻璃导槽	1	54.00
9	发动机罩内衬	1	102	29	左前门地板压条	2	60.00
10	左前翼子板	1		30	左上门踏板	1	340.00
11	左前翼子板骨	1	564.00	31	左上门踏板支架	3	90.00
12	左前门柱	1	576.00	32	左前门饰条		66.00
13	左下边梁	1	78.00	33	左前门板密封条		30.00
14	左前门壳	1	576.00	34	左落水槽橡皮条	1	42.00
15	左前门铰链	1套	18.00	35	前风窗玻璃下饰板		90.00
16	左后视镜	1	348.00	36	车顶内饰板	1	576.00
17	左前门摇窗机(电动)	1	264.00	37	左前立柱内饰板	1	30.00
18	后视镜	1	468.00	38	左立柱下饰板	1	30.00
19	左前轮眉	1	78.00	39	左右前大灯	2	
20	风窗玻璃(包工料)	1		40	左侧转向灯	1	
	材料费小计：				本页材料费合计：		

车辆损失情况核定表（单位：元）

表7-11

被保险人		曾××			赔案编号			29	
车牌号码		川R×××××			查勘时间			2007-1-8	
厂牌型号		长城赛影 CC6510S1	车架号		LGWEG2G735A000728		发动机号		
序号	更换配件名称		单位	估价	序号	更换配件名称		单位	估价
1	水箱		1		21	左转向节		1	216.00
2	集风罩		1		22	钢圈		1	564.00
3	风扇		1		23	轮胎		1	
4	风扇耦合器		1		24	离合器踏板支架		1	102.00
5	冷凝器		1		25	制动踏板支架		1	96.00
6	电子风扇		1		26	加速踏板支架		1	30.00
7	空调开关总成		1	252.00	27	离合器总泵		1	
8	空调高压管		1	102.00	28	排气管（前端）		1	
9	空调低压管		1	144.00	29	左前轮眉		1	78.00
10	空气滤清器总成		1		30	左前翼子板饰条		1	18.00
11	发动机胶垫		2	30.00	31	大梁		1	7600.00
12	左横拉杆		1	54.00	32	仪表台总成		1	
13	扭力杆总成		1	126.00	33	仪表		1	540.00
14	定位杆		1	42.00	34	仪表骨架		1	216.00
15	左下摆臂		1	78.00	35	保险丝盒		1	84.00
16	左上摆臂		1	144.00	36	组合开关护照		1	48.00
17	左上下摆臂球		2只	90.00	37	刮水器连动杆		1	42.00
18	左减振器		1		38	电脑板		1	
19	左转向臂		1		39	转向盘		1	360.00
20	右转向臂		1		40	彩条		1副	216.00
材料费小计：					本页材料费合计：				

车辆损失情况核定表

表7-12

被保险人		曾××			赔案编号		29
车牌号码		川R×××××			查勘时间		2007-1-8
厂牌型号		长城赛影 CC6510S1	车架号		LGWEG2G735A000728	发动机号	
序号	更换配件名称		单位	估价	工种	维修项目	核价
1	左后视镜内三角		1	18.00	拆装	事故件拆装，水箱冷凝器拆装。车厢内饰、座椅等辅助拆装	
2	稳定杆		1	102.00			
3	发动机罩锁		1	54.00			
4	空气滤清器前进气波纹		1	42.00			
5	水箱膨胀壶		1	30.00			

续上表

被保险人	曾××			赔案编号		29
车牌号码	川R×××××			查勘时间		2007-1-8
厂牌型号	长城赛影CC6510S1	车架号	LGWEG2G735A000728	发动机号		
序号	更换配件名称	单位	估价	工种	维修项目	核价
6	左前翼子板内衬	1	54.00	钣金	车顶、右前翼子板、左后门、仪表台前围板、车厢地板整形；更换水箱框架、左A柱、左下裙边及内板	
7						
8						
9						
10						
11				机修	悬架、排气管拆装；大梁更换	
12						
13						
14				电工	全车线束检修；抽灌制冷剂	
15						
16	制冷剂、防冻液	1	180.00			
17	油漆辅料	1	1000.00	漆工	前保险杠、发动机罩、左右前翼子板、左前后门、左下裙边、车顶、左A柱、B柱做漆	
18						
19	残值扣除		594.00			
材料合计				维修费合计		
工时材料费合计				圆整( )		

甲方(车主)签章： 乙方(修理厂)签章： 公估师：

经办人： 经办人： 电话：

电话： 电话：

年 月 日 年 月 日 年 月 日

评 价 反 馈

1. 自我评价

(1)通过本学习任务的学习,你认为自己是否已经掌握车险定损的相关知识并具备以下能力:

①是否能够指导客户在车辆定损后,该如何选择修理厂?
_____
_____
_____。

②是否能够根据车辆的实际损失帮助客户分析需修件及更换件?
_____
_____
_____。

③当出现车险定损纠纷时,是否能够给客户提供相关的咨询?
_____
_____
_____。

(2)车辆定损用到了哪些法律、法规?你是否已经掌握车辆定损应注意的事项?
_____
_____
_____。

(3)是否已经掌握车辆定损的流程?
_____
_____
_____。

(4)在完成本学习任务的过程中,你和同学之间的协调能力是否得到了提升?是否与其他同学探讨车辆定损的有关问题?讨论的最多的问题是什么?讨论的结果是什么?
_____
_____
_____。

(5)通过本学习任务的学习,你认为自己还有哪些方面需要深化学习并提升岗位能力?
_____
_____
_____。

签名:_____   ____年____月____日

2. 小组评价

小组评价见表7-13。

小组评价　　　　　　　　　　　　　　　　　　表 7-13

序　号	评 价 项 目	评 价 情 况
1	学习过程是否主动并能深度投入	
2	是否能按照职业人的要求对待到课率	
3	对于定损的流程是否熟练、动作是否规范	
4	和客户沟通是否符合定损要求	
5	是否熟悉定损项目的换修原则	
6	是否熟悉事故车辆损失修复费用的构成	
7	是否了解工时费的限额标准	
8	是否了解配件定价的原则	
9	是否能正确处理残值	

参与评价的同学签名：＿＿＿＿＿　　　＿＿＿年＿＿＿月＿＿＿日

3. 教师评价

＿＿＿。

教师签名：＿＿＿＿＿＿　　　＿＿＿年＿＿＿月＿＿＿日

学习任务 8 车 险 理 赔

通过本学习情境的探讨,要求学生具备以下能力:
1. 了解车险理赔的概况;
2. 掌握车险理赔的流程;
3. 掌握理赔各环节中的工作重点及要求;
4. 能够对赔款进行理算;
5. 能对各类特殊案件进行处理。

机动车辆出险后,如果事故责任车辆投保了相应的车险,被保险人就可以依据保险合同向保险人提出索赔请求,而保险人应依据保险合同的约定及时履行赔偿责任。

车险理赔是从保险公司角度而言的。那么,当保险公司接到报案后就会委派查勘定损人员进行现场查勘,并对事故损失进行定损,然后根据现场查勘的第一手资料和事故责任比例及保险责任范围对保险标的进行核损、理算赔款、核赔、支付赔款和结案回访。

保险理赔工作是保险政策和作用的重要体现,也是保险人执行保险合同,履行保险义务,承担保险责任的具体体现。保险的优越性及经济补偿作用在很大程度上都是通过理赔工作来实现的。

学习引导

本学习任务沿着以下脉络进行学习:

单元一　车险理赔的概述

单元要点

1. 车险理赔的基本原则；
2. 车险理赔的特点；
3. 车险理赔的流程；
4. 近因原则。

相关知识

车险理赔是指保险人依据机动车辆保险合同的约定，对被保险人提出的给付赔偿金的请求进行处理的行为和过程。机动车辆保险理赔工作是保险政策和保险职能的具体体现，是保险人执行保险合同，履行保险人义务，承担损失补偿责任的实现形式。做好机动车辆保险理赔工作，对于维护被保险人的利益，加强机动车辆的经营与管理，提高保险企业的信誉和效益，具有十分重要的意义。

一、车险理赔的基本原则

机动车辆保险业务量大，出险概率高，加之理赔工作技术性强、涉及面广，情况又比较复杂，如何更好地贯彻理赔工作质量、充分维护被保险人的合法权益是做好机动车辆保险理赔工作的关键。因此，在机动车辆保险工作中必须坚持以下原则。

（一）树立为保户服务的指导思想，坚持实事求是原则

在整个理赔工作过程中，体现了保险的经济补偿职能作用。当发生汽车保险事故后，保险人要急被保险人所急，千方百计避免扩大损失，尽量减轻因灾害事故造成的影响，及时安排事故车辆修复，并保证基本恢复车辆的原有技术性能，使其尽快投入生产运营。保险人在处理理赔工作中必须以高度的服务意识，坚持实事求是。良好的服务水平能提高被保险人的满意度从而提升公司的形象。

在目前的理赔环境中，由于保险人的服务还不够完善，加上被保险人相关知识缺乏，造成了大量理赔服务不满意的现象，通常说十赔九不满意。

（二）重合同，守信用，依法办事

保险人是否履行合同，就看其是否严格履行经济补偿义务。因此，保险方在处理赔案时，必须加强法制观念，严格按条款及相关法律办事，该赔的一定要赔，而且要按照赔偿标准及规定赔足；不属于保险责任范围的损失，不滥赔，同时还要向被保险人讲明道理，拒赔部分要讲事实、重证据。

拒赔理由充分，则可很好地说明了保险人重合同、守信用、依法办事的原则。在车险公

司对于出具任何一张拒赔通知书都会有明确的理由,以让被保险人心服口服。

(三)坚持八字方针

"主动、迅速、准确、合理"是保险理赔人员在长期的工作实践中总结出的经验,是保险理赔工作优质服务的最基本要求。

1. 主动

就是要求保险理赔人员对出险的案件,要积极、主动的进行调查,了解和勘查现场,掌握出险情况,进行事故分析,确定保险责任。

2. 迅速

就是要求保险理赔人员查勘、定损处理迅速、不拖沓、抓紧赔案处理,对赔案要核得准,赔款计算案卷缮制快,复核、审批快,使被保险人及时得到赔款。

特别提示

目前各保险公司为提高服务水平都加快了结案速率,以天平汽车保险公司为例,对于损失三千元以下的纯车损案件被保险人递交完材料后半小时内可以支付现金。

3. 准确

就是要求从查勘、定损以至赔款计算,都要做到准确无误,不错赔、不滥赔、不惜赔。

4. 合理

就是要求在理赔工作过程中,要本着实事求是的精神,坚持按条款办事。在许多情况下,要结合具体案情准确定性,尤其是在对事故车辆进行定损过程中,要合理确定事故车辆维修方案。

理赔工作的"主动、迅速、准确、合理"原则是辨证的统一体,不可偏废。如果片面追求速度,不深入调查了解,不对具体情况作具体分析,盲目下结论,或者计算不准确,草率处理,则可能会发生错案,甚至引起法律诉讼纠纷。当然,如果只追求准确、合理,忽视速度,不讲工作效率,赔案久拖不决,则可造成极坏的社会影响,损害保险公司的形象。总的要求是从实际出发,为保险人着想,既要讲速度,又要讲质量。

二、车险理赔的特点

汽车保险与其他保险不同,其理赔工作也具有显著的特点。理赔工作人员必须对车险理赔的特点有一个清醒和系统的认识,了解和掌握这些特点是做好汽车理赔工作的前提和关键。

(一)被保险人的公众性

我国汽车保险的被保险人曾经是以单位、企业为主,但是,随着个人拥有车辆数量的增加,被保险人中单一车主的比例逐步增加。这些被保险人的特点是他们购买保险具有较大的被动色彩,加上文化、知识和修养的局限,他们对保险、交通事故处理、车辆修理等知之甚少,从而增加了理赔工作的难度。

(二)损失率高且损失幅度较小

汽车保险的另一个特征是保险事故虽然损失金额一般不大,但是,事故发生的频率高。

保险公司在经营过程中需要投入的精力和费用较大,有的事故金额不大,但是,仍然涉及对被保险人的服务质量问题,保险公司同样应予以足够的重视。比如某保险公司南京地区为例,金额小于一千元的赔案占总案件数的80%以上,年出险频度在3次以上,这样保险人必须有强大的理赔队伍,增加了运营成本。另一方面,从个案的角度看赔偿的金额不大,但是,积少成多也将对保险公司的经营产生重要影响。

(三) 标的流动性大

由于汽车的功能特点,决定了其具有相当大的流动性。车辆发生事故的地点和时间不确定,要求保险公司必须拥有一个运作良好的服务体系来支持理赔服务,主体是一个全天候的报案受理机制和庞大而高效的理赔网络。目前各车险公司一线理赔人员都为24h值班制,以满足服务需求。

(四) 受制于修理厂的程度较大

在汽车保险理赔中扮演重要角色的是修理厂,修理厂的修理价格、工期和质量均直接影响汽车保险的服务。因为,大多数被保险人在发生事故之后,均认为由于有了保险,保险公司就必须负责将车辆修复,所以,在车辆交给修理厂之后就很少过问。一旦因车辆修理质量或工期,甚至价格等出现问题均将保险公司和修理厂一并指责。而事实上,保险公司在保险合同项下承担的仅仅是经济补偿义务,对于事故车辆的修理以及相关的事宜并没有负责的义务。由于车险理赔对修理厂的高度依赖,车险公司逐步加大了与修理厂的合作力度,比如委托拖车、代索赔等一条龙服务措施,从而大大提高了保险公司的服务水平。

特别提示

目前车险公司合作意向主要为一类厂即特约维修站,这样做的优点为:①维修质量可靠;②服务水平优良;③与特约维修站的合作可以减少道德风险。

(五) 道德风险普遍

在财产保险业务中,汽车保险是道德风险的"重灾区"。汽车保险具有标的流动性强,户籍管理中存在缺陷,保险信息不对称等特点;汽车保险条款不完善,相关的法律环境不健全,汽车保险经营中的特点和管理中存在的一些问题、漏洞,给了不法之徒可乘之机,汽车保险欺诈案件时有发生。据保守数据估计在理赔赔付中20%以上是道德风险所致。

三、车险理赔的流程

被保险人使用标的发生保险事故后应向承保公司报案,同时保险公司立即启动理赔程序。随着网络化办公的普及,现在保险公司的理赔流程与传统理赔流程有一些细微的变化,对于不同保险公司之间也存在着一定差异。但总体而言,机动车辆理赔工作一般都要经过受理报案、调度、查勘定损、核损、缮制、核赔、赔付结案、存档这几个步骤。图8-1为机动车保险一般赔案的理赔业务流程。

(一) 受理报案

受理报案是指被保险人发生保险事故必须及时向保险公司报案,保险公司应将事故情况登录备案。根据规定,投保人、被保险人或者受益人知道保险事故发生后,应当及时通知保险人。报案是被保险人(或其权益相关人)向保险公司提请索赔申请的第一步,也是必须的一步,接报案是保险公司受理申请的关键。

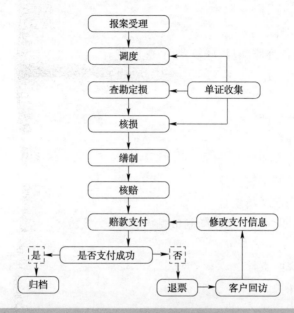

图8-1 机动车保险理赔业务流程

目前各保险公司大都建立了后援服务中心,开通了24小时全国统一服务热线。车险公司客服电话服务内容非常广泛,包括:受理报案、保单查询、电话销售、投诉建议及咨询等。客服电话是保险公司形象的一大窗口,所以客服人员应具备良好的服务意识。受理报案的主要工作内容有:

(1)确认客户身份,了解客户保单信息及保障范围。

(2)了解出险情况,确认案件经过并详细记录。

(3)对可能存在的风险点进行相关信息的核实确认,并记录。

(4)对客户进行必要的理赔服务提醒。

(二)调度派工

调度派工是受理报案结束后,保险公司安排查勘人员对人员伤亡情况及车辆、财产损失等进行查勘和定损的过程。调度对时效要求非常高,一般在几分钟内完成,以确保查勘人员能及时与客户联系,告知客户相关注意事项;同时,调度人员需将该案件查勘人员在理赔系统内调至案件处理查勘人员,以便查勘员在理赔系统内录入案件查勘信息。

由于查勘人员在收到任务未查勘之前无法判断事故的情况及相关风险点,所以调度人员是受理报案与查勘员连接的桥梁,调度人员根据报案提供的信息转告查勘人员,并提示相关风险点,以便查勘人员准确高效处理案件。

(三)查勘定损

(1)接受调度,进行查勘准备。

(2)联系客户,现场查勘。

(3)指导客户,填写相关单证。
(4)初步确定损失项目及价格,出具定损报告。
(5)告知客户相关理赔事宜。

(四)核损
(1)判断事故真实性。
(2)核定更换项目、维修项目、修复费用、施救费等。
(3)确定物损赔偿费用。

(五)缮制
(1)收集审核理赔单证。
(2)对赔案赔款理算。
(3)初步审核保险责任。
(4)结合理赔系统做赔款理算。
(5)与被保险人沟通理赔事宜。
(6)上传单证到理赔系统,录入缮制信息内容,提交核赔。

(六)核赔
(1)审核是否属保险责任。
(2)审核事故真实性。
(3)审核事故损失。
(4)审核理赔单证。
(5)审核理算。
(6)审核赔款支付。

(七)结案支付
待核赔通过后,内勤人员应结案支付赔款。

(八)客户回访
为了更好地提高理赔服务水平,赔案结案后保险公司一般会对客户进行服务满意度回访,以便及时发现理赔服务中存在的问题,并予以改进提高。

(九)归档
(1)单据清分。
(2)案卷管理。

四、近因原则

王某于2005年10月向某保险公司投保了一份生死两全保险,被保险人为本人,受益人为其妻李某。2007年1月,王某经医院诊断为突发性精神分裂症。治疗期间,王某病情进一步恶化,终日意识模糊,狂躁不止,最终于2007年5月自杀身亡。事发之后,妻子李某以保险合同中列明"被保险人因疾病而身故,保险人给付死亡保险金"为由向保险公司提出给付死亡保险金的索赔要求,而保险公司则依据《保险法》第六十六条的规定,以死者系自杀身亡,且自杀行为发生在订立合同之后的两年之内为由,拒绝了受益人李某的索赔要求,只同意退还保险单的现金价值。

那么,导致王某死亡的近因是疾病,还是自杀行为?

(一)近因及近因原则

1.近因

所谓近因是指造成保险标的损失的最直接、最有效、起决定性作用的原因,不能理解为时间上、空间上最接近的原因。损失应是近因的必然的和自然的结果和延伸。

2.近因原则

在保险中,近因原则是通过判明风险事故与保险标的损失之间的因果关系,以确定保险责任的一项基本原则。其基本含义是:在风险与保险标的损失之间的关系中,如果近因属于被保风险,保险人要承担保险责任;如果近因属于除外风险或未保风险,则保险人不负担赔偿责任。

(二)近因的判断

1.单一原因造成的损失

当损失是由单一原因造成时,则该原因即为损失的近因。若近因属于保险责任,则保险人承担赔偿;反之,则不承担赔偿。

2.多种原因同时并列发生造成的损失

当损失是由多种原因同时发生且时间上无先后时,对损失起决定性作用的原因为近因,但近因可能不止一个。至于是否承担保险责任,又分两种情况:

(1)若这些近因都属于保险责任,则保险人承担赔偿;反之,则不承担赔偿。

(2)若这些近因中既有保险责任又有除外责任,则要对损失进行分解:若损失结果可以分清(即可分清哪些损失是由于保险责任的近因造成,哪些损失是由于除外责任的近因造成),保险人只赔偿保险责任的近因所造成的损失;若损失结果无法分清,保险人一般不予赔偿。

3.多种原因连续发生造成的损失

若造成损失的各原因之间有因果关系时,则近因是最初原因,即前因;若造成损失的各原因之间没有因果关系时,则近因是因果链条被中断时的最后原因。若近因属于保险责任,则保险人承担赔偿;反之,则不承担赔偿。

> **特别提示**
>
> 即使在这"因果链条"中还存在后因,但后因若仅仅是增加了损失程度或扩大了损失范围,由于我国采用的是传统因果关系理论而不是比例因果关系理论,所以只要后因是前因的必然结果,则近因中不包含后因。

4.多种原因间断发生造成的事故

在一连串发生的原因中,有一项新的独立的原因介入,并且成为导致损失的最直接最有效的原因时,则该独立的新原因即为近因。若近因属于保险责任,则保险人承担赔偿;反之,则不承担赔偿。

【案例8-1】 王某投保了人身意外伤害险,某日因一次车祸导致严重的脑震荡而诱发癫狂与抑郁交替症。在治疗过程中,医生叮嘱在服用药物巴斯德林时切忌进食干酪,但是王某却未遵医嘱,在服该药时又进食了干酪,终因中风而死亡,据查中风确系巴斯德林与干酪所致。那么保险公司该赔吗?

【法理分析】

本案中,引起王某死亡的因果链条关系为:车祸→脑震荡→诱发癫狂与抑郁交替症→服用药物巴斯德林→因进食干酪→中风→死亡。由于进食干酪而打断了车祸与死亡之间的因果关系,所以,导致王某死亡的近因是食用干酪。而食用干酪不属于因意外导致的人身伤害,因此保险公司不承担赔偿。

单元能力检测

任务模拟一

王女士 2003 年买了意外伤害保险,期限是 5 年。2005 年 8 月,她被一辆慢速行驶的轿车轻微碰擦了一下,顿觉胸闷头晕,不幸在送往医院途中病情加重,最后在医院不治身亡。医院的死亡证明书指出死亡原因是心肌梗塞。

王女士家人拿着意外伤害保险有效保单及死亡证明等资料,向保险公司索赔,但遭到拒绝。保险公司的理由是,导致王女士死亡的是心肌梗塞,不属于意外险责任范围,保险公司无需赔付。这引起了王女士家人的强烈不满。试回答下列问题:

(1)试画出因果链条图。

(2)本案例中引起王女士死亡的近因是什么?

单元二　车险理赔的核损

单元要点

1. 车险核损的工作职责范围及要求；
2. 车险核损的工作流程；
3. 车物损的分类审核要点；
4. 复勘工作；
5. 车险保险欺诈。

相关知识

核损是继查勘定损完成后核损员根据查勘员现场查勘的情况、估损单、损失照片等，初步核实事故的真实性和发生过程，核定车辆和相关物损损毁情况，确定车辆更换部件、维修工时、相关物损赔偿费用、施救费用的过程。同时核损兼负查勘的管理监督工作、复勘工作、旧件处理等，是车险理赔的风险控制核心环节。核损还可以进一步细分为核损（狭义）与核价：狭义的核损仅指核定损失的项目，核价是指核定每一个损失的具体报价。

一、车险核损的工作职责范围及要求

（一）车险核损的工作职责

（1）审核查勘报告、照片、估损单，初步判断事故的真实性。

（2）对碰撞事故要比对事故痕迹、碰撞角度、高度等，判断碰撞力度所可能造成的损坏程度，初步判断事故及损失的可信度。

（3）核准更换项目、维修项目，核定修复费用。

（4）核定施救费用。

（5）参照当地相关部门的赔偿标准，结合物损的损毁情况、修复措施，合理确定物损赔偿费用。

（6）部分复勘工作。

（二）车险核损的工作要求

（1）按照核损人员工作流程标准进行操作。

（2）认真核对损失照片，迅速核定查勘点上传的案件。

（3）熟悉计算机的使用，能处理日常工作中的常见问题。

（4）熟悉车险定损工作，充分了解当地市场价格、工时费用水准，合理确定相关费用。

（5）严格执行车险定损核价运作规范。

二、车险核损的工作流程

车险核损的工作是一项细致和复杂的工作,具体核损工作流程见图 8-2。

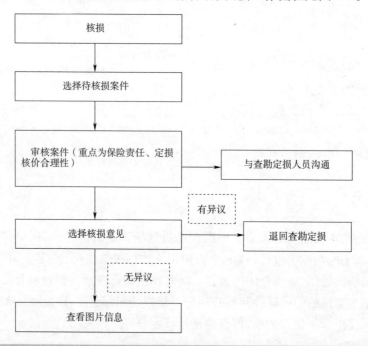

图 8-2 车险核损流程图

(一)进入 M-AI 汽车保险理赔实训系统中的核损平台,选择待核损案件

1. 进入各主平台选择界面(图 8-3)

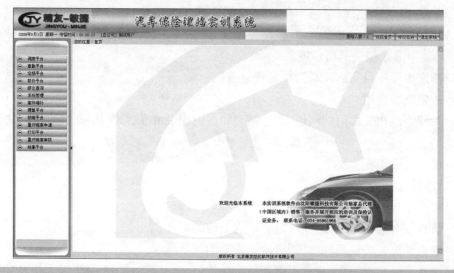

图 8-3 理赔系统选择界面

车险理赔系统包括报案、查勘、核价、核损、缮制、核赔、结案、支付等主要环节，核损时选择核损平台。

2. 进入核损平台

M-AI 汽车保险理赔实训系统中核损平台如图 8-4 所示。

图 8-4　核损平台

核损平台有几个子平台，在平台中选择查勘点新案件，同时对应报案时间查询查勘上传的待核损案件。

3. 查找新案件（图 8-5）

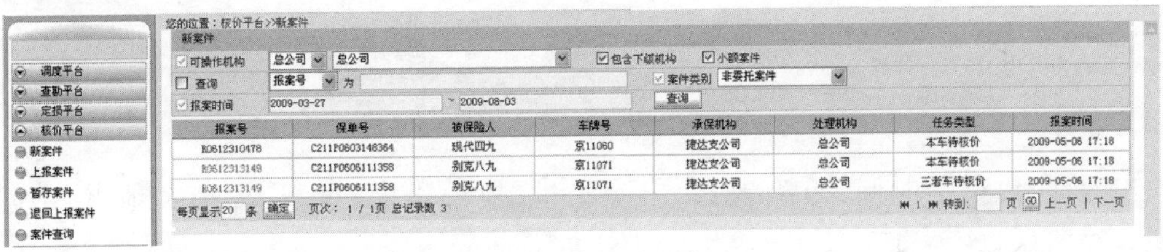

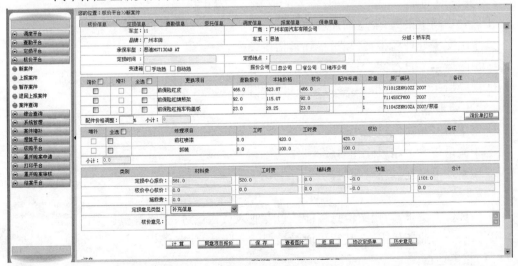

图 8-5　核损平台查找新案件

在输入报案号或保单号后，单击查询，在界面下半部就会出现对应案件的列表。

（二）进入待核损案件，审核案件

M-AI 汽车保险理赔实训系统待核损案件主页面如图 8-6 所示。

图 8-6　待核损案件主页面

核损主页面可以看到车辆基本信息、车辆承保信息、报案基本信息、事故损失信息等，进入核损主页面后正式审核案件。

（三）查看报案信息（图8-7）

图8-7 报案信息

1. 报案信息内容

出险时间、报案时间、出险地点、出险经过、损失程度、报案人、报案地点、出险驾驶员。

2. 报案信息相对风险分析

（1）出险时间。

①午饭或晚饭后1小时内可能存在酒后驾驶。

②半夜或非正常时间可能有故意行为。

（2）报案时间。

①出险后马上报案，经过描述可信度较高。

②事故交警处理后报案，经过描述可信度较高。

③出险后第二日报案，经过描述可信度一般。

④出险后48小时后报案，经过描述可信度低。

（3）出险地点。

①繁华市区相对风险较小。

②车流量较大道路风险相对较小。

③偏僻及可疑地区风险相对高。

（4）报案人。

①修理厂人员报案，报案信息可能经过专业人员指点过，车损有被扩大的可能。

②保险公司业务员报案，其有可能受被保险人暗示，使赔偿扩大。

（5）报案地点。

①现场报案风险相对小。

②修理厂报案可能存在扩大损失风险。

(四)查看保单信息(图8-8)

查勘信息 委托信息 调度信息 报案信息 保单信息

承保基本信息：

保单号：	7107036	被保险人：	陈××	险种代码：	C531
签单机构：	广东省分公司汕头中心支公司澄海营销服务部	车牌号码：	粤D797××	车架号/VIN：	JTDBE30K7001597××
发动机号：	2AZ09523××	汽车型号：	佳美JTDBE30K700	车辆型号：	佳美JTDBE30K700
厂牌型号：	丰田佳美JTDBE30K700	保险起期：	2007-03-03 00:00:00	保险止期：	2008-03-02 00:00:00
初次登记年月：	2003-01-29 12:00:00	国产/进口：		功率：	0.0
排量：	1998.0	座位：	5.0	吨位：	0.0
车身颜色：	香槟色	车辆种类：	6座以下	新车购置价：	270,000
免验标志：	已检	制造年月：		约定行驶区域：	
身份证号：		来历证明：		T10系数：	
所属性质：		使用性质：		行驶区域：	跨省
固定停放地点：		实际价值：	190,600		
行驶证车主：		业务来源：	1	续保年限：	0
无赔款年限：	0.0	防盗装置：	GPS	序号：	0.0
单证号：	395541	原承保公司：		一次投保数量：	0.0
经办人：	gz08086				
特别约定：	出险时按天安保险股份有限公司《家庭自用汽车损失保险》《机动车保险附加险》《机动车第三者责任保险》条款赔付。本保单自签单之日起15日内无交纳保费自动失效。为更好地服务保户，提升天安品牌，请客户在发生保险事故24h内必须向我司报案。				
单车系数：		多险种系数：		销售渠道系数：	
提供详细信息：		安全驾驶：		选择汽车专修厂：	
平均年行驶里程：		续保金额：		指定驾驶人：	

承保险别：

投报险别	保险金额	免赔率	免赔额	参数1	参数2	保险费	是否投保不计免赔
机动车损失保险	112,200			112,200	0	2,313	已保
第三者责任保险	50,000			50,000	0	735	已保
车上人员责任险(驾驶人)	10,000			10,000	0	42	已保
车上人员责任险(乘客)	40,000			10,000	4	108	已保
不计免赔率特约险	0			0	0	479.7	未保

收据明细：

批单号	收据号	金额	开据时间	收据状态	财务结清时间
C73108478761	24002793	2,986.29	2008-10-13 12:00:00	财务实收确认	2008-10-14 12:00:00

图8-8 保单信息

1. 车辆信息

(1)牌照号码。

(2)车架号码。

(3)厂牌车型。

(4)使用性质。

(5)车辆初次登记时间。

2. 承保信息

(1)对比保险价值与保险金额,看是否足额投保。

(2)查看车损绝对免赔率、三者绝对免赔率、绝对免赔额。

(3)查看是否为指定驾驶人驾驶。

(4)此次事故是否属于投保险种范围。

(5)若属于玻璃单独破碎险,且已投保玻璃单独破碎险,明确投保是国产玻璃还是进口玻璃。

(6)出险次数超过3次,应认真分析出险经过及出险原因,是否有骗赔可能。

(五)查看图片信息

1. 标的车辆行驶证(图8-9)

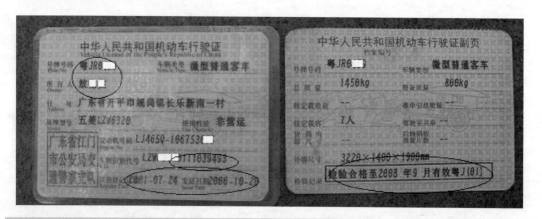

图8-9 车辆行驶证

(1)行驶证年检是否合格。
(2)基本信息是否与保单一致。
(3)临时牌照是否在有效期内。

2. 出险驾驶人驾驶证(图8-10)

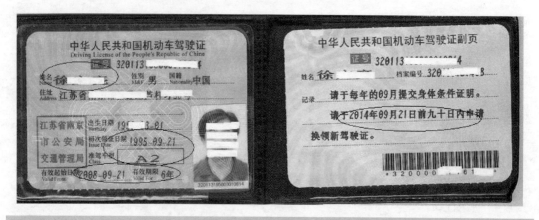

图8-10 驾驶证

(1)核对是否与报案驾驶人姓名相符。
(2)核实准驾车型与实际驾驶车辆是否相符。
(3)核实驾驶证有效期。

由于在核损环节可能只收集了部分单证,主要为两证,所以在审核单证是以从简为准,详细的单证审核有后端的缮制及核赔环节审核。

3. 车辆验标及损失图片(图8-11、图8-12)

(1)车架号、车牌号是否与保单、行驶证等相关信息吻合。

 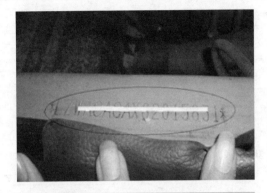

图 8-11　标的车照片　　　　　　图 8-12　车辆车架号

（2）看整体损坏照片、撞击部位、碰撞痕迹、受损程度，分析出险经过是否与客户描述相符，判断事故的真实性。

（3）看损坏部位照片，判断是否与本次事故有关联。

（4）审核车损照片与更换项目、修理项目是否对应及是否符合标准。

（六）查看定损损失录入（图 8-13）

图 8-13　损失项目录入

（1）配件更换项目是否与车损一致及配件价格是否符合当地价格标准。

（2）维修项目是否与车损一致及工时费是否符合当地工时标准。

（七）查看查勘和复勘意见（图 8-14）

（1）查勘信息是查勘出险经过的真实描述或补充，相对于出险通知书和报案信息内容来说，更可信。

（2）复勘信息是指复勘人员对复勘结果的反应，一般以复勘报告的形式体现。

（八）录入核损意见及赔案相关信息（图 8-15、图 8-16）

如果对于事故无疑问，同意定损价格则可以核损通过，在核损平台录入核损意见，核损结束；如对案件有疑问或不同意定损，则可退回查勘或发起调查处理。

保险车辆	报案号	×××J0105××1	保单号	×××0301××8	被保险人	杨××		
	发动机号	G4G×××41563	车牌号码	*-*	车架号			
	厂牌车型	伊兰特BH7180M 客车	使用性质	非营业	初次登记日期	200×-××-01		
出险驾驶人		杨××	驾证号		职业			
初次领证日期			准驾车型		性别		年龄	
查勘时间		200×-4-01 15:40:00	查勘地点	保险公司				
出险时间		200×-4-01 15:00	出险地点	义乌×××				
三者车	厂牌车型	出租车	车牌号码	×××××××	发动机号			
	驾驶人		驾驶证号		准驾车型			

机动车辆保险事故查勘记录

1. 出险原因:碰撞
2. 保险车辆的车牌号码、发动机号、车架号与保单上所载明的是否相符:是
3. 出险地点:(1)分类:城市道路
   (2)与报案所报是否一致:是
4. 实际使用性质与保单所载明的是否一致:是
5. 保险车辆驾驶人员情况与报案人所述是否一致:是
6. 保险车辆驾驶人员的驾驶证是否有效:是
7. 保险车辆的行驶证是否有效:是
8. 保险车辆驾驶人员准驾车型与实际驾驶车辆是否相符:是
9. 使用各种专用机械车、特种车的人员是否有国家有关部门核发的有效操作证
10. 驾驶营业性客车的驾驶人员是否有国家有关部门核发的有效资格证书:
11. 保险车辆驾驶人员是否为保险合同约定的驾驶人员:否
12. 保险车辆驾驶人员是否为酒后驾车:否
13. 保险车辆损失痕迹与事故现场痕迹是否吻合:是
14. 事故是否涉及第三方人身伤亡:否
15. 事故是否涉及第三方财产损失:是
16. 事故是否涉及本车上人员伤亡:否
17. 是否在约定行驶区域:是
18. 其他需要说明的内容:

查勘意见: 是否属保险责任:是
查勘结论:立案!

图8-14 查勘意见

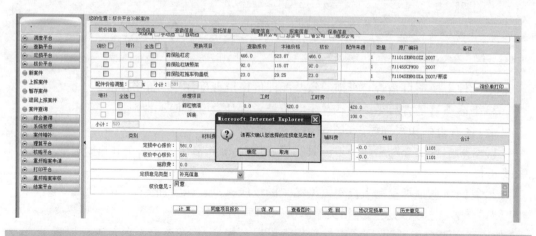

图8-15 系统对核损意见的确认提示

保单号	报案号	赔案号	被保险人	车牌号	查勘	定损	核价	立案	理算	核赔	关联报案号
C211P060611135(	E0612313149	200908031500	别克八九	京11071	查勘完成	三者车定损完成	三者车核价完成	立案完成	待理算	未处理	

每页显示20 条 确定 页次：1 / 1页 总记录数 1　　　　　　　　　　　　　　　　|◀ ▶| 到中：□页 GO 上一页 下一页

图 8-16　核损通过页面

三、车物损的分类审核要点

（一）单方事故

1. 异常出险时间

（1）出险时间距保单起保日期 7 天之内。

①案件风险点分析：在投保近期出险的案件主要存在两个风险点：一是起保、出险前有脱保情况，先出险后投保；二是标的损失在上年度保险公司已办理理赔但未修理，重复索赔。

特别提示

目前各保险公司对于起保近期出险的案件一般要求客户提供上年度承保信息，根据承保信息可以向上年度承保公司核实上年度理赔记录，各保险公司一般对于此类信息核实大都很配合。部分地区（如北京地区）已建立车辆理赔信息共享平台，可以根据车辆的相关信息核实车辆的出险情况。

②核损审核要点：审核查勘报告中是否记录上年承保公司保单号，必要时需与其承保公司核实；重点审核车损痕迹新旧程度，初步判断是否有先出险后投保的可能。

（2）出险时间为餐后时间或需关注时间（如 21：00～3：00）。

①案件风险点分析：对于这个时间段一般为酒后驾车的高峰时间，酒后驾车导致出险的风险加大；同时深夜也为人为作假的高峰期，对于这个时间段的案件应特别关注。

②核损审核要点：核实查勘员是否为现场查勘或复勘现场，通过查勘员对驾驶人状态的描述判断是否酒后驾驶及调换驾驶人；仔细审核车辆受损痕迹与现场是否吻合，碰撞是否符合逻辑，现场残留物等信息反应是否为拼凑事故、人为故意作假事故。

2. 异常出险地点

（1）在承接出险车辆的维修厂内或者附近出险。

①案件风险点分析：在承修维修厂内出险大都是在维修期间出险，而维修期间在各保险公司一般为责任免除；在承修修理厂附近出险有修理厂作假的可能较大，特别是频繁出险和信誉不好的修理厂。

②核损审核要点：在修理厂出险查勘应核实标的在该修理厂的维修记录，核实是否在维修期间；根据案件的整体风险（如报案人、报案电话、碰撞痕迹等）审核是否属维修厂作案。

特别提示

车主在前往修理厂修车时，最好不要把不相关重要证件留在修理厂，同时应挑选信誉较好的修理厂维修，如果发现车辆存在异常可以向承保公司查询车辆的理赔记录，以确保车辆不被非法利用。

(2)在郊外、山区、农村等较为偏僻地点出险。

①案件风险点分析：偏僻地方一般为保险公司管控的薄弱点，由于保险公司理赔查勘难以覆盖这些偏僻地方，所以偏远地方往往也是骗保分子作假的避风港。

②核损审核要点：查勘员是否现场查勘，仔细分析痕迹是否吻合，查找其他疑点。

3.异常报案人

(1)报案人非驾驶人、驾驶人非被保险人的，以及报案人对驾驶人及出险情况不清楚的案件。

①案件风险点分析：扩大损失及作假案件，或者酒后及无驾驶资格人员驾驶出险后调包行为。

②核损审核要点：审核查勘报告中是否说明驾驶人与被保险人关系，以及报案人对案件情况不了解的有关说明并初步判断其真实性。

(2)报案电话在系统内不同保单项下出现次数累计3次及以上的案件。

①案件风险点分析：在各保险公司的理赔系统中对同一电话号码在不同保单中有报案记录的情况系统一般会自动提示，此类情况一般为代理人或汽修厂人员专业作假。

②核损审核要点：审核查勘员是否查勘现场或复勘现场；核损应说明提示此类案件需被保险人本人办理理赔，提示缮制注意；视情况提起调查。

4.异常出险频度，多次出险案件(3次以上)

(1)案件风险点分析：除正常驾驶人驾驶技术原因外应关注是否改变了标的车辆的使用性质(比如非法运营)，多部同型号车辆共用一张保单，即套牌车以及人为故意造假。

(2)核损审核要点：审核查勘员是否查勘现场或复勘现场；对车辆的实际使用性质做核实；审查车架号和发动机号是否有异常痕迹；查看历次出险记录，对比标的是否有异常。

5.异常车型，老旧、稀有车型出险以及需关注维修厂承修

(1)案件风险点分析：老旧车型为作假团伙的主要车型，其配件稀缺，做出定损价格高但其实际维修成本低；老旧车型作为第三者车作假难以调查。

(2)核损审核要点：损坏部件是否与出险车型相匹配，年审是否合格，碰撞痕迹是否吻合，仔细分析其他疑点，对更换配件应予回收处理。

6.异常损失范围

(1)案件风险点分析：对于部分损失与事故不符的事故有扩大损失的嫌疑，一般为修理厂故意扩大损失，比如划粉笔灰、安装旧件等手段。

(2)核损审核要点：查勘是否查勘现场，仔细比对损失痕迹。

7.异常索赔人(查勘人、代理人为索赔人)的案件

(1)案件风险点分析：此类情况主要嫌疑索赔人瞒着被保险人索赔。

(2)核损审核要点：核损提示要求被保险人本人亲自办理索赔手续。

8.高空坠物

(1)案件风险点分析：此类案件分为两种情况，一是无法找到责任方的；另一种是可以找到责任方的，应首先要求被保险人向责任方索赔，索赔不成保险公司才赔付然后追偿。

(2)核损审核要点：核实坠物的来源，是否有肇事方；标的的受损痕迹与坠落物是否相符；根据实际情况，确定是否发起追偿。

(二)多方事故(含双方)

1.多车事故

(1)案件风险点分析:多方事故重点核实碰撞痕迹是否吻合,是否主动承担责任,是否为人为作假及拼凑事故。

(2)核损审核要点:了解案件经过,确定我方应承担的责任,对有疑问的案件应核实其他车辆的投保信息及理赔记录。

2.两车碰撞损失大,但无人伤或仅轻微人伤

(1)案件风险点分析:当车辆损失较大而驾驶或车上乘客无人伤的情况是不合常理的,应特别关注是否更换了驾驶人或人为作假。

(2)核损审核要点:根据事故车辆受损形态及事故证明、查勘报告、驾驶人笔录,判断人员无伤或轻微伤的可能性,同时了解驾驶人与被保险人的关系是否正常,审核是否存在其他疑点。

(三)倾覆

1.损失较大且无人伤

(1)案件风险点分析:车辆倾覆一般会造成驾驶人或者车上乘客的受伤,如果车辆倾覆损失严重而无人伤应关注是否为人为作假。

(2)核损审核要点:根据事故车辆受损形态、现场环境及事故证明、查勘报告、驾驶人笔录,判断人员无伤或轻微伤的可能性,审核了解驾驶人与被保险人关系是否正常。

2.应该受损部位却未受损,如发送机、变速箱外部无损而内部损坏

(1)案件风险点分析:外部无损而内部损坏严重可能是由于机械故障而引起的损坏。

(2)核损审核要点:审核受损件是否与标的车辆匹配,要求回收旧件,重点监控拆检过程。

(四)盗抢

(1)案件风险点分析:车辆被盗不属实、有经济纠纷、变更使用性质有其他可索赔责任方。

(2)核损审核要点:审核查勘相关材料,判断案件发生的可能性;重点审核标的承保情况,被保险人的财务情况;审核询问笔录等相关资料,了解与该车有关联的所有信息,判断标的出险时实际使用性质;审核标的是否于收费停车场内出险,是否有其他可索赔方;审核出险标的的实际价值。

(五)玻璃单独破碎

(1)案件风险点分析:有无更换;实际为国产玻璃而按进口玻璃进行更换或反之。

(2)核损审核要点:标的的原配置是否为进口玻璃;查勘拍摄玻璃标志是否与标的匹配;查勘是否拍摄更新玻璃之前空框照;复勘换后照片、进口玻璃标志(图8-17、图8-18)。

(六)划痕

(1)案件风险点分析:划痕险一般出险较高,主要为在利益的驱动下造假划痕。

(2)核损审核要点:为了尽量管控划痕风险,各保险公司对划痕案件的处理都有比较严格的要求,核损环节主要审核查勘是否尝试可以用抛光、打蜡处理,因为部分划痕未伤及底漆可以用此方法处理;查勘是否拍摄底漆照,保险公司通过拍底漆照可确定划痕已得到修

理。图8-19、图8-20为某保险公司对划痕险要求的扩大损失及底漆照照片。

图8-17 玻璃扩大损失照片

图8-18 玻璃更换过程中的空框照片

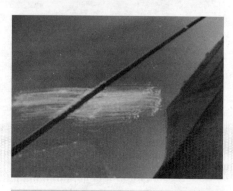

图8-19 划痕用砂纸扩大损失照片

图8-20 划痕修复底漆照片

（七）火灾、自燃

（1）案件风险点分析：外界火源造成事故，有其他可索赔责任方；老旧、淘汰车的实际价值与保险金额差距；人为纵火。

（2）核损审核要点：初步分析起火点，根据询问笔录及相关证明材料，判断是否由外来起火所造成；有其他责任方时，告知客户积极向责任方索赔；审查车辆起火前后客户的活动情况；根据询问笔录，了解被保险人的经济状况；初步判断是否人为纵火。

（八）车上货物

（1）案件风险点分析：实际装载与车辆载重标准不符；货物混装；重复索赔，或先出险后投保。

（2）核损审核要点：审核查勘报告，核对装载标准、实际装载量，判断实际装载与车辆载重标准是否相符；对于装载特殊物品，审核是否符合国家相关标准；根据相关证据，了解标的承保信息，审核标的货运的起始时间、路线，判断是否重复索赔或脱保期出险。

四、复勘工作

复勘是指复勘人员针对事故车辆定损、维修情况的监控，有效遏制维修厂或其他利益方利用事故车辆定损、维修过程不当获利。复勘包含从事故发生到事故车辆维修完毕的整个过程。

(一)复勘的形式

1. 复勘事故现场

复勘事故现场是指查勘定损时不是第一事故现场,按照相关要求必须核对第一事故现场。此类复勘现场不是真正意义上的复勘,不做详细讲解。

2. 维修过程中的复勘

维修过程中的复勘是指复勘人员在维修过程中的质量监控(结合定损、核损信息)、换修标准的确认。比如在一起事故中事故车前门损坏,刚好界于修复和更换之间,最终多方协商更换(其价格比维修高很多),定损完之后过了两天复勘员来到该修理厂发现门没有更换而修复,根据复勘结果理赔时把前门更换的价格调整为修复的价格,为保险公司减少了损失。

3. 修复后的复勘

修复后的复勘意义与维修过程中的复勘相近,修复后的复勘是指事故车辆完全修复后复勘人员检验车辆的实际修复是否与定损核损金额一致。

(二)复勘考核指标

1. 复勘率

复勘率是指根据当地理赔环境制定的复勘规则完成率,以下为某公司的案件复勘率指标,如图8-21所示。

```
(一)事故车辆为8年以上的老旧车型,复勘比例100%;
(二)客户或维修厂对定损价格有异议的案件,复勘比例不低于50%;
(三)单车车损在5000元以上的案件,复勘比例不低于20%;
(四)单车车损在2000~5000元的案件,复勘比例不低于10%;
(五)单车车损在2000元以下的案件,复勘比例不低于5%;
(六)玻璃单独破碎案件,复勘比例不低于20%;
(七)自燃、火灾、水淹车案件,复勘比例不低于70%;
(八)对本机构每家合作公估行定损案件的复勘,不低于每一家案件处理数量的5%。
```

图8-21 某保险公司复勘率指标

2. 复勘减损率

复勘减损率是指定损金额与复勘确定金额的差与定损金额的比率。

五、车辆保险欺诈

随着车险业务的迅速发展,车险欺诈现象日趋增多,成为影响和制约当前车险健康发展的不良因素。据相关媒体报道,官方统计的保险理赔假案的次数所占比例为20%以上。

(一)车险诈骗的原因

1. 修理厂作假的原因

(1)满足客户要求的同时保证利润。

(2)谋取非法暴利。

2.个人客户作假的原因
(1)弥补损失。
(2)谋取非法暴利。
3.其他人员参与作假的原因
谋取非法暴利。

(二)车险诈骗的常见方式

1.偷梁换柱型
(1)未保险车辆肇事后挪用同类型保险车辆的号牌,即套牌车。

【案例8-2】 2007年3月27日下午4点,浙江杭州黄某向标的车保险公司报案称其驾驶标的车在临安市石门路段与山体相撞,标的车已拖到维修厂。保险公司查勘员立即来到修理厂查勘车辆损失情况,发现损失较大,估损10000余元。同时鉴于损失较大,查勘员要求驾驶人黄某前往事发地复勘现场,经核实碰撞痕迹基本吻合,但是查勘员发现黄某在事故处理过程表现异常。查勘员调取了该车的历史出险记录,发现在2006年11月24日有一起双方事故,损失达30000余元,通过仔细分析发现了细微的疑点,从照片上看两次事故标的车的内饰不一样。发现疑点后保险公司立即展开调查,最终确认这起事故的标的车为套牌车,保险公司根据条款约定拒赔了此案,追回了上次事故的赔款,同时终止保险合同。

(2)利用旧件在同类车型上作假,此种一般以修理厂居多。

2.违规运作型

违规运作主要指酒后驾车、超载违章、维修期间出现事故、保险车辆拖带未保险车辆等,即因发生车险条款除外责任而引发的交通事故。由于考虑类似情况为保险责任免除,所以往往经人指点,制作假现场,驾驶人调包等手段骗取保险金。

3.重复索赔型

重复索赔主要方式有两种:一种是在上次损失的基础上进一步扩大,使损失完全覆盖上次损失而再次索赔;另一种是利用拼凑事故,在车损险已赔偿的情况下再制造双方事故以三者险的形式重复索赔,此类情况修理厂较常见。

【案例8-3】 2008年4月27日晚9点,上海王某向标的车承保公司报案称其轩逸轿车在浦东外环发生追尾事故,事故已由交警处理,车辆已拖到某修理厂。第二天保险公司查勘员来到该修理厂对事故车辆进行查勘定损发现,两车均为尼桑车且两车损失痕迹不太吻合,修理厂接待人员出具了交警开具的事故证明但不见被保险人。查勘员立即回报上级部门,经过周密调查发现此起事故为一起典型的修理厂人员制造的拼凑事故。标的车在26日发生一起与小货车刮擦事故,在事故中无责;三者天籁车是在27日上午被客车追尾,在事故中也是无责并已经由全责方保险公司定损,27日晚修理厂人员将两辆车开出修理厂行至外环线上时摆设假现场并报交警,由于肇事双方协商一致交警出具了快速处理单。最终保险公司拒赔了此案。

4.假象迷惑型

少数驾驶人因经营不善导致负债累累,或是纯粹的发财心理驱使,他们往往把自己的保险车辆自行焚烧,或是蓄意制造撞车等事故假象,骗取保险公司的赔偿。

【案例8-4】 2007年7月28日江某为其高尔轿车在杭州某保险公司(后称C公司)投

保车损险、商三险、车上乘客险及自燃险等险种,其中车损险保额8万。2007年8月18日8点22分江某向该保险公司报案,称其高尔轿车在临安市环城北路林水山居门口发生自燃。接到报案后该保险公司立即派人前往现场,发现标的车已基本烧毁(后推定全损),驾驶人江某上肢及下肢严重烧伤被送往医院(后确定医药费8000余元)。通过查勘综合分析发现,驾驶人烧伤严重,根据常理汽车自燃的燃烧速度不应该如此之快,不至于使得驾驶人来不及离开驾驶室。后来通过收集线索及精密的调查最终确定,这是一起非常复杂的保险诈骗案件:该车是2006年7月购买并在一保险公司投保(后称A公司),2007年6月30日在第一年保险还未到期的情况下又在另一保险公司投保(后称B公司),2007年7月5日制造了第一次翻车事故,8月22日在A公司获得赔款17000多元;7月6日制造了第二次翻车事故,在B公司获得近20000元赔款后迫于压力放弃索赔,并与8月5日退保;7月28日在C公司投保,8月18日制造火烧车事故,车辆全损,后经核实该起事故是江某在车上浇了汽油,然后用打火机点燃造成的,以达到骗保的目的,至于其烧伤问题也并非苦肉计,而是由于在点燃的过程中由于火势太猛而来不及逃离造成的严重烧伤。

单元能力检测

任务模拟一

制作核损审核页面,按审核流程审核案件。

任务模拟二

搜寻各种不同类型的案件,分析案件风险点。

单元三　汽车保险的核赔

单元要点

1. 赔款理算；
2. 核赔。

相关知识

缮制工作中有一项重要工作即为赔款理算。而核赔是核赔人按照保险合同、相关法律法规，对保险标的发生的事故进行责任审核、损失核定的过程。核赔是理赔流程审核的最终环节，是对包括报案、查勘定损、核损、复勘及缮制的总体审核，也是建立在前段环节的基础上，简单地说核赔工作就是最终核定该不该赔，该赔多少，该赔给谁。同时核赔也具有对系统性风险的总结分析作用，通过定期对核赔情况进行分析，发现出险案件之间的内在规律，及时发现相应风险并反馈前端核保，提高承保业务的质量。

核赔是整个理赔环节的最后一关，也是最为关键的一关。

一、车险核赔的流程

核赔是对整个案件信息的审核，包括报案、查勘定损、核损、复勘及缮制等（图8-22）。通过对上述信息的综合审核给出赔付意见，如果确认赔案符合要求，则核赔同意，案件审核结束转入支付环节；如果赔案不符合要求，则需退回相应环节处理。

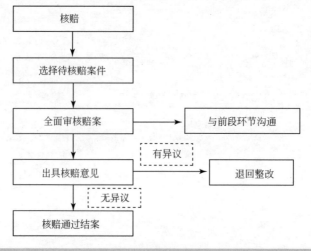

图8-22　车险核赔流程图

传统核赔一般是根据查勘提供的照片,结合前段环节审核意见书及被保险人提交的单证原件进行审核,核赔人确认无误后在缮制赔款计算书上签署核赔赔付意见。在核赔过程中核赔人需查看审核单证原件,流程比较烦琐,特别是对于金额较大案件的多级审核时效较低。

随着车险理赔网络化的普及,核赔环节基本可以不必再审核单证原件。前段环节(比如查勘、核损)审核意见都在系统内可以体现,同时案件所需单证由缮制人员上传在理赔系统中,核赔人可以直接查看系统就可以审核案件的全部信息,核赔人对案件的审核意见也可在系统中一一记录。由于核赔的网络化使得核赔工作可以实现远程办公,加上核赔工作为风险管控的核心环节,部分保险公司都积极筹划赔案的集中核赔,在加大风险管控的同时降低运营成本。以平安保险为例,其在2004年就建立全国的核赔中心。

1. 进入理赔系统中的核赔环节,进入待核赔案件

从理赔系统进入待核赔案件与核损流程中的进入待核损案件大致一致,首先进入各主平台选择界面,然后进入核赔平台,接着查找待核赔新案件,然后进入待核赔案件。在核赔主页面也分别可以看到报案信息、保单信息、图片信息、核损信息、历次出险信息等主要二级对话框。

2. 查看报案信息

报案信息的内容与核损时的一致,审核与核损审核要点也基本相同。

3. 查看保单信息

保单信息的内容与核损时的一致,审核与核损审核要点也基本相同。

4. 查看图片信息

由于在缮制环节上传了部分理赔单证,所以在核赔环节时图片信息与核损时的内容都不一样,审核图片信息时与核损审核时不一样;同时缮制环节仅仅是对单证本身的审核,而核赔是综合整个赔案情况审核单证,所以核赔审核单证的要求是建立在缮制的基础上,但从风险上的分析比缮制要求更高。

(1)车辆验标及损失图片信息参照核损工作流程中的"查勘图片信息"。

(2)单证审核参照缮制单证审核要求。

(3)核赔对单证的审核基于上述两点的综合分析。

想一想

在核赔环节系统内的单证比核损环节一般多哪些单证?

5. 查看损失录入

损失录入见图8-23。

查看损失录入时与核损中的"查看定损损失录入"关注信息基本一致,核赔环节还要重点关注查勘点的损失录入与核损核定的金额是否一致。

6. 查看查勘及核损复勘意见(图8-24)

查看查勘及核损复勘意见关注的主要信息为几方处理人对案件说明、意见是否一致,查看是否有对案件的特殊说明,比如需调查、加扣特殊免赔等。

图 8-23 损失录入

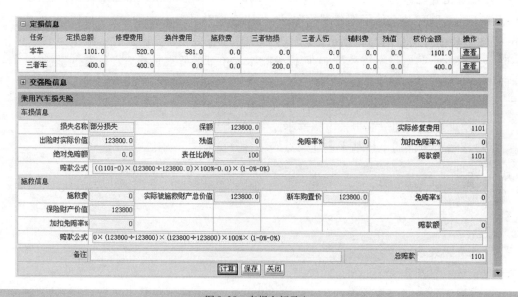

图 8-24 查勘及核损复勘意见

7. 查看缮制录入规范及理算

查看缮制录入规范及理算主要根据案件的综合情况,审核缮制对损失的录入是否规范、计算是否正确,同时是否按要求录入与案件相关的一些信息。

(1)标的车损录入及理算金额(图 8-25)。

图 8-25 车损金额录入

(2)三者物损的录入及理算金额。三者物损理算时应注意商业险与交强险的关系,交强险是否在本公司投保。如图 8-26。

(3)附加险的录入及理算金额(图 8-27)。

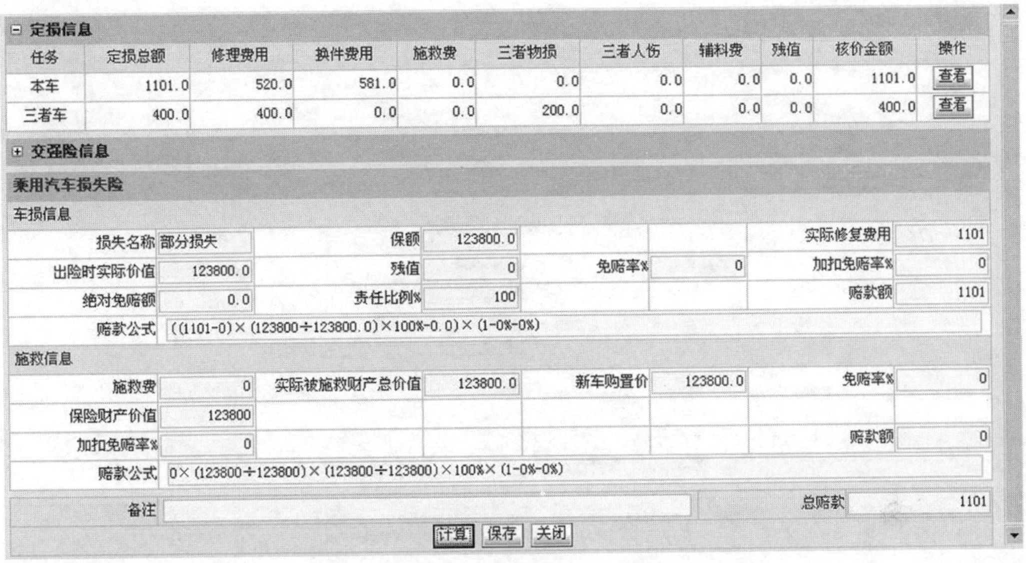

图 8-26　三者物损金额录入

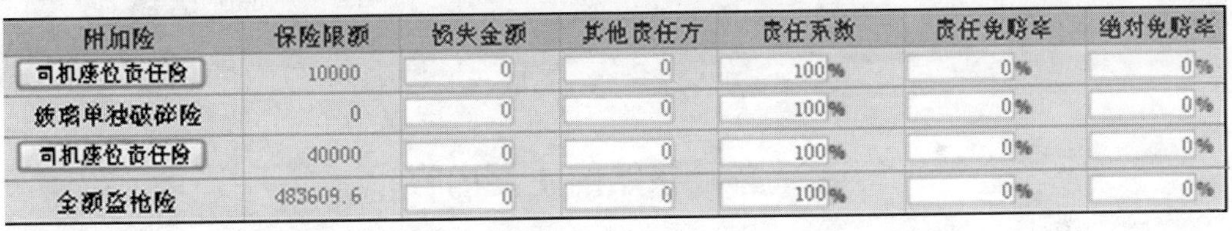

图 8-27　附加险赔款

(4) 其他特殊要点的录入。比如快赔案件、诉讼案件、拒赔案件等。

8. 查看支付信息

查看支付信息应关注收款方是否符合要求,赔付金额是否正确以及支付方式等,如图 8-28 所示。

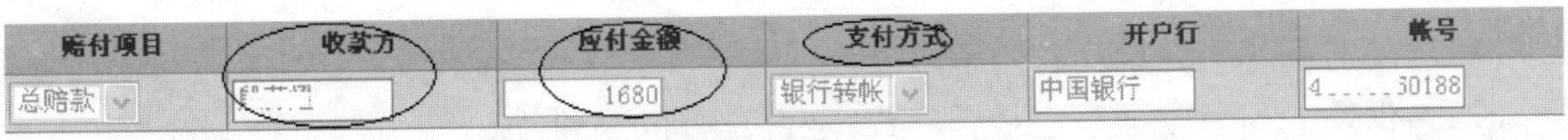

图 8-28　支付信息

9. 查看缮制意见

缮制意见为缮制人员对案件信息的补充,应重点关注其对案件的特别说明,如图 8-29 所示。

10. 审核的最终判断

(1) 核赔同意,案件将自动结案转入支付环节(图 8-30)。

(2) 如核赔不同意,核赔人录入原因,将案件退回前段环节继续处理(图 8-31)。

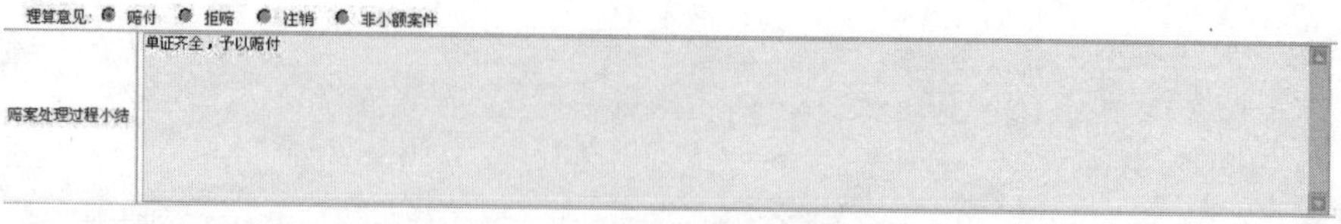

图 8-29 缮制说明

图 8-30 确认同意系统提示

图 8-31 退回操作

二、车险核赔的主要内容

核赔不是简单地完成对单证的审核,重要的是对整个赔案的处理过程进行管控,并对核赔险种提出防灾、防损的具体办法和要求。核赔对理赔工作质量控制的作用体现在:核赔人对赔案的处理过程,一是及时了解保险标的的出险原因、损失情况,对重大案件应参与现场查勘;二是审核、确定保险责任;三是核定损失;四是审核赔款计算。核赔的防灾、防损作用体现在:通过定期对核赔情况进行分析,发现出险案件之间的内在规律,提出防灾、防损的具体措施以及改善核保、核赔工作的意见和要求,提高承保业务质量和理赔工作质量。

1. 保单有效性

(1)出险时间是否在承保有效期内。

(2)被保险人与行驶证车主是否一致,是否具有可保利益。

(3)保费是否到账(随着见费出单的规范此类情况将逐渐杜绝)。

2. 标的车及三者车辆

(1)标的车:核对车牌号、车架号、发动机号,确认出险车辆为保险标的车。

(2)三者车:三者车的车辆外观、车架号、发动机号以及牌照号是否与客户报案、查勘照片、交警证明一致。

(3)三者财物:三者损失物的外观、型号、数量等是否与客户报案、查勘照片、交警证明一致。

3. 保险责任

(1)出险时间:是否在有效保险期内。

(2)出险地点:是否在保单载明的形式范围内。
(3)出险原因:是否承保相应险种,是否属于保险事故;判断原则:近因原则。
(4)驾驶人及驾驶资质。
(5)车辆性质:车辆合法性、年审情况及使用性质。
(6)保单特别约定:是否符合保单特别约定中明示的责任、义务。

4.事故的真实性

(1)事故要素齐全:时间、地点、人物、原因、事故过程、损失结果。
(2)事故表述一致:保险信息、查勘信息、核损信息、复勘信息、缮制信息等对于事故的描述完全一致。
(3)事故发生合理:事故的时间、地点、经过、结果等需符合常理、具备逻辑关系。
(4)事故可再现:原则上任何一起事故根据实际情况的描述都可再现,导致的结果应与索赔原因一致。

5.事故损失

(1)车辆损失。

①审核车体的本身与受碰撞物的材料构成、颜色、运动轨迹、碰撞过程、碰撞点等是否匹配,报损项目是否可能由本次事故所导致。

②审核车辆定损项目、损失程度是否准确、合理。

③审核更换零部件是否按照规定进行了询价,定损项目与报价项目是否一致。

④审核残值确定是否合理。

(2)其他财产损失。

①通过照片及相关单证审核物损是否属于保险事故造成。

②审核财产损失金额和赔款计算是否合理准确。

(3)施救费用。

根据案情和施救费用的有关规定,核定施救费用单证是否有效、金额确定是否合理。

6.理赔单证

(1)审核确认被保险人按规定提供的单证材料是否齐全有效,有无涂改、伪造,是否符合单证规范要求。

(2)审核单证是否齐全。

7.赔款计算

(1)审核赔款理算是否正确。
(2)审核免赔率使用是否正确。
(3)查勘、核损、复勘意见中指出所需加扣的免赔额。

8.索赔人

(1)原则上索赔人应为被保险人。
(2)当索赔人非被保险人本人时,应持有相应法律证明(法院判决书、被保险人死亡、失踪证明)或符合法律要求的被保险人委托办理索赔的授权委托书。

9.支付对象

(1)根据案件实际情况,确认赔款支付对象无误。

(2) 原则上赔款只能支付给被保险人或法定受益人。
(3) 被保险人或法定受益人委托办理领款的,应提供齐全的委托手续。
(4) 某些特定的情况下,收款人也可以是交通事故受害人、医院、法院等。

10. 其他

按相关文件规定处理。

三、核赔的退回处理

核赔人按照审核要求进行赔案审核,重点审核相关环节是否按照要求进行案件的处理,结合各环节的案件处理信息和承保情况综合考虑,给出最终赔付意见。对于无异议的案件核赔人核赔同意,案件将自动结案转入支付环节;如果核赔人对案件有异议,应退回前端相应环节责任人进行进一步的处理。当核赔退回的问题得到完全处理后再发送核赔审核,核赔确认处理无误后方可核赔通过,案件结案。核赔退回时应对问题说明清楚,以便问题处理人理会;相关问题责任人对于核赔退回案件应及时处理,问题处理完后应及时回复,回复时应针对核赔退回的问题做处理说明。常见的退回问题及处理方式如表8-1所示。

常见核赔退回列举   表8-1

常见问题类型示例	责任人	退回用语示例	回复用语示例
单证不全	缮制人员	缺××单证	××单证已补
理算错误	缮制人员	××险种计算错误	计算错误已修改(并上传错误计算公式)
验标信息不全	查勘定损人员	缺车架号(或车牌、发动机号)	××已上传
损失项目异议	核损人员	××更换不合理	××已删除,做修复处理
项目价格异议	核损人员	××价格偏高	价格已修改
事故真实性异议	核损或调查人员	事故真实性异议,请调查	事故已调查,调查报告已上传
保险责任异议	客服人员	驾驶证年审不合格,不属于保险责任	案件已拒赔
其他	—	—	—

单元能力检测

任务模拟一

甲车投保交强险、足额车损险、商三险20万元,乙车投保交强险、足额车损险、商三险30万元。两车互撞,甲车承担70%责任,车损5000元;乙车承担30%责任,车损3500元。按条款规定,主要责任的免赔率为10%,次要责任的免赔率为5%,则甲、乙两车各能获得多少保险赔款?

任务模拟二

在某保险公司的核赔系统平台上进行案件核赔操作。

评 价 反 馈

1. 自我评价

(1)通过本学习任务的学习,你认为自己是否已经掌握车险理赔的相关知识并具备以下能力:

①是否能够向客户讲解车险理赔的主要流程?
_____
_____

②是否能够根据事故的实际情况,帮助客户分析事故损失的近因?
_____
_____

③当发生保险事故时,是否能够给客户咨询保险公司的核损重点,以免被保险公司拒赔?
_____
_____

(2)是否知道车险理赔用到了哪些法律、法规?你是否已熟悉保险公司理赔的整个过程?
_____
_____

(3)是否已经掌握了车险的赔款理算?
_____
_____

(4)是否能够在保险公司的系统平台上对车险进行核损?
_____
_____

(5)在完成本学习任务的过程中,你和同学之间的协调能力是否得到了提升?是否有过与其他同学探讨车险理赔的有关问题?讨论的最多的问题是什么?讨论的结果是什么?
_____
_____

(6)通过本学习任务的学习,你认为自己还有哪些方面需要深化学习并提升岗位能力?
_____

签名：_____　　　____年____月____日

2. 小组评价

小组评价见表8-2。

小组评价　　　　　　　　　　　表8-2

序号	评价项目	评价情况
1	学习过程是否主动并能深度投入	
2	是否能按照职业人的要求对待到课率	
3	对于交通事故损失的近因判断是否正确	
4	车险的赔款计算是否符合法律要求	
5	是否熟悉核损与核赔的不同	
6	车险的核损是否熟练和准确	
7	是否熟悉保险公司的岗位	
8	是否熟悉车险诈骗的常用手段	
9	是否了解保险公司对特殊案件的理赔	

参与评价的同学签名：_____　　　____年____月____日

3. 教师评价

教师签名：_____　　　____年____月____日

参 考 文 献

[1] 荆叶平.汽车保险与理赔[M].北京:人民交通出版社股份有限公司,2016.
[2] 荆叶平.汽车保险与理赔[M].北京:人民交通出版社股份有限公司,2017.
[3] 荆叶平.事故汽车核损与理赔[M].北京:人民交通出版社,2012.
[4] 杨磊.汽车保险与理赔操作指南[M].北京:法律出版社,2007.
[5] 杨立新.道路交通事故索赔全程操作[M].北京:法律出版社,2006.
[6] 刘红宇.如何获取交通事故赔偿[M].北京:法律出版社,2006.
[7] 刘轶鹏.法律帮助一点通—汽车购买与使用[M].北京:中国检察出版社,2005.
[8] 张晓明,欧阳鲁生.机动车辆保险定损员培训教程[M].北京:首都经济贸易大学出版社,2007.
[9] 李景芝,赵长利.汽车保险与理赔[M].北京:国防工业出版社,2007.
[10] 祁翠琴.汽车保险与理赔[M].北京:机械工业出版社,2005.
[11] 杨文明.保险公估实务[M].北京:中国金融出版社,2004.

人民交通出版社汽车类高职教材部分书目

一、交通职业教育教学指导委员会推荐教材、高等职业教育规划教材

1. 汽车运用技术专业

书 号	书 名	作 者	定 价	出版时间	课 件
978-7-114-11263-8	●汽车电工与电子基础（第三版）	任成尧	46.00	2015.11	有
978-7-114-11218-8	●汽车机械基础（第三版）	凤 勇	46.00	2016.04	有
978-7-114-11495-3	汽车发动机构造与维修（第三版）	汤定国、左适够	39.00	2016.04	有
978-7-114-11245-4	●汽车底盘构造与维修（第三版）	周林福	59.00	2015.11	有
978-7-114-11422-9	●汽车电气设备构造与维修（第三版）	周建平	59.00	2016.04	有
978-7-114-11216-4	●汽车典型电控系统构造与维修（第三版）	解福泉	45.00	2015.01	有
978-7-114-11580-6	汽车运用基础（第三版）	杨宏进	28.00	2016.01	有
978-7-114-09167-4	汽车电子商务（第二版）	李富仓	29.00	2016.06	
978-7-114-05790-3	汽车及配件营销	陈文华	33.00	2015.08	
978-7-114-06075-8	汽车专业资料检索	张琴友	30.00	2015.01	
978-7-114-11215-7	●汽车文化（第三版）	屠卫星	48.00	2016.09	有
978-7-114-11349-9	●汽车维修业务管理（第三版）	鲍贤俊	27.00	2015.08	
978-7-114-11238-6	●汽车故障诊断技术（第三版）	崔选盟	30.00	2015.08	有
978-7-114-06031-9	汽车检测诊断技术	邹小明	24.00	2016.06	
978-7-114-05662-1	汽车检测设备与维修	杨益明	26.00	2015.08	
978-7-114-05661-3	汽车单片机及局域网技术	管秀君	13.00	2015.06	
978-7-114-05718-0	汽车维修技术（机修方向）	刘振楼	23.00	2016.6	

2. 汽车技术服务与营销专业

978-7-114-11217-1	●旧机动车鉴定与评估（第二版）	屠卫星	33.00	2016.07	有
978-7-114-07915-3	汽车保险与公估	荆叶平	43.00	2016.01	
978-7-114-08196-5	汽车备件管理	彭朝晖	22.00	2016.08	
978-7-114-11220-1	●汽车结构与拆装（第二版）	潘伟荣	59.00	2016.04	有
978-7-114-08084-5	汽车维修服务	戚叔林	23.00	2015.08	
978-7-114-11247-8	●汽车营销（第二版）	叶志斌	35.00	2016.04	有

3. 汽车整形技术专业

978-7-114-11377-2	●汽车材料（第二版）	周 燕	40.00	2016.04	有
978-7-114-12544-7	汽车钣金工艺	郭建明	22.00	2015.11	有
978-7-114-12311-5	汽车涂装技术（第二版）	陈纪民、李 扬	33.00	2015.08	有
978-7-114-09094-3	汽车车身测量与校正	郭建明	22.00	2015.07	
978-7-114-11595-0	汽车车身焊接技术（第二版）	李远军、李建明	28.00	2016.04	有
978-7-114-07918-4	汽车车身修复技术	韩 星	29.00	2015.07	
978-7-114-12143-2	车身结构及附属设备（第二版）	袁 杰	27.00	2016.05	有
978-7-114-13363-3	汽车涂料调色技术	王亚平	25.00	2016.11	

4. 汽车制造与装配技术专业

978-7-114-12154-8	汽车装配与调试技术	刘敬忠	38.00	2015.06	有
978-7-114-12734-2	车身焊接技术	宋金虎	39.00	2016.03	
978-7-114-12794-6	汽车制造工艺	马志民	28.00	2016.04	有
978-7-114-12913-1	汽车 AutoCAD	于 宁、李敬辉	22.00	2016.06	有

二、21世纪交通版高职高专汽车专业教材

978-7-114-10520-3	汽车概论	巩航军	29.00	2013.05	有
978-7-114-10722-1	发动机原理与汽车理论（第三版）	张西振	29.00	2015.12	有
978-7-114-10333-9	汽车维修企业管理（第三版）	沈树盛	36.00	2016.05	有
978-7-114-06997-0	汽车空调构造与维修	杨柳青	20.00	2016.01	

书　号	书　名	作　者	定　价	出版时间	课件
978-7-114-12421-1	汽车柴油机电控技术（第二版）	沈仲贤	26.00	2015.10	有
978-7-114-11428-1	汽车使用与技术管理（第二版）	雷琼红	33.00	2016.01	有
978-7-114-11729-9	汽车保险与理赔（第四版）	梁　军	32.00	2015.12	有
978-7-114-07593-3	汽车租赁	张一兵	26.00	2016.06	
978-7-114-08934-3	汽车发动机机械系统检修（第二版）	林　平	35.00	2015.06	有
978-7-114-08942-8	汽车底盘机械系统检修（第二版）	陈建宏	39.00	2016.05	有
978-7-114-09429-3	汽车底盘电控系统检修	张立新、屈亚锋	35.00	2015.07	有
978-7-114-09317-3	汽车维修技术基础	刘　毅	35.00	2015.07	有
978-7-114-09961-8	汽车构造	沈树盛	54.00	2015.04	有
978-7-114-09866-6	汽车发动机构造与维修	王兴国、刘　毅	36.00	2013.12	有
978-7-114-09719-5	汽车电器构造与维修	杨连福	45.00	2013.12	有
978-7-114-09099-8	工程机械柴油发动机构造与维修	许炳照	40.00	2013.07	有
三、高等职业教育"十二五"规划教材					
978-7-114-10280-6	汽车零部件识图	易　波	42.00	2014.1	有
978-7-114-09635-8	汽车电工电子	李　明、周春荣	39.00	2012.07	有
978-7-114-10216-5	汽油发动机构造与维修	刘　锐	49.00	2016.08	有
978-7-114-09356-2	汽车底盘构造与维修	曲英凯、刘利胜	48.00	2015.07	有
978-7-114-09988-5	汽车维护（第二版）	郭远辉	30.00	2014.12	有
978-7-114-11240-9	●车载网络系统检修（第三版）	廖向阳	35.00	2016.02	有
978-7-114-10044-4	汽车车身修复技术	李大光	24.00	2016.01	有
978-7-114-12552-2	汽车故障诊断技术	马金刚、王秀贞	39.00	2015.12	有
978-7-114-09601-3	汽车营销实务	史　婷、张宏祥	26.00	2016.05	有
978-7-114-13679-5	新能源汽车技术（第二版）	赵振宁	38.00	2017.03	有
978-7-114-08939-8	AutoCAD 辅助设计	沈　凌	25.00	2011.04	有
978-7-114-13068-7	汽车底盘电控系统检修	蔺宏良、张光磊	38.00	2016.08	有
978-7-114-13307-7	汽车发动机电控系统检修	彭小红、官海兵	35.00	2016.1	有
四、高职高专改革创新示范教材					
978-7-114-09300-5	汽车使用与维护	毛彩云、柯志鹏	28.00	2015.09	有
978-7-114-09302-9	汽车实用英语	王升平	30.00	2011.08	有
978-7-114-09307-4	汽车维修企业管理	齐建民	34.00	2015.12	有
978-7-114-09305-0	汽车发动机电控系统构造与检修	罗德云	23.00	2014.07	有
978-7-114-09352-4	汽车发动机机械构造与检修	成伟华	33.00	2015.02	有
978-7-114-09494-1	汽车自动变速器构造与检修	王正旭	36.00	2015.02	有
978-7-114-09929-8	汽车电气设备构造与检修	刘存山	31.00	2012.08	有
978-7-114-10310-0	汽车空调系统构造与检修	潘伟荣	38.00	2013.05	有
五、教育部职业教育与成人教育司推荐教材					
978-7-114-09147-6	汽车实用英语（新编版）	杜春盛、邵伟军	33.00	2016.07	
978-7-114-08846-9	汽车发动机构造与维修（新编版）	王　会、刘朝红	33.00	2015.09	
978-7-114-06406-7	汽车运行材料	嵇　伟、孙庆华	26.00	2016.06	
978-7-114-07969-6	★汽车专业英语	边浩毅	26.00	2016.01	
978-7-114-04112-9	汽车使用性能与检测技术	李　军	26.00	2015.07	
978-7-114-04750-9	汽车营销技术	王怡民	32.00	2016.11	
978-7-114-04644-8	汽车专业英语	王怡民	26.00	2016.06	

●为"十二五"职业教育国家规划教材；★为"十一五"职业教育国家规划教材。
咨询电话：010-85285962；010-85285977. 咨询QQ：616507284；99735898